나는 금리로 경제를 읽는다

나는 금리로 경제를 읽는다

경제흐름을 꿰뚫어 보는 가장 쉬운 방법

김의경 지음

Winner's Secret Library - 위너스북
WINNER'S BOOK

보이지 않는 돈, 금리가 우리의 운명을 바꾼다!

이 책의 초판은 2008년 이른바 리먼 사태로도 불리는 글로벌 금융위기가 한창일 때 집필하였다. 위기가 발생하기 얼마 전까지만 해도 한국은행은 물가안정을 위해 기준금리를 인상하였다. 이는 당시 부동산 광풍에 편승하여 주택담보대출로 집을 샀던 서민들에게 적지 않은 부담이 되었다. 이자상환의 부담감과 집값 붕괴의 위기감으로 밤잠을 못 이루는 이들이 한둘이 아니었다. 하지만 미국발 금융위기로 비상사태에 직면하자 전 세계가 이를 해결하기 위해 천문학적인 돈을 뿌려댔다. 물론, 여기에 우리나라도 예외는 아니었다. 바야흐로 이 땅에 저금리 시대의 서막이 열리는 순간이었다. 이즈음에《금리만 알아도 경제가 보인다》라는 제목으로 이 책이 나왔다.

그 후로도 실로 다양한 일들이 우리의 삶에 영향을 끼쳤다. '하우스 푸어'라는 말로 대변되듯 자신의 수입에 비해 거액의 빚을 진 주택담보대출자가 더욱더 증가했고, 그런데도 집값은 붕괴하지 않고 아슬아슬하게 유지해 나갔다. 가계부채는 1천200조 원으로 GDP 대비 가계부채 비율이 신흥국 가운데 1위라는 영광(?)을 안게 되었다. 아울러 전셋값의 고공행진으로 집 없는 사람들은 허덕거리고 있으며, 예금이자 1%대로 인해 은퇴한 예금이자 생활자들은 과거와 달리 새로운 투자처를 찾느라 골머리를 앓고 있다. 또한 무려 연 6%의 수익을 얻을 수 있다는 믿음으로 가입했던 ELS라는 이상한 이름의 재테크 상품이 원금을 날릴 수도 있는 상황이 되어 사람들은 가슴을 졸였다. 이 모든 것이 금리 때문이었다.

이 책의 개정판을 집필하는 2016년 현재, 우리나라는 크게 두 종류의 사람으로 나누어졌다. 집값이 오르기를 바라는 사람과 집값이 내려가기를 바라는 사람이다. 주택담보대출로 꼭꼭 채운 채 집을 산 사람들은 집값이 올라야 이를 처분하고 빚을 갚을 수 있다. 반면 턱없이 오르는 전셋값에 2년마다 전전긍긍하는 사람들은 집값이 내려야 집을 사서 안정된 삶을 살 수 있다. 이는 이념의 문제도 기호의 문제도 아니다. 추가적인 수익을 향유하기 위함은 더더욱 아니다. 밤잠을 설칠 정도로 절실한 생계 문제인 것이다.

그동안 우리에게 일어났던 그래서 우리의 삶에 커다란 영향을 주고 있는 이 모든 문제에 직간접적으로 금리가 작용한다. 저금리로 전셋값이 오르고 고금리로 집값이 내려가는 식으로 말이다. 다시 말해 금리는 우리의 삶에 가장 깊숙하게 영향을 미치는 경제변수이다.

〈웰컴 투 동막골〉이라는 영화에서 산속 깊은 곳 마을의 촌장에게 주인공인 신하균이 묻는다. 어떻게 이렇게 평화로운 마을을 유지할 수 있냐고, 촌장님의 비결이 뭐냐고.

촌장은 말한다.

"등 따시고 배부르게 해주면 된다."

물론, 이 영화를 본지 오래되어 정확한 정황과 대사는 기억이 나지 않지만 그래도 그 메시지만큼은 아직도 나의 뇌리에 남아 있다.

등 따시고 배부르게 하는 것이야말로 무수히 많은 미사여구를 이길 수 있을 만큼 강력한 삶의 본질이다. 이는 비단 작게는 촌장, 크게는 정치인뿐만 아니라 스스로 생계를 책임지는 사회인이나 한 가정을 꾸리는 가장에게도 예외는 아닐 것이다.

부자가 되기를 포기했는가! 그래서 경제나 금리 따위는 몰라도 된다고 생각하는가? 아니다. 이미 금리는 경제의 모든 요소에 작용하여 오늘 하루 우리가 생계를 유지하는 것에도 미주알고주알 영향을 미치는 실로 고약한 녀석이 되었다. 등 따시고 배부른 가정을 만들기 위해서라도 알아야 하는 녀석인 것이다. 자신의 생계를 스스로 책임지는 사회인으로서, 나아가 한 가정을 책임지는 가장으로서 이를 외면하는 것은 직무유기나 다름없다.

그래서 금리를 알아야 한다. 금리 변화에 잘 대처하면 어떤 고민을 해결할 수 있는지 또한 이를 잘 활용하면 어떤 기회를 잡을 수 있는지를 알아야 한다. 그러기 위해서 우선 금리가 경제변수에 어떻게 작용하고 어떤 영향을 미치는지부터 알아야 한다. 부자가 되기 위해서만이 아니다. 알아야 생계를 꾸려나갈 수 있으니까 그러하다. 아무도 대신해 주지 않기에 더더욱 그러하다.

앞서도 말했듯이 이 책은 2009년에 초판이 나왔다. 그때나 지금이나 우리의 경제와 삶에서 금리의 중요성은 변함이 없다. 하지만 그동안 우리 경제에는 적지 않은 이슈들이 있었다. 그래서 이번 개정판에서 금리와 경제에 대해 설명하면서 가급적이면 새롭게 발생한 이슈들을 사례로 곁들이고자 했다. 자! 그럼 이제부터 그토록 중요하다는 금리에 대해 찬찬히 알아보도록 하자.

2016년 4월
김의경

■ 차례

다섯째마당 금리와 자사산가격의 메커니즘

인센티브는 경제를 푸는 열쇠다

첫째, 인간의 모든 행동은 인센티브에 의해 좌우된다.

칭찬은 고래도 춤추게 한다고 했던가! 하물며 인간은 더 말할 것도 없다. 여기서 칭찬은 일종의 '인센티브incentive'다. 인센티브가 주어질 때(또는 그 정도가 변할 때) 인간의 행동도 변하기 마련인데, 그 변화는 누구나 예측할 수 있다. 인간의 모든 행동이 인센티브를 선호하는 방향으로 변하기 때문이다. 가령 착한 일을 한 학생에게 상을 주었을 때, '왜 상을 주냐?'고 화낼 학생은 아무도 없다. 목표 이상의 영업실적을 달성해서 보너스를 받은 직장인 중에서, '보너스 받은 게 짜증이 나 회사를 때려치우겠다'고 투정부릴 사람이 어디 있겠는가. 이렇듯 모든 사람은(적어도 제 정신이 박힌 사람들이라는 전제가 있어야겠지만) 인센티브를 받으면 기뻐한다. 그리고 이를 유지하거나 더 많은 인센티브를 받고자 일을 더 잘하려고 애쓴다. 인간의 모든 행동은 인센티브의 변화로 설명할 수 있다고 해도 과언이 아니다.

자본주의뿐 아니라 공산주의 경제체제에서도 인센티브는 중요하다. 제임스 가와트니James Gwartney와 리처드 스트라우프Richard Stroup가 쓴 《What Everyone Should Know About Economics and Prosperity》라는 책에는 이와 관련한 재미있는 사례가 나온다.

구소련 체제에서는 한때, 생산한 유리 무게를 기준으로 유리공장 경영자와 노동자의 성과를 평가했다고 한다. 그 결과 대다수 유리공장에서는 무게가 많이 나가는 두꺼운 유리만을 생산하게 되었다. 어찌나 두꺼웠는지 그 유리를 통해 밖을 내다볼 수조차 없을 정도였다. 이런 문제가 발생하자 당국은 평가 기준을 면적으로 바꾸었다. 유리의 생산면적이 넓을수록 좋은 점수를 주는 방식이다.

그러자 이번에는 정반대 현상이 일어났다. 유리공장들은 유리를 최대한 넓게 만들려고 애썼고, 그 결과 유리가 너무 얇아서 작은 충격에도 쉽게 깨졌다. 이렇듯 공산주의 경제체제에서도 인센티브가 인간의 행동에 영향을 미치는데, 하물며 자본주의 경제체제에서는 오죽하겠는가?

가장 화끈한 인센티브는 바로 '돈'이다

그렇다면 인센티브에는 어떤 종류가 있을까? 시대나 개인의 성향 또는 사람들의 관계에 따라 매우 다양하다. 어떤 때는 명예가 인센티브일 것이고, 지위나 사랑 심지어 무보수로 남을 도왔다는 심리적 만족감도 인센티브가 될 수 있다. 그러나 경제적 관점에서 볼 때, 그리고 자본주의 경제체제에서 볼 때 우리에게 가장 화끈한 인센티브는 역시 '돈'이다. 언제부터인가 부모님의 환갑 선물로도 현찰이 가장 좋은 것이라고 하니 역시 돈이란 남녀노소를 가리지 않는다. 삭막한 이야기일 수도 있으나 그게 바로 현실이다. 그러나 아무리 그렇다 해도 '돈이 인간의 행동에 영향을 미친다'고 표현하는 건 너무 천박한 것 아니냐'며 나에게 따질 이들이 엄청나게 많을 것 같다. 나 역시 너무 노골적이라고 생각되기는 마찬가지다. 사실 우리나라 사람들은 상업을 가장 천한 것으로 여기던 과거 사농공상의 유교문화 영향 탓인지 '돈'을 노골적으로 밝히는 것에 대한 일말의 거부감이 있다. 그래서 사람들은 이를 좀 더 고상한 말로 바꿔 쓴다. 바로 '이윤'이다.

그렇다면 말을 바꾸어 다시 한 번 정리해 보자. 사람들은 '이윤'이 생기는 쪽으로 행동한다. 이러한 인간 행동 변화의 상관관계를 정리하고 분석한 것이 경제법칙이며 이를 연구하는 학문이 바로 경제학이다.

둘째, 경제학은 수요 · 공급 법칙에서 시작해서 수요 · 공급 법칙으로 끝난다.

경제학에서 인센티브는 매우 중요한 키워드다. 모름지기 경제학을, '한정된 자원을 가장 효율적으로 활용하기 위한 경제주체들의 의사결정 과정과 그 관계를 정리한 것'이라고 한다면 이 과정과 관계를 풀어나가는 데 가장 중요한 열쇠가 바로 인센티브다. 참고로 경제주체는 경제 활동에 참여하는 주체로서 가계, 기업, 정부를 일컫는다. 여기서 인센티브에 따른 경제주체들의 행동변화가 어떤 패턴을 보이는지 정리한 것이 '수요 · 공급의 법칙'이다. 교과서나 뉴스 등을 통해 한 번쯤은 들어봤음 직 한 용어다.

— 수요란 가격이 싸면 쌀수록 더 많이 사려는 사람들을 의미한다.

일요일 늦은 저녁 대형 할인마트의 풍경을 떠올려보자. '생물 고등어 마지막 떨이가 다섯 마리에 팔천 원!'이라는 말이 떨어지기가 무섭게 장 보던 아줌마들이 생선 매장으로 우르르 몰린다. 마지막 기회를 놓칠세 라 젖 먹던 힘까지 다해 달려든다. 마치 마지막 떨이를 기다리고 있었다 는 듯이 말이다. 왜 그럴까? 대답은 너무 간단하다. 가격이 싸졌기 때문 이다. 1시간 전이나 지금이나 고등어의 신선도는 큰 변화가 없지만, 가 격이 엄청나게 내렸기 때문에 아줌마들이 몰리는 것이다. 이런 아줌마들 을 보고 '생활력이 강한 아줌마' 혹은 '알뜰한 가정주부'라고 부를 수도 있을 것이다. 그렇다면 경제학자들은 이들을 어떻게 부를까? 아마 '수요 demand'라고 표현할 것이다. 경제학에서 말하는 수요를 어렵게 생각할 필요는 없다. 한마디로 수요란 '가격이 싸면 쌀수록 많이 사려는 사람들' 을 의미한다. 가격이 내리면 비용을 줄일 수 있다는 인센티브가 생기기 때문에 '수요'가 늘어나는 것이다.

— 공급이란 가격이 비싸면 비쌀수록 더 많이 팔려고 하는 사람들을 의미한다.

손뼉도 마주쳐야 소리가 난다. 수요만 가득하다고 거래가 성사되는 건 아니다. 팔려는 사람이 있어야 한다. 그럼 팔려는 사람의 속성은 어 떠할까? 이번에는 수요와 반대다. 가격이 비싸면 비쌀수록 더 많은 물건 을 팔려고 한다. 이런 속성을 가진 사람들을 경제학에서는 '공급supply' 이라고 부른다. 이건 너무 당연한 이야기다. 자신의 물건에 전혀 하자가 없는데 남들보다 더 싼 가격으로 물건을 팔려는 사람은 세상에 없다. 가격이 비싸지면 더 많은 수익을 낼 수 있다는 인센티브가 생기기 때문에 '공급'이 늘어나는 것이다.

균형가격 이야기
– 수요와 공급은 기필코 '시장'에서 만난다.

사려는 사람과 팔려는 사람은 언젠가 만나게 되어 있다. 이들이 만나는 곳을 우리는 시장market이라고 부른다. 시장에 모여든 수요(사려는 사람)와 공급(팔려는 사람)은 처음엔 서로의 인센티브를 최대화하기 위해 계속 자기 관점에서만 목소리를 높일 것이다. 하지만 그렇게 해서는 거래가 성사되기 쉽지 않다. 결국, 수요와 공급은 서로 양보하게 되고, 둘 사이에 적정한 인센티브가 생기는 수준에서 가격이 결정된다. 이것이 너도 만족, 나도 만족. '윈-윈'이 이루어지는 적당한 수준이다. 이렇게 해서 정해진 가격이 '시장가격' 또는 '균형가격'이다. 당연히 수요가 공급보다 많으면 가격은 올라간다. 수요에 비해 공급이 달리니 부르는 게 값이다. 반면에 수요보다 공급이 많으면 가격이 내려간다. 2016년 연초부터 국제 유가가 끝없이 추락한 것도 공급과잉 때문이다. 원유를 사려는 '수요'에 비해 원유를 생산하는 '공급'이 너무 많아지니 가격이 내려가는 것이다. 이때는 '창고방출 세일'이라도 해서 팔아야 한다.

수요·공급 법칙을 보면 인센티브는 경제주체들이 예측 가능한 행동을 하도록 하는 것을 알 수 있다. 만약 가격이 비싸면 비쌀수록 더 사겠다는 사람들과 가격이 싸면 쌀수록 더 팔겠다는 사람들이 있다면 균형가격이 도저히 성립할 수 없을 테니 말이다.

내가 뜬금없이 수요·공급 법칙을 설명하는 이유는 무엇일까? 금리든 뭐든 간에 웬만한 경제변수나 경제법칙을 설명할 때 절대로 빼놓을 수 없는 것이 바로 '수요·공급의 법칙'이기 때문이다. 사실 경제학은 수요·공급 법칙으로 시작해서 수요·공급 법칙으로 끝난다고 해도 틀린 말은 아니다.

수요·공급의 법칙

– 수요와 공급이 만나는 점에서 시장가격(균형가격)이 결정된다.

– 수요가 늘면 시장가격(균형가격)이 올라간다.

– 공급이 늘면 시장가격(균형가격)이 내려간다.

셋째, 경제현상은 사회과학 법칙이다.

이제 나는 한 가지를 보여주려 한다. 마술을 몸소 체험해 보고 싶은 이라면 아래의 내용대로 따라 해보기 바란다. 참 쉽다!

먼저 오른손으로 볼펜 한 자루를 집어 든다. 볼펜을 든 손을 앞으로 쭉 뻗어 머리 높이까지 들어 올린다. 그러고는 그대로 볼펜을 놓는다. 어떤가? 아마 신기한 현상이 벌어졌을 것이다.

'볼펜이 땅으로 떨어졌다!'

나의 제안을 의심 없이 따라한 독자, 즉 펜을 머리 위로 올렸다가 땅에 떨어뜨린 이들 가운데 어떤 이는 화를 낼 수도 있다. 왜냐하면, 전혀 신기하지도 않고 마술 같지도 않은 일이 벌어졌기 때문이다. 볼펜이 바닥으로 떨어지는 건 너무나 당연한 현상이니까 말이다. 그런데 굳이 내가 마술을 보여주겠다며 이처럼 터무니없는 마술을 부려 여러분을 화나게 만든 이유는 무엇일까? 사실 나는 이렇게 주장하면서 여러분에게 억지를 부릴 수도 있다.

"어떤 힘을 주어 볼펜을 바닥으로 던진 것도 아닌데, 볼펜이 땅에 떨어지지 않았습니까? 그러니 마술이죠."

아마도 독자들은 나를 비웃을 것이다. 왜냐하면, 여러분은 이미 하나의 자연과학 법칙을 알고 있다. 뉴턴이 발견했다는 그 유명한 '만유인력의 법칙' 말이다. 그러나 나는 지는 걸 싫어한다. 그래서 또다시 터무니없는 주장을 늘어놓는다.

"뉴턴은 사과가 떨어지는 것을 보고 만류인력의 법칙을 발견했죠. 이건 사과가 아닌 볼펜입니다. 볼펜이 떨어지는 건 신기한 일 아닌가요?"

하지만 여전히 여러분은 다시 한 번 코웃음을 칠 것이다. 만유인력의 법칙이란 사과뿐 아니라 모든 물체에 적용되기 때문이다. 중력의 힘 때문에 모든 물체는 바닥으로 떨어지게 마련이다. 그렇다. 전적으로 여러분의 주장이 옳다. 이렇듯 자연과학 법칙은 어떤 상황에서도 반드시 그렇게 되는 법칙이다. 솔직히 내가 보여준 볼펜 떨어뜨리기는 마술이 아니다. '뉴턴의 사과'만이 땅으로 떨어지는 게 아니라, 볼펜이나 나무 막대기, 유리컵 심지어 깃털까지도 결국에는 땅으로 떨어진다. 그렇다면 내가 왜 마술 운운하며 여러분의 주의를 끌려고 했을까? 이는 자연과학 법칙이란 절대적으로 성립하는 법칙이라는 점을 역설적으로 말하기 위해서다. 이러한 법칙을 알고 있는 현명한 여러분은 내가 마술을 보여주겠다는 감언이설에 절대 속지 않을 것이 분명하다.

여기서 한 가지 의문이 생긴다. 우리가 생각하는 모든 법칙이 법칙대로 움직이는 것일까? 세상의 모든 법칙이 어떤 경우라도 흔들리지 않은 채 성립하는 것일까? 그렇지 않다. 자연과학 법칙과 달리 특히 금융지식이나 경제법칙 같은 사회과학 법칙은 반드시 어떤 경우일지라도 모두 성립하지는 않는다. 예외가 있다는 말이다. 사회과학 법칙이란 사람들이 살아가면서 생겨나는 현상 중에서 '주로 그렇게 되더라'는 것을 정리한 것이다. 따라서 '주로' 그럴 뿐이지 '반드시' 그런 것은 아니다.

사회과학 법칙은 반드시 그렇게 되지는 않는다

하나의 예로 '장기금리가 단기금리보다 높다'는 금융법칙을 살펴보자. 지금 당장 인터넷이나 경제신문에서 '오늘의 금리'를 찾아보면 쉽게 알 수 있다. 3년짜리 회사채인 장기금리가 단기금리의 대명사인 하루짜리 콜금리보다 높다는 사실을 말이다. 그 이유에 대해서는 다시 설명하겠다. 여하튼 이런 게 바로 사회과학 법칙이다.

그런데 앞서도 말했듯이 반드시 장기금리가 단기금리보다 높을 때만 있는 것은 아니다. 지금으로부터 십수 년 전 외환위기 당시에는 그 반대였다. 장기금리라고 할 수 있는 1년짜리 정기예금의 금리가 20% 후반 대였던 것에 비해 단기금리인 콜금리는 30% 후반 대였다. 왜 그럴까? 그 이유는 외환위기 당시는 절체절명의 시기였기 때문이다. 따라서 1년 이후는 그럭저럭 넘어갈 수 있지만 바로 하루 앞을 예측할 수 없을 정도로 유동성에 문제가 있었기에 단기금리가 높이 치솟았다.

나는 여기서 우리가 금융지식이나 경제법칙을 알아야 하는 이유를 설명하려고 한다. 자연과학 법칙은 반드시 그렇게 되지만 사회과학 법칙은 '반드시' 그렇지 않으며 '주로' 그럴 뿐이다. 따라서 평소에 이와 관련한 지식이나 법칙을 알고 있으면 반드시 그렇지 않을 때 "어, 왜 저런 현상이 일어났지?"하고 의문을 가져볼 수 있다. 그뿐만 아니라 '그렇지 않은 현상'은 언젠가는 경제법칙에 맞게 '정상화'된다. 따라서 정상적으로 회귀할 때 그 순간의 기회를 노려볼 수 있다. 바로, 돈을 벌 기회다.

우리가 경제·금융 지식을 알아야 하는 이유

장·단기 금리에 대한 법칙을 알고 있는 사람이라면 외환위기 때의 장·단기 금리의 역전현상_(74~82쪽에 자세히 설명해 놓았다)을 쉽게 감지할 수 있었을 것이다.

'이건 비정상이야. 금리도 오를 대로 오른 데다, 장·단기 금리의 역전현상까지 일어났으니 말이야. 비정상 상태는 오래가지 못해. 그럼 머지않아 금리가 떨어질 게 분명해!'

이때 현명한 사람들은 또 하나의 금융법칙을 떠올리며 채권에 투자했을 것이다.

'그래, 채권금리와 채권가격은 반비례하잖아. 따라서 금리가 다시 떨

외환위기가 어느 정도 진정되자 장기금리와 단기금리는 정상으로 돌아왔다. 그 와중에 금리도 다시금 떨어졌다. 물론 채권가격은 엄청나게 올랐다. 따라서 그때 채권에 투자한 사람은 엄청난 수익을 얻을 수 있었다. 대표적인 인물로 미래에셋의 박현주 회장이 있다.

나는 우연히 미국의 재테크 서적을 본 적이 있는데, 책의 제목이 인상적이었다.《Be Smart, Act Fast, Get Money》가 그것이다. 우선 알아야 한다Be Smart. 그리고 성급하진 않지만 과감하게 행동에 옮겨야 한다Act Fast. 그래야 돈을 벌 수 있다Get Money. 물론 여러분 역시 금융지식이나 경제의 법칙을 알고 있다. 그러나 이러한 것들은 자연과학 법칙이 아니라 사회과학 법칙이므로 반드시 이론대로 흘러가지 않는다. 돈을 벌 기회를 찾고 있다면. '요즘엔 왜 법칙대로 흘러가지 않을까?'하는 의문을 품고 현상을 파악해 보라. 바로 그곳에 기회가 숨어 있다. 만약 금융지식이나 경제법칙을 알지 못한다면 어떤 신호(그것이 위험을 의미하든, 기회를 의미하든 간에)가 오더라도 아무 생각 없이 지나치고 말 것이다. 기회가 와도 알지 못한다. 아니면 'Be Smart'의 과정은 무시한 채 남들이 움직이는 곳으로 우르르 몰려 'Act Fast'만 하다가 쪽박 차는 일이 생길 수도 있다. 바로 우리가 금융지식과 경제법칙을 알아야 하는 이유가 여기에 있다. 물론, 'Be Smart' 수준에서 머물러 있는 상태, 그야말로 이론만 강한 사람이 되어서도 안 되지만 아무 생각 없이 'Act Fast'만 하는 것은 더더욱 위험한 일임을 명심하자.

Q&A
금리 초보라면 꼭 알아야 하는 여섯 가지

Q1 왜 하필 지금 금리를 알아야 하죠?

A 2014년부터 본격적으로 전셋값이 서민들의 삶을 옥죄기 시작했다. 참고로 2015년 3분기 기준으로 서울지역 평균 전셋값은 3억 7,800만 원이다. 한 해 동안 무려 18%가 올랐다. 전국의 평균 전셋값을 따져봐도 2억 1,000만 원이 된다고 한다. 우리나라 도시근로자 가구 평균 연 소득이 5,300만 원 수준이므로 정말 숨만 쉬고 모아도 4년을 모아야 한다는 셈법이 나온다. 그럼 전셋값이 왜 이렇게 천정부지로 올라만 가는가? 결국은 계속되는 저금리로 인해 집주인은 전세금을 받아 마땅히 운용할 데가 없기 때문이다. 그러다 보니 전세를 월세나 반전세로 돌리기 시작했고 결국 전세 물량이 줄어들어 가격이 오르는 것이다. 결국, 전셋값 상승은 금리가 원인이다.

상황이 이쯤 되니 이곳저곳에서 '주택담보대출 금리 2% 시대'가 개막했다는 언론 기사가 보이는가 하면, '빚내서 집 사라'는 이야기도 나오고 있다. 가계부채 1천200조 원에 달하는 나라에서 빚을 더 내라고 서민들을 유혹하고 있다. 우리는 기억하고 있다. 2006년 말 부동산 가격이 폭등의 막바지를 달리던 무렵 대부분의 부동산 관련 전문가들이 앞으로 저금리가 계속되고 집값은 더 오를 것이라고 말했다. 이러다간 영원히 내 집 마련의 꿈을 이루지 못할 거란 조바심에 휩싸인 많은 사람이 엄청난 금액의 주택담보대출을 받아 집을 샀다. 광풍이 지나가고 정신을 차렸을 때 비로소 엄청난 빚이 자신의 삶을 짓누르고 있음을 느꼈다.

'하우스 푸어'라는 신조어가 나온 게 이때부터였다. 예나 지금이나 투자 권유자들은 투자결과에 대해 별다른 책임을 지지 않는다. 그 결과는 고스란히 투자자 본인의 몫이다. 당시 주택담보대출을 받아 집을 마련한 서민들은 앞으로 금리가 오르면 어쩌나, 집값이 빠지면 어쩌나 지금도 불면의 나날을 보내고 있다. 하지만 누구를 나무랄 수도 없다. 결과에 대한 책임은 본인이 짊어지고 가야 한다.

지금은 전 세계가 불황에 허덕이고 있다. 게다가 미국이 금리를 올린다 안 올린다 하며 우리를 긴장시키고 있다. 우리는 그동안 대량으로 살포한 돈의 위력으로 근근이 버티고 있는지도 모른다. 하지만 앞으로의 방향이나 후유증은 누구도 장담할 수 없다. 예상되는 후유증으로는 대량 살포된 돈과 초저금리로 인해 발생할 수 있는 '초특급 인플레이션', 행여나 그게 아니라면 자금 살포에도 불구하고 유동성 함정에 빠져 '디플레이션'의 나락으로 빠지는 것일 수도 있다. 인플레이션과 디플레이션은 그 방향이 서로 정반대일지라도 어느 쪽이든 우리에게 희망적이기보다는 커다란 시련과 고통을 안겨줄 것이다. 따라서 이러한 상황으로 몰리지 않기 위해서는 돈의 흐름을 잘 관리해야 한다. 그리고 그 핵심에는 '금리'가 있다. 다시 말해 금리를 파악하지 못하면 예측도 힘들고 대처도 어렵다. 이는 비단 정부나 기업의 이야기만이 아니다. 전셋값에 민감하고 대출이자에 지쳐있는 우리 서민들에게도 해당한다. 따라서 앞으로 다가올 수도 있는 위기를 극복하기 위해서라도 우리는 금리의 특성과 흐름을 알아야 한다.

Q2 금리의 특성은 무엇인가요?

A 금리는 자산가격과 반대 방향으로 움직이는 경향이 강하다. 금리가 꼭지일 때 자산가격은 바닥이며 금리가 바닥일 때 자산가격은 꼭지이다. 좀 더 직설적으로 말하면 지금 금리가 꼭지인가? 그렇다면 집을 사고 그렇지 않다면 때를 기다려야 한다. 이렇듯 투자하려는 사람은 금리의 흐름을 잘 살펴야 한다. 자산가격의 바닥과 꼭지를 파악하기 위해서 금리를 하나의 가늠자로 삼을 수 있기 때문이다. 아울러 금리는 유동성 위기가 찾아오면 오르는 성질이 있다. 따라서 창업을 준비하는 사람도 금리 흐름을 잘 봐야 한다. 금리가 높이 치솟으면 시중에 돈이 잘 돌지 않으므로 창업할 돈을 마련하기 어려울 수 있다.

Q3 금리와 환율의 상관관계는 무엇인가요?

A 일반적으로 한 국가의 금리가 오르면 그 국가의 환율은 떨어진다. 환율이란 상대적인 교환가치다. 다시 말해 '미국 돈 1달러를 바꾸는데 우리나라 돈 얼마가 필요한가?'가 바로 환율이다. 따라서 우리나라 돈의 가치가 올라가면 환율은 하락하고 그 반대의 경우 환율은 상승한다. 이는 간단한 예를 통해 알 수 있다. 1달러에 1,000원 하던 환율이 1달러에 1,500원으로 올랐다고 하자. 이전에는 1,000원으로 1달러를 바꿀 수 있었는데, 이제는 무려 1,500원이나 줘야 겨우 1달러로 바꿀 수 있

으니 그만큼 우리나라 돈의 가치가 떨어졌다는 걸 의미한다.

원 · 달러 환율상승 = 원화 가치하락(평가절하)

원 · 달러 환율하락 = 원화 가치상승(평가절상)

금리가 환율에 미치는 영향은 이렇다. 만약 한국의 금리가 갑자기 오를 경우, 국내뿐 아니라 외국의 많은 투자자가 한국시장에 투자하러 들어올 것이다. 그러나 로마에는 로마법이 있듯이 한국에는 원화로 투자해야 한다는 법이 있다. 따라서 외국 투자자들은 해외의 자금(특히 달러)을 외환시장에서 모두 원화로 바꾸어 한국에 투자하려 들 것이다. 그렇게 되면 외환시장에서는 달러를 원화로 바꾸려는 세력이 늘어난다.

달러를 원화로 바꾼다는 것은 무슨 뜻인가? 즉 달러를 팔고 원화를 산다는 이야기다. 어떤 자산이든 매수세가 많으면 많을수록 그 가격(가치)은 올라가게 마련이다. 물론 반대로 매도세가 많으면 많을수록 그 가격(가치)은 내려간다. 위의 사례에서는 원화의 매수세가 늘어나므로 원화 가치가 올라가고 달러의 매도세가 늘어나므로 달러가치는 내려간다. 그런데 정리된 표에서 보듯이 원화가치 상승은 바로 환율하락이다. 따라서 한국의 금리가 오르면 원 · 달러 환율은 하락한다.

금리 ↑ ⇒ 환율 ↓

금리 ↓ ⇒ 환율 ↑

Q4 금리와 물가의 상관관계는 무엇인가요?

A 물가는 물건가격이다. 그리고 돈의 가격이 바로 금리다. 따라서 물가가 오를 때 금리를 올리면 물가가 안정을 찾는다는 게 일반적인 견해다. 물가가 지속해서 오를 때 사람들은 사재기에 나선다. 내일 가격이 얼마나 올라 있을지 불안한 터라 미리 물건을 사두려는 심리가 작동한다. 사재기가 늘면 늘수록 물가는 더욱 오르는 악순환이 반복된다. 너무나 당연한 이야기지만 물건을 사기 위해서는 돈이 필요하다.

그런데 자신이 가진 모든 돈을 지갑에 넣어두고 다니는 사람은 아무도 없다. 대부분의 사람이 이자수익을 받기 위해서라도 은행에 돈을 넣어둔다. 따라서 사재기를 하려면 은행에 가서 돈을 찾아야 한다. 그런데 돈의 가격인 금리를 올리면 어떻게 될까? 사람들은 이제 사재기의 필요성을 못 느낄 것이다.

왜냐하면, 물건가격이 오르는 만큼(아니면 그 이상) 이자가 더 붙기 때문에 이번에는 물건을 미리 사두는 것이 오히려 손해이기 때문이다. 그럼 사람들은 굳이 은행에서 돈을 찾지 않을 것이고 사재기 현상은 자연적으로 줄어 물가가 안정을 되찾는다. 이론적으로는 금리를 물가인상분만큼 올려야 한다는 것을 알 수 있다.

물가 ↑ ⇒ 금리 ↑ ⇒ 물가안정

Q5 금리와 자산가격과의 상관관계는 무엇인가요?

A 금리와 자산가격은 서로 반대 방향으로 움직이는 경향이 있다. 다시 말해 금리가 오르면 자산가격이 내려간다. 자산이란 무엇인가? 스스

로 돈을 벌어다 주는 것이다. 이자가 붙는 예금자산, 임대수입을 가져다 주는 부동산자산, 투자수익을 올려주는 펀드자산 등이 그러한 것들이다. 그럼 이들의 가격은 어떻게 정해질까? 예를 들어보자. 만약 1년 후 100만 원의 이자수익이 붙는 연 10% 금리의 예금자산은 과연 얼마의 가격을 지급하는 게 적정할까? 이론적으로는 1,000만 원이다(세금 등 각종 비용을 제하고 말이다). 왜냐하면 1,000만 원을 넣고 연 10%의 이자를 받게 되면 그게 바로 100만 원이기 때문이다. 만약 이러한 예금자산을 900만 원에 샀다면 적정가격에 비해 싸게 산 것이고 1,100만 원을 주었다면 비싸게 산 것이다.

또 다른 예다. 만약 금리가 연 5%인 경우 100만 원의 이자수익이 붙는 같은 조건의 예금자산이라면 얼마의 가격을 지급할까? 바로 2,000만 원이다. 왜냐하면 2,000만 원의 연 5% 이자가 100만 원이기 때문이다. 우리는 여기서 재미있는 사실을 발견할 수 있다. 금리가 낮을수록 예금자산의 가격이 올라간다는 것이다. 물론 반대로 금리가 높아지면 가격은 내려간다. 이렇듯 미래에 정해진 수익이 뻔할 때 우리는 금리의 오르내림과 반대 방향으로 자산가격 움직인다는 것을 알 수 있다.

또 다르게 설명할 수 있다. 금리가 오르면 사람들은 예금이자로 만족할 것이다. 1990년대 말 외환위기 상황에서 사람들은 무려 연 30%에 가까운 고금리 이자를 받았다. 굳이 주식과 부동산에 투자할 필요를 못 느꼈다. 따라서 사람들은 주식과 부동산을 팔기 시작할 것이고 자산가격이 내려간다. 금리가 무척 낮으면 사람들은 더는 은행과 친해지지 않으려 한다. 은행에 예금을 해봤자 쥐꼬리만 한 이자만 붙기 때문이다.

따라서 돈은 은행을 빠져나와 주식과 부동산시장으로 간다. 자산가격이 상승하는 것이다. 따라서 금리의 추이를 관찰하다 보면 언제 자산에 투자해야 하는지 아닌지를 가늠해 볼 수 있다.

Q6 금리는 누가 움직이나요?
A 금융시장이 움직인다.

금리는 돈의 값이라 했다. 돈에도 가격이 있나? 물론 그렇다. 돈을 빌려주고 받는 이자가 바로 돈의 가격이다. 따라서 돈을 빌리는 쪽의 부도 위험이 높거나 신용이 낮을 때 금리는 올라간다.

IMF 구제금융 당시 우리나라의 금리가 그토록 높았던 이유가 바로 그것이다. 또한, 시장에 돈이 부족해 유동성 위기에 봉착할 때 금리가 높아진다. 2008년 말 글로벌 금융위기 때 우리 정부가 그토록 정책금리를 인하했음에도 불구 시중의 금리가 내려가지 않고 오히려 올라간 것이 대표적인 사례다.

$$신용도 \downarrow + 유동성 \downarrow \Rightarrow 금리 \uparrow$$
$$신용도 \uparrow + 유동성 \uparrow \Rightarrow 금리 \downarrow$$

물론 이러한 신용도나 유동성은 금융시장의 수많은 참여자가 결정한다. 금융시장에서 개인, 기업 또는 국가의 신용도와 유동성의 정도를 가늠해 보고 돈을 빌려주려는 세력이 많거나 적음에 따라, 또는 돈을 빌리려는 세력이 많거나 적음에 따라 돈의 가격인 금리가 결정된다.

따라서 금리는 항상 변하게 마련이다. 신용도와 유동성, 그리고 이를 바탕으로 한 금융시장의 여러 참여자의 자금에 대한 수요와 공급이 시시

각각 변하는 한 금리 역시 살아 움직이는 유기체처럼 시시각각 변할 수밖에 없다.

A 한국은행이 움직인다.

한국은행의 지상 최대 목표는 물가안정이다. 물가안정을 위해 한국은행은 정책금리를 올리기도 내리기도 한다. 앞서 설명했듯이 물가와 금리와의 관계를 이용해서 말이다. 이렇듯 금융시장뿐 아니라 한국은행도 금리를 움직인다. 물론 필요에 따라 인위적으로 움직이는 것이다. 그렇다면 한국은행이 내일 당장 기준금리를 1%에서 2%로 올린다고 하면 실제로 그렇게 올라갈까? 그렇지는 않다. 그럼 한국은행은 어떻게 금리를 움직일까?

한국은행은 우선 기준금리를 2%로 올린다고 발표를 한 후, 한국은행이 가지고 있던 채권(적격증권)을 공개적으로 시중은행에 매도한다. 그럼 시중은행 입장에서는 채권을 매수하면서 받은 돈을 한국은행에 지급한다. 돈이 시중에서 한국은행으로 흡수되면, 시중에 돈이 귀해져 돈의 가격인 금리가 올라간다. 이렇듯 한국은행은 발표한 대로 기준금리가 1%에서 2%까지 오를 정도만큼만 채권을 팔아 시중의 돈을 흡수하는 방식으로 금리를 조정한다.

물론 물가가 오른다고 무조건 금리를 올릴 수는 없다. 왜냐하면, 금리인상으로 대출받은 사람들이 힘들어져 소비가 줄고 경기가 위축될 수도 있기 때문이다. 특히 2015년 말 우리나라 가계부채가 총 1천200조 원에 달하며 은행권 주택담보대출 잔액만 477조 원이라는 상황을 고려하면 물가가 오른다고 무작정 금리를 올릴 수만은 없다. 그래서 물가안정이 최대 목표인 한국은행과 전반적인 경기회복을 책임진 기획재정부는 서로 옥신각신하는 게 일반적이다.

첫째마당

기초부터 알아야
금리를 읽는다

21세기 자본주의 사회를 살아가는 우리에게 금리는 무척 중요한 존재다.
좀 더 과장해서 말하면
'금리는 자본주의 경제에서 가장 중요한 요소다.'

$ 금리는
돈의 사용료다

재판관(포셔): 잠깐, 서두르지 마라. 또 할 말이 있다. 이 증서에 따르면 피는 한 방울도 그대에게 허락하지 않고 있다. 이 증서에는 '1파운드의 살점'이라고만 기록되어 있다. 그러니 증서대로 살점 1파운드를 갖도록 하되, 살을 도려낼 때 기독교도의 피가 한 방울이라도 흘려서는 안 된다. 만약 피가 조금이라도 흐른다면 너의 토지를 비롯한 전 재산이 모두 베니스 국법에 따라 국고에 몰수된다는 사실을 명심하라.

소설 《베니스의 상인》의 클라이맥스 부분이다. 셰익스피어의 희곡을 읽지 않았더라도 간략하게 편집한 동화집이나 TV 명작만화 등을 통해 이 희곡을 한 번쯤은 접해 본 적이 있을 것이다. 이 작품은 셰익스피어 시대 당시 유대인에 대해서 유럽 기독교도들이 갖고 있던 혐오감이 깃들여 있다는 비난이 없는 건 아니지만, 극적 반전과 해피엔딩으로 좋은 평가를 받고 있는 희곡이다. 아마 여러분은 악덕 고리대금업자 샤일록이 명쾌한 재판관의 판결로 인해 소기의 목적을 달성하지 못하고, 마음씨 좋은 베니스상인 안토니오가 치명적인 위험에서 빠져나오는 장면에서 손뼉을 치며 기뻐했을 것이다. 어쩌면 그때부터 남에게 돈을 빌려주고 이자를 받는 행위에 대해(물론, 고리대금의 경우 상식적인 수준을 넘어서는 금액의 이자이지만) 좋지 않은 시각을 갖게 되었는지도 모른다. 누군가는 이 희곡 덕분에 돈을 빌려주는 사람을 모두 매부리코의 샤일록과 같은 음흉하고 사악한 사람으로 여기는 일반화의 오류에 빠져 있는지도 모른다.

그러다 보니 현재 은행에서 받은 주택담보대출의 이자 지급일이 돌아오기라도 하면, "에잇, 아까워 죽겠네. 내 돈을 거저먹으려는 악덕 고리대금업자!!"라며 은행을 원망할 수도 있다. 그러나 반대로 당장에라도 자신의 예금통장에 이자가 붙지 않는다면 버선발로도 뛰어나가 은행에 항의할 것이다. "이 돈이 어떤 돈인데, 예금을 했으면 이자를 줘야 할 것 아냐!" 하며 말이다. 이렇듯 사람들의 머릿속에 있는 금리는 고리대금업자의 횡포에서부터 재테크를 하기 위한 가장 기본적인 원동력에 이르기까지 상반된 모습으로 인지되어 있다. 그럼 금리란 녀석은 도대체 무엇일까?

금리란 '돈의 사용료'다. 정확히 말하자면 이자利子가 돈의 사용료이고 이를 비율로 표시한 것이 이자율利子率이며 이를 '금리金利'라고 말한다. 자신의 물건을 남이 대신 사용할 때 그로부터 적정한 사용료를 받는 것은 너무나 당연한 경제행위다. 스키장에서 스노보드를 빌릴 때나 렌터카 회사에서 자동차를 빌릴 때에도 사용료를 내야 한다. 돈도 마찬가지다. 남의 돈을 사용할 때 공짜로 사용할 수는 없다.

따라서 그것을 빌려 쓴 만큼 사용료인 금리를 내야 하는 건 너무나 당연하다. 그런데도 나의 뒤통수 뒤로는 '그래도 돈으로 돈 장사하는 건 그리 좋은 일은 아닌 거 같은데'라는 여러분의 시선이 느껴진다. 그렇다. 실제 과거에는 돈을 빌려주고 이자를 받는 일을 부도덕한 행위로 여겨 이를 금지를 한 적도 있었다. 중세 유럽에서는 이자 받는 행위를 기독교의 교리에 어긋난다며 죄악시했다. 물론, 그 후 이를 정당화시키기 위해 수많은 과학적, 종교적 이론이 나왔지만 그에 대한 반론도 만만치 않았다. 게다가 이슬람국가들은 지금도 공식적으로는 이자 받는 행위를 금기하고 있다.

금리가 과거에 천대를 받았건 말았건 그리고 실제로 천대를 받아야 할 존재이건 아니건 간에 21세기 자본주의 사회를 살아가는 우리에게 금리는 무척 중요한 존재임이 분명하다. 좀 더 과장해서 말하면,

'금리는 자본주의 경제에서 가장 중요한 요소다.'

앞서 나는 인간의 모든 행동이 인센티브에 의해 변한다고 말했다. 그리고 자본주의 사회에서 가장 확실한 인센티브가 바로 '돈'이라고도 밝혔다(물론, 약간 조심스럽게 말했지만). 따라서 그 돈의 사용료인 금리를 이해한다는 게 얼마나 중요한지는 두말하면 잔소리다. 또한, 혹자는 돈이 경제에서 피와 같은 존재라고도 말한다. 그렇다면 금리는 피를 흐르도록 돕는 심장박동이기도 하고 혈압을 나타내는 수치이기도 하다. 돈을 돌게 하는 원동력이기도 하며 아울러 돈이 잘 도는지 아닌지를 가늠할 수 있는 계기판이기도 하다는 의미다. 이러한 금리의 속성과 그 녀석이 미치는 파급

효과를 알지 못한 채 자본주의 사회를 살아간다는 것은 마치 눈먼 봉사가 지팡이도 없이 산길을 가는 것과 다르지 않다. 무엇보다 금리는 늘 장바구니 경제가 걱정거리인 우리 서민에게 큰 영향을 미친다. 한마디로 물가와 밀접한 관계가 있으며, 나아가 알뜰살뜰 재테크를 하고자 하는 사람들에게는 자산가격의 변동에 적지 않은 영향을 준다. 그것이 바로 금리다.

tip

■ 금리와 순수금리

금리란 이자와 같은 개념이다. 자금시장에서는 구체적으로 사용되는 돈의 사용료와 임대료까지도 금리에 포함된다. 즉 돈을 빌릴 때 여기에 부과되는 각종 수수료, 위험부담을 위한 보험료 등까지 모두 포함된 게 금리다. 반면 단지 돈의 사용료인 금리만을 가리킬 때에는 순수금리라고 한다.

02

금리의 단위는 '퍼센트'일까? '퍼센트·포인트'일까?

한국은행이 기준금리를 0.25%포인트 전격 인하했다. 한은은 11일 오전 이주열 총재 주재로 금융통화위원회(금통위)를 열어 기준금리를 현재의 연 1.75%에서 1.50%로 내렸다. 이번 인하는 지난 3월 2.00%에서 1.75%로 0.25%포인트 조정한 후 3개월 만이다. 이번 인하 결정으로 국내 기준금리는 금융위기 당시의 저점이었던 2009년 2월의 연 2.00%보다 0.5%포인트 나 낮은 사상 최저 수준으로 떨어졌다.

출처: 〈연합뉴스〉, 2015. 06. 11.

금리를 표시하는 단위로 대표적인 것은 '퍼센트(%)'다. 금리는 원금에 대한 이자(돈의 사용료)의 비율을 나타낸 것이며 비율의 가장 대표적인 단위가 퍼센트(%)이기 때문이다. 그런데 가끔 경제신문을 읽다 보면 조금 다른 단위들이 나온다. 그중에서 가장 눈에 띄는 것이 바로 '퍼센트·

포인트(%포인트)'다. 위에서 인용한 기사에서도 볼 수 있듯이 한국은행은 2015년 3월과 6월에도 기준금리를 내렸다(각각 0.25%포인트). 그런데 잘 살펴보면 0.75%와 0.25%를 내린 게 아니고 0.75%포인트와 0.25%포인트다. 이렇듯 일반적인 금리를 표시할 때는 '퍼센트(%)'를 사용하지만 얼마만큼 금리가 '올랐다' 또는 '내렸다'를 말할 때는 어김없이 '퍼센트 · 포인트(%포인트)'라는 단위를 사용한다. 왜 그럴까?

이를 설명하기 위해 예를 하나 들겠다. 만약 금리가 5%에서 3%로 내렸다고 해보자. 이때 사람들은 일반적으로 "금리가 2퍼센트(%) 내렸대!"라고 말한다. 이는 엄격히 말해 틀린 것이다. 기준이 되는 5%의 2퍼센트는 0.1%(=5%×2퍼센트) 내린 것에 불과하다(기준이 100%일 때 2퍼센트가 실제 2%다). 다시 말해 5%에서 3%로 내렸다면 금리는 2%가 내린 게 아니라, 40%가 하락한 것이다. 이는 '(3%-5%)÷5%=40%'로 계산하면 된다. 눈대중으로 봐도 5%의 40퍼센트는 2%이니까 결과적으로 '3%(=5%-2%)'로 내렸다는 것을 알 수 있다. 따라서 굳이 '2% 내렸다'라는 표현을 쓰기 위해서는 새로운 단위가 필요하다. 그래서 나온 게 바로 '퍼센트 · 포인트(%포인트)'라는 단위다. 그럼 20%에서 18%로 내려도 2%포인트 내렸다고, 그리고 5%에서 3%가 내려도 2%포인트 내렸다고 표현할 수 있기 때문이다. 따라서 정확한 표현을 위해서는, 한국은행이 '기준금리를 0.25% 내렸다'가 아니라 '기준금리를 0.25%포인트 내렸다'라고 말하는 게 맞다.

100bp = 1%포인트

금리변동을 나타낼 때 쓰는 다른 단위도 있다. 다름 아닌 '비피bp'다. 외화차입 금리가 'Libor+50bp'가 된다는 식으로 표현한다. 여기서 'bp'란 '베이시스·포인트basis point'의 약자다. 1bp는 0.01%포인트를 의미한다. 즉 50bp라면 0.5%포인트다. 거리를 재는 단위에도 미터m가 있고 이보다 작은 단위를 표시하는 센티미터cm가 있듯이 '퍼센트·포인트(% 포인트)'보다 작은 단위를 표시하기 위해서 금융권에서 흔히 쓰는 게 바로 'bp'다. 특히 국제금융시장에서 '%포인트'보다 더 작은 단위인 'bp'가 일반화되어 있는데, 그 이유는 0.01%의 이자라도 더 받으려고 하거나 덜 내려 할 정도로 치열한 금리 경쟁이 벌어지기 때문이다.

참고로 포인트라는 단어를 많이 사용하는 분야가 하나 더 있는데 그게 바로 주가지수다. 주가지수의 단위는 '포인트'다. 주가가 50포인트 올랐다거나 100포인트 급락했다거나 하면서 자주 사용된다. 여기서 우리가 가끔 착각하기 쉬운 게 주가지수가 50포인트 올랐다는 것과 50% 올랐다는 것인데 이 역시 엄연히 다른 이야기다. 50포인트는 그야말로 주가지수가 50이 오른 것이다. 주가지수가 500일 때 550이 되고 1000일 때 1050이 되었다는 의미다. 그러나 50%는 다르다. 주가가 500일 때 50%는 250(500×50%)이다. 따라서 그 합인 750이 되었다는 것이다. 물론 주가지수가 1000이라면 1500까지 올라야 50%가 상승한 것이다. 이는 실로 어마어마한 차이가 있다. 이렇듯 금리가 되었든 주가지수가 되었든 그 지표를 표시하는 단위의 성격을 잘 모른다면 같은 숫자를 보고도 엄청난 오해를 할 수 있으니 반드시 알아둘 필요가 있다.

금리, 이자율, 수익률, 할인율은 모두 똑같은 말이다

여기서 잠시 금리와 관련된 용어들을 정리해 보도록 하겠다. 시중에서 무심코 쓰는 그래서 더욱더 헷갈리는 용어들이 바로 '금리, 이자율, 수익률, 할인율'이라는 용어다. 결론적으로 이들 용어는 다 똑같은 뜻을 가진, 즉 이음동의어異音同義語다. 우선, 금리와 이자율이 '돈의 사용료'란 의미가 있는 동의어라는 건 앞서 언급한 바 있다. 물론 수익률과 할인율도 돈을 사용함에 따라 지급하는(또는 받는) 사용료라는 측면에서 같은 뜻을 가진 용어들이다. 그렇다면 왜 같은 뜻인데도 불구하고 달리 사용하여 우리를 헷갈리게 할까? 그것은 금리를 이야기할 때 각각의 입장과 뉘앙스에서 약간씩의 차이가 있기 때문이다. 같은 '고길동'이라도 집에서는 남편 또는 아버지이지만 직장에서는 고과장이 되고 동문회에서는 고선배가 되듯이 말이다. 그럼 이제 그 입장과 뉘앙스에 따라 어떻게 다른지를 알아보자.

이자율과 금리

'이자율'은 대출이나 예금과 같이 단순히 돈을 빌려 쓰거나 빌려줄 때의 사용료를 말한다. 따라서 대출이자율, 예금이자율이라고 말한다. 금리는 이러한 이자율을 좀 더 공식적으로 말할 때 사용한다. 특히 정부의 정책금리, 기준금리 인하 등과 같이 공적인 냄새가 약간 배어 있다. 물론 반드시 그런 것은 아니다. 대출 금리나 예금금리라는 표현도 있으니 말이다. 따라서 이자율과 금리는 혼재해서 사용하는 것으로 보면 된다.

수익률

'수익률'은 투자라는 행위에 돈을 사용하면서 기대하는 사용료를 의미한다. 단순히 정해진 금리로 대출을 해주는 것이 아니라 부동산이나 주식, 채권 등에 투자하면서 기대하는 사용료 말이다. 물론 투자란 것이 원금보장이 담보되지 않는 대신 실적에 연동하는 사용료를 기대하는 행위임은 삼척동자도 아는 얘기다. 실적이 좋으면 많이, 실적이 나쁘면 적게 기대하는 돈의 사용료를 우리는 '수익'이라 하는데, 그 비율이 수익률이다. 결국, 투자든 대출이든 돈을 사용해서 얻게 되는 사용료라는 측면에서 금리와 별반 차이가 없다.

할인율

마지막으로 '할인율'이란 무엇인가? 이것은 시점의 문제라고 생각하면 된다. 지금까지 설명한 금리, 이자율, 수익률은 돈을 사용하는 시점에서 얼마의 사용료를 받게 될 것이냐는 데 중점을 두고 있다. 반면 할인율은 사용료를 받는 시점에서 애초에 얼마의 돈을 사용(대출 또는 투자)했느냐에 중점을 둔 용어다. 이해가 잘 안되는가? 그럼 간단한 예를 들어보자.

갑동이는 2016년 1월 1일에 100만 원을 대출(투자)해 주었다. 금리(수익률)는 연 10%다. 그렇다면 1년이 지난 2016년 12월 31일에 갑동이는 총 얼마를 받게 될까? 계산은 아주 간단하다. 100만 원의 10%인 10만 원을 더해서 총 110만 원을 받게 된다.

현재(2016년 1월 1일) 갑동이로부터 나간 돈

　→ 100만 원

미래(2016년 12월 31일) 갑동이에게 들어올 돈

　→ 110만 원 = 100만 원×(1+10%)

∴ **사용료**(이자 or 수익): **10만 원** / **사용료 비율**(금리=이자율=수익률): **10%**

그럼 이제 같은 의미지만 약간 다른 예를 들어보자. 신동이는 2015년 12월 31일에 돈을 사용하게 해준 대가로 총 110만 원을 받았다. 여기서 돈의 사용료는 연 10%다. 그렇다면 신동이가 1년 전인 2015년 1월 1일에 과연 얼마를 대출(투자)해 주었을까? 물론, 답은 100만 원이다. 사용료가 10%이니 1년 전에 대출(투자)해 준 돈이 100만 원이어야 여기에 10%인 10만 원과 합해 총 110만 원을 받을 수 있으니 말이다. 이 경우 돈의 사용료 비율을 우리는 '할인율'이라고 표현하는 것이다.

현재(2015년 12월 31일) 신동이에게 들어온 돈
→ 110만 원

과거(2015년 1월 1일) 신동이로부터 나간 돈
→ 100만 원 = 110만 원/(1+10%)

∴ 사용료: 10만 원 / 사용료 비율(할인율): 10%

위의 예에서도 알 수 있듯이 같은 10%인데 돈을 대출(투자)하는 시점을 기준으로 할 때는 금리(수익률)라고 부르고 돈의 사용료는 받는 시점을 기준으로 할 때는 할인율이라고 부른다.

'할인율'을 다른 방법으로 사용할 때도 있다. 선(先)이자를 뗄 때 적용되는 이자율을 할인율이라고 한다. 일반적으로 이자는 만기가 되어 원금을 갚을 때나 매달 또는 정해진 기간이 지난 후 돈을 사용한 대가로 지급하는 게 보통이다. 하지만 가끔은 돈을 빌려줄 때 이자를 먼저 공제하는 경우가 있다. 이 경우의 이자를 '선(先)이자'라고 한다. 즉 110만 원을 빌려주기로 하고 실제로는 100만 원만 주는 것이다. 그런 다음 1년 후 만기가 되면 원금인 110만 원을 받는다. 여기서 차액 10만 원은 선(先)이자로 미리 떼어낸 것이다. 이때 원금 110만 원의 10%를 할인율이라고 한다. 일반적으로 선이자 방식은 어음이나 채권을 받고 돈을 빌려줄 때 많이 사용한다. 그래서 사람들은 이를 어음할인, 할인채(債券)라고 표현하는 것이다. 어찌 되었든 간에, 할인율 역시 그 본질은 돈에 대한 사용료로서 금리(이

_{자율, 수익률})와 똑같은 것이라고 보면 된다.

tip

■ 개인 간 선이자 지급약정은 유효할까?

유효하다는 판결이 나왔다. 부산지법 재판부는 선이자 지급약정은 사적 자치의 원칙상 유효하므로 "선이자 지급약정은 그 내용이 강행법규에 위반된다거나 선량한 풍속, 기타 사회질서에 반하여 무효로 되는 등의 특별한 사정이 없는 한 유효하다"고 판결하여 개인 간 금융거래를 하면 선이자 형식으로 공제한 금전도 차용금에 해당하여 변제해야 한다는 판례를 남겼다.

출처: 부산지법 2007가합5031호

$ 돈을 맡길 때보다 빌릴 때 이자가 비싼 이유

기업이나 가계의 가장 대표적인 유동성 자산은 '예금'이다. 여기서 유동성이란 앞으로 이 책에서 가끔 언급되겠지만 '필요한 시기에 돈으로 가장 빠르게 바꿀 수 있는 정도'를 의미한다. 그런 의미에서 예금은 현금 다음으로 유동성이 높은 자산이다. 언제든지 은행으로 도장과 통장만 가져가면 현금으로 바꿀 수 있기 때문이다. 물론 요즘에는 도장이나 통장도 필요 없다. 현금카드와 서명만으로 돈을 찾을 수 있으니 말이다.

나는 강의를 나가 가끔 이런 질문을 한다.

"은행의 가장 대표적인 유동성 부채가 뭘까요?"

정답은 예금이다. 기업이나 가계에서 예금이란 알토란과 같은 재산이지만, 은행 입장에서 예금이란 일종의 빚(부채)이다. 그것도 고객이 요청할 때 두말하지 않고 내주어야 하는 '돈으로 가장 빨리 바꿔줘야 하는' 유동성 높은 빚이다.

그런데도 은행은 이런 빚을 각종 매체를 통해 광고까지 해가면서 늘리려고 한다. 그 이유는 이 돈으로 제삼자에게 대출을 해주고, 그 금리 차이를 먹는 게 은행의 본업이기 때문이다. 다시 말해 빚내서 장사하는 게 은행이다. 그러나 은행은 "우리는 영원한 빚쟁이입니다"라고 말하지 않는다. 자존심 상하는 말이기 때문이다. 또 노골적으로 은행 스스로가 그렇게 인정한다면 누가 빚쟁이에게 돈을 맡기겠는가? 그래서 은행은 이렇게 말한다.

"우리는 자금을 조달하고 있습니다!"

은행이 예금을 모으는 행위는 분명 빚을 지는 행위임에도 불구하고 자금(영업자금)을 조달한다고 그럴싸하게 표현한다. '보기 좋은 떡이 먹기도 좋다'는 말이 여기서도 버젓이 행해지고 있다.

자! 어찌 되었든 우리가 은행에 돈을 맡기고 받는 예금이자는 은행 입장에서는 자금조달 비용이다. 갑동이가 은행에 100만 원을 입금하고(그것이 고정금리 예금상품이 되었든, 아니면 실적배당 투자 상품이 되었든) 1년 후 10만 원의 추가 수익을 얻었다면 갑동이의 수익률(이자율)은 연 10%다. 이는 은행 입장에서는 10만 원의 비용이 발생한 것이며, 연 10%는 100만 원을 받아 1년 동안 영업에 활용하기 위해 지급해야 하는 '자금조달 비용율'이다. 그리고 수익을 내는 은행이라면 어떤 일이 있더라도 1년에 10% 이상의 수익이 발생하도록 투자하든지 아니면 대출 금리를 그만큼 받든지 해서 자금조달 비용 이상의 돈을 벌어야 한다. 어떤 은행이든지 예금이자보다 대출이자가 높은 이유가 바로 이 때문이다.

* 은행의 가장 기본적인 수익원

    → 예대마진 = 대출이자 − 예금이자

∴ 대출이자 〉예금이자

tip

■ **국내 유동성 자금 얼마나 될까?**

자산운용협회에 따르면 지난 2008년 9월 대비 2009년 1분기의 경우 단기 유동성 자금이 약 25% 늘어난 200조 원 이상일 것으로 보고 있다. 정부와 한국은행의 통화정책으로 유동성이 풍부해졌다. 2009년 들어 유동성이 크게 늘어나 우리나라 예산의 두 배 규모 정도일 것이라는 관측도 있다.

$ 내 돈과 남의 돈의 차이

은행만 돈을 빌리는 것은 아니다. 기업도 돈을 빌리고 개인도 돈을 빌린다. 물론 돈을 빌리는 목적은 여러 가지일 것이다. 갑자기 병원비가 필요해 돈을 빌릴 수도 있고, 그간 흥청망청 생활하다 카드대금을 메우지 못해 급전을 빌릴 수도 있다. 그런데 돈을 빌리는 목적 중에는 좀 더 생산적인 것이 있다. 신규 사업에 진출하기 위해 공장 신축자금을 빌리는 것, 은행처럼 대출을 해주기 위해 예금을 받는 것 등이 그렇다. 좀 더 많은 돈을 벌기 위해 상대적으로 적은 비용을 물고 돈을 빌리는 것이다. 그런데 사람들은 단순하지 않다. 돈을 빌려주는 데에서도 더욱 다양한 방법을 즐기고자 하는 게 사람들의 본성인 것 같다. 하나의 사례를 제시한다.

잘 나가는 '성공을기업'이 있다. 신규 사업에 진출해서 더 큰 성공을 이루려 한다. 사업이 성공하면 1년 후 100억 원의 수익을 낼 수 있다. 하지만 그러기 위해서는 10억 원 정도가 필요하다. '성공을기업'은 10억 원을 구하기 위해 사람들을 만났는데, 여러 사람 중에서 '전보수'씨와 '나적극'씨가 관심을 보였다.

> **성공을기업:** 이상으로 저희의 신규 사업계획 설명을 마칩니다. 총 10억 원 가운데 얼마나 지원해 주실 수 있는지 아울러 그 돈의 사용료로 얼마나 받을 생각이신지 궁금하군요.
>
> **전보수:** 유망한 사업 같아서 5억 원 정도 돈을 대고 싶은데요. 하지만 사업이란 게 실패할 수도 있잖습니까? 그러니 1년 후 사업 성공 여부와 관계없이 무조건 원금을 갚으시고요. 1년간 5억 원에 대한 사용료로 연 10% 금리를 받고 싶습니다.
>
> **나적극:** 나 역시 좋은 사업이라고 생각해. 5억 원 정도 돈을 대주고 싶군. 그런데 사업이 성공하면 100억 원씩이나 벌 수 있는데, 그걸 성공을기업 혼자 다 먹는다면 좀 그렇지 않은가? 그러니 이자는 안 받는 것으로 하고 대신 1년 후 벌어들인 수익 중 30%를 나에게 주게. 아, 그렇지. 만약 1년 후 수익을 못 내면 돈을 한 푼도 받지 않겠네. 이자는 물론, 원금 5억 원도 안 받겠다는 말일세. 이제 나와 같은 배를 탄 거로 생각하라고.

이리하여 성공을기업은 전보수, 나적극 두 사람으로부터 각각 5억 원을 받아 신규 사업에 진출했다. 이때 전보수 씨로부터 받은 5억 원을 우리는 '부채' 또는 '타인자본'이라고 한다. 그리고 나적극씨로부터 받은 돈 5억 원은 '자본(金)' 또는 '자기자본'이라고 한다. 이렇듯 자금을 조달하는 방법은 크게 두 가지로 나뉜다.

여기서 각각 얼마의 자금조달비용이 드는지 한번 따져보자. 우선 전보수씨의 타인자본의 경우에는 5,000만 원(=5억×10%)의 비용이 든다. 이는 신규 사업이 성공하든 실패하든 관계없이 무조건 지급해야 할 돈이다. 물론 계약에 따라 1년 후 이자를 줄 때 원금도 함께 지급해야 함도 잊지 말아야 한다. 만약 사업에 실패해서 돈을 못 갚을 경우 법에 따라 강제로 집행될 수도 있다. 무조건 갚아야 한다는 소리다. 반면, 나적극씨의 자기자본 5억 원은 성격이 약간 다르다. 성공을기업이 신규 사업에 성공하여 100억 원을 번다면 30억 원을 나적극씨에게 수익금으로 지급해야 한다. 물론 사업이 예상과 달리 20억 원밖에 못 벌 거나 반대로 1,000억 원을 벌 수도 있다. 물론 이런 때에도 각각 30%에 해당하는 6억 원과 300억 원을 수익금으로 지급해야 한다. 더욱 재미있는 것은 성공을기업이 사업에 실패해서 모든 돈을 날려버린다면 나적극씨는 단 한 푼도 가져가지 못한다. 이렇듯 자기자본의 조달비용(나적극씨 입장에서는 투자수익)은 정해져 있지 않다. 원금을 잃을 가능성부터 고수익에 이르기까지 참으로 다양하다.

자! 그럼 이렇게 자금조달을 한 성공을기업은 무슨 생각을 할까? 물론 자신들의 사업 성공에 대한 자신감은 차고 넘칠 것이다. 하지만 비즈니스에는 수많은 변수가 있다. 따라서 마지노선이란 걸 정해놓는다. 아무리 신규 사업이 안 되더라도 1년 동안 최소 5억 5,000만 원은 벌어야 한다는 말이다. 그래야만 전보수씨의 돈(타인자본)을 갚을 수 있다. 그렇지 못하면 전보수씨가 소송을 걸 테고 심할 경우 회사가 파산할 수도 있다.

■ 성공을기업의 자금조달 현황

자금조달	1년 후 사업결과	사업수익	자금조달 비용	지급금액
타인자본 5억 원	사업 성공시	100억 원	5,000만 원(→5억 원×10%)	5억 5,000만 원
	사업 실패시	0원	5,000만 원(→5억 원×10%)	5억 5,000만 원
자기자본 5억 원	사업 성공시	100억 원	30억 원(→100억 원×30%)	30억 원
	사업 실패시	0원	0원(→0원×30%)	0원

# 타인자본 비용과
자기자본 비용 중
어떤 비용이 더 많이 들까?

06

타인자본(부채)으로 돈이 들어올 때는 대출약정서를 쓰거나 채권을 발행한다. 반면 자기자본(자본금)으로 돈이 들어올 때는 주식을 발행한다. 그렇다면 이 두 가지 중 어떤 비용이 더 많이 들까? 흔히 생각하기를 타인자본 비용이 더 비싸다고 말한다. 부채에는 이자가 꼬박꼬박 나가고 만기가 되면 원금도 갚아야 하지만, 주식에는 이자가 나가지 않을뿐더러 만기도 없고 투자원금을 갚을 필요도 없기 때문이다. 그야말로 '공돈'을 쓰고 있는 듯한 착각에 빠진다. 하지만 이는 잘못된 생각이다.

엄밀히 말하자면 자기자본 비용이 타인자본 비용보다 더 많이든다. 다시 말해 주식을 발행해서 돈을 받는 것이 채권을 발행해서 돈을 받는 것보다 더 큰 비용을 감수해야 한다는 의미다. 왜일까? 눈치가 빠른 독자라면 위의 사례에서 그 이유를 감지했을 것이다. 모름지기 사업이 실패할거라 생각되면서도 돈을 조달하는 기업의 경영자는 아무도 없다. 어떤 사업이든 성공을 염두에 두고 돈을 조달한다. 그런데 사업이 잘되었을 때 자기자본(자본금)을 대준 '투자자'는 그 수익에 대해 엄청난 배당을 요구한다. 반면 타인자본(부채)을 대준 '채권자'는 사업이 성공해도 겨우 몇 %의 이자만 요구한다(물론, 실패할 때도 그 이자를 반드시 받아내려 하겠지만 말이다).

위의 사례에서도 알 수 있듯이 사업이 실패하면 아무것도 받지 않는 대신 사업에 성공했을 때도 고작 수익의 5%나 10%를 배당받겠다는 자기자본 투자자는 세상에 없다. 따라서 사업이 성공할 것으로 굳게 믿는 기업의 경영자로서는 엄청난 수익 배당이라는 비용을 감수하면서까지 자기자본을 받아들이는 것이다.

자본조달 우선순위 이론-Pecking Order Theory

따라서 기업이 사업에 필요한 자본을 조달할 때는 우선순위가 있다. 이를 '자본조달 우선순위 이론'이라고 하는 데, 그 선호하는 순서는 '내부자금 → 부채 → 전환사채 → 주식' 순이다. 물론 자본조달비용이 적게 드는 순서로 선호하는 건 당연한 이치다. 경제학자들은 주식에 더 큰 자본조달비용이 드는 이유를 경영자와 투자자 사이의 정보 비대칭이 존재하기 때문이라고 한다. 정보 비대칭이란 경영자가 가진 내부 정보를 외부의 투자자가 제대로 알 수 없으므로 양측의 정보 수준에 비대칭이 생긴다는 의미다. 만약 기업이 연 10% 정도의 비용을 들이면 자본을 조달할 수 있지만, 외부 투자자들은 정보비대칭에 의해 그 기업의 내부 사정을 모르기 때문에 10%+알파(α)를 요구할 것이고 결국 알파(α)만큼의 비용이 늘어난다. 기업이 주식보다 채권에 의한 자금조달을 더 선호하는 점도 여기에 있다. 채권과 비교하면 주식은 정보 비대칭으로 인해 발생하는 위험이 더 크다. 채권의 경우 이자만 받으면 되니까 그 기업의 내부 사정을 속속들이 알 필요가 없지만, 주식의 경우는 자칫 잘못하면 투자자가 원금을 까먹을 수도 있으므로 내부 사정을 자세히 알고 투자의사 결정을 내려야 한다. 하지만 정보 비대칭으로 인해 투자자가 기업의 내부사정을 자세히 아는 데는 한계가 있다. 따라서 주식투자자는 더 많은 정보 비대칭 프리미엄을 요구할 것이고 이는 기업의 자금조달 비용을 증가시키므로 주식이 채권보다 자금조달 비용이 더 비싸진다. 따라서 기업은 정보 비대칭에 따른 비용이 상대적으로 낮은 채권을 주식보다 더 선호한다.

기업의 부채(타인자본)비율이 적정한지?
트레이드-오프 이론Trade-off Theory

　기업이 부채(타인자본)를 끌어다 쓰면 쓸수록 무조건 이익일 것 같지만 이에는 반대급부가 따른다. 부채가 너무 많아지면 기업이 사업부진으로 빚을 갚지 못해 부도가 날 수도 있기 때문이다. 따라서 기업은 언제나 적정한 부채비율을 유지할 필요가 있다. 이렇듯 기업의 부채비율이 적정한지 알아보는 이론 중 하나가 '트레이드-오프 이론'이다.

　이 이론에 따르면, 부채를 쓰는 차입기업의 가치는

차입기업의 가치

= 무차입기업의 가치 + 절세효과(플러스 효과) **+ 부도위험효과**(마이너스 효과)

라는 식으로 나타낼 수 있다.

여기서 부채를 전혀 쓰지 않는 기업(무차입기업)에 비해 부채를 쓰는 기업(차입기업)은 이자비용만큼 절세 효과가 있어(이자를 내는 만큼 당기순이익이 줄어 세금을 조금 내게 된다) 기업가치가 증가한다. 하지만 그만큼 부도위험도 높아져 기업 가치를 감소시키는 역할을 한다. 이렇듯 절세효과와 부도위험효과는 서로 '상충관계trade-off'에 있기 때문에 이 이론을 'Trade-off Theory'라 부른다.

일반적으로 부채의 경우 일정 수준까지는 절세효과가 부도위험효과보다 더 커서 차입기업의 가치가 증가하지만, 부채가 일정 수준을 넘어서면 오히려 부도위험효과가 더 커져서 차입기업의 가치가 줄게 된다. 여기서 말하는 일정 수준의 부채 규모는 기업마다 다르다. 그래서 이 이론을 적용해서 계산하여 차입기업의 가치가 감소하기 시작하는 시점의 부채 규모를 산출해 보면 특정 기업의 적정한 부채 규모를 알아낼 수 있다. 여하튼 부채란 적당히 쓰면 약이 되지만 많이 쓰면 독이 된다. 이는 개인이나 기업이나 마찬가지이다.

$ 금리의 구성요소 해부하기

07

"오빠, 여기는 렌터카 빌리는 데 단돈 만 원이래!"

"아니, 그런데 이게 뭐야? 와이퍼 5,000원, 좌우 깜빡이 2,000원."

"브레이크는 2만 원~ 으아악!!!"

몇 년 전 인기 있었던 모 통신회사 광고의 한 장면을 패러디한 것이다. 이렇듯 자동차를 빌리는 데에도 사용료(렌터카 비용)의 내역을 제대로 알지 못하면 낭패를 볼 수 있다. 기본요금은 싼데, 추가되는 여러 옵션에 따라 비용이 더 많이 든다면 결론적으론 더 비쌀 수도 있다. 따라서 뭘 빌려 쓰든 간에 사용료를 지급하기 전 그 구성요소 내역을 제대로 파악해야 한다. 그래서 사람들은 비용을 지급할 때 사용 내역서를 받아 꼼꼼히 살펴본다. 가격이 합리적인 기준에 맞게끔 적정하게 책정이 되어 있는지를 살피는 것이다.

나는 앞서 금리가 돈의 '사용료'라고 했다. 그렇다면 금리도 나름의 사용내역서가 있을 것이다. 돈을 빌려주거나 빌려 쓸 때, 어떤 내역에 따라 이 정도 금리를 책정했는지 알려주는 합리적 기준 말이다. 그 기준은 누구나 인정할 만한 것이어야 한다. 그래야 나중에 불평이나 불만이 없을 것이다. 그러기 위해서는 먼저 금리가 어떤 구성요소로 이루어져 있는지 알아야 한다. 왜냐하면, 누구나 인정하는 금리의 구성요소를 알고 있어야 그 요소에 맞게 가격이 제대로 책정되었는지를 파악할 수 있기 때문이다. 과연 금리의 구성요소는 어떻게 이루어져 있을까?

금리(돈을 대출한 게 아니라 투자했을 경우는 '기대수익률'이 될 것이다)는 크게 두 가지 요소로 이루어져 있다. 그 하나는 '무위험수익률'이고 나머지 하나는 '위험프리미엄'이다. 따라서 아래와 같은 식이 성립한다.

$$\text{금리}(\fallingdotseq \text{기대수익률}) = \text{무위험수익률} + \text{위험프리미엄}$$

$$\text{☞ } E(Ri) = \text{무위험수익률}(Rf) + \text{위험프리미엄}([E(Rm)-Rf]\times\beta i)$$

금리를 설명하면서 초반부터 수학공식 같은 것을 들먹이니 바짝 긴장하는 분들이 있을지도 모르겠다. 그러나 나는 지금 수학책을 쓰고 있는 게 아니다. 위의 수식은 용어만 어려울 뿐, 알고 보면 너무나 당연한 이야기에서 출발한다.

무위험수익률Rf

우선 무위험수익률이 무엇인지부터 설명해 보겠다. 앞에서도 언급했듯이 인간의 모든 행동은 인센티브의 여부에 따라 달라진다. 극단적으로 말해서 인센티브가 전혀 없는 일은 하지 않는다. 자! 여기 길동이란 사람이 있다. 그의 주머니 속에는 1,000원이 있다고 해보자. 길동이는 마침 출출하던 차라 이 돈으로 빵을 하나 사 먹으려 했다. 그런데 옆자리의 동료가 구두 닦은 돈을 내려는데, 마침 잔돈이 떨어졌다며 내일 갚을 테니 1,000원만 빌려달라고 한다. 이제 길동이는 당장 허기를 면하기 위해 빵 사 먹는 것을 포기해야 동료에게 돈을 빌려줄 수 있을 것이다. 길동이 잠시 갈등에 빠진다. 그러고는, "좋아 빌려줄게. 대신 내일 1,100원으로 갚아줘"라고 말한다.

이렇듯 길동이는 빵을 사 먹는 즐거움을 포기하는 대가(인센티브)를 동료에게 요구한다. 이는 너무나 당연한 일이다. 동료도 "그래, 나는 지금 당장 1,000원이 급하니까 까짓 내일 100원을 더 주지."이라고 생각한다. 그리하여 길동이는 동료에게 1,000원을 빌려준다. 빵을 사 먹는 소비행위를 포기한 채 말이다.

이렇듯 돈을 빌려줄 때, 합리적인 사람이라면 누구나 그 돈으로 할 수 있는 현재의 소비를 포기하는 대가로 무언가를 요구한다. 설령 그 돈을 떼일 위험(상환불이행 위험)이 없더라도 말이다. 이처럼 돈을 빌려주며 요구하는 무엇을 '무위험수익률Rf'이라고 부른다. 위험이 전혀 없음에도 바라는 인센티브다. 물론 세상에 상환불이행 위험이 전혀 없는 것이 있을 수는 없다. 따라서 무위험수익률은 어디까지나 이론적인 개념이다. 굳이 있다고 한다면 국공채 같은 것을 들 수 있다. 나라가 망하지 않는 한 정부가 돈을 떼어먹지는 않을 테니까 말이다.

위험프리미엄[E(Rm)-Rf]×βi

　다음이 '위험프리미엄'이다. 합리적인 사람이라면 누구나 위험을 부담할 경우 그 크기만큼의 대가(인센티브)를 추가로 요구하게 마련이다. 다시 말해 현재 소비를 포기하는 대가 외에도 그 돈을 빌려 쓰는 쪽의 위험 크기에 따라 추가로 대가를 요구하는 건 당연하다는 것이다. 앞서 언급한 길동이의 경우를 보자. 그의 직장 동료가 단돈 1,000원을 떼어먹을 위험은 거의 없다고 봐야 한다. 따라서 길동이가 추가로 요구한 100원은 단지 빵 사 먹는 것을 포기한 대가일 뿐이다. 하지만 길을 가다 오랜만에 만난 옛 직장 동료의 경우라면 사정이 다르다. 게다가 옛 동료가 1,000원이 아니라, 무려 100만 원을 빌려달라고 한다면 상황은 완전히 달라진다. 이런 경우 길동이는 고작 이자 100원만 더 받기로 하고 돈을 쉽게 빌려줄까? 아마 그럴 수 없을 것이다. 그 동료를 언제 또 만날 수 있을지, 게다가 100만 원을 실제로 갚을 능력이 있는지 의심스럽기 때문에 만약 돈을 빌려준다 하더라도 더 많은 대가를 요구할 것이 분명하다. 이렇듯 상환불이행 위험이 크면 클수록 더 많은 대가를 요구하는데, 이것이 바로 '위험프리미엄[E(Rm)-Rf]×βi'이다.

　그런데 가만히 살펴보면, 위험프리미엄은 좀 더 복잡한 기호로 되어 있는 것을 알 수 있다. 하지만 이것도 단지 기호일 뿐이니 어렵게 생각할 필요는 없다. ERm은 시장의 평균금리(또는 수익률)다. 위험이 전혀 없는 것부터 해서 아주 위험한 것까지 모든 대상에 대한 금리(수익률)의 평균이다. 여기서 무위험수익률Rf을 빼줘야 한다. 왜냐하면, 무위험수익률 그 자체가 금리의 첫 번째 구성요소인데, 그것이 여기서 빠지지 않는다면 계산이 이중으로 되기 때문이다. 따라서 [E(Rm)-Rf]와 같은 수식이 나온다. 거기다 βi는 개별자산의 위험 정도(위험 민감도)다. 예를 들어 길동이에게 1,000원을 빌리는 현재의 직장 동료는 βi가 제로(0)일 것이다. 왜냐하면 위험의 정도가 전혀 없기 때문이다(사실 돈을 떼일 위험이 전혀 없다고 장담할 수는 없지만, 이론적으로 그렇다고 생각하자. 1,000원 때문에 직장을 그만두고 야반도주할 사람은 없지 않은가!). 따라서 [E(Rm)-Rf]에다 제로(0)를 곱하면 위험프리미엄 자체가 역시 제로(0)가 된다. 반면에 100만 원을 빌리는 옛 직장 동료의 경우 βi가 아마 100 정도는 될 것이다. 따라서 '시장의 평균금리(수익률)에다 무위험수익률을 뺀 값'인 [E(Rm)-Rf]에다 곱하기 100을 해야 한다. 당연히 위험프리미엄은 엄청나게 높아진다.

자! 그럼 지금까지의 얘기를 정리해 보자.

사람들은 자신의 현재 소비를 포기하고 그 대신 남에게 돈을 빌려준다. 따라서 돈을 빌려주고 요구하는 '사용료'는 현재 소비를 포기하는 대가와 자신이 부담해야 하는 위험에 대한 대가를 합한 금액의 크기로 결정된다. 이것이 바로 누구나 인정하는 금리의 구성요소다. 따라서 돈의 사용에 대한 대가인 금리는 아래와 같은 식으로 다시 한 번 정리할 수 있다. 그리고 이러한 구성요소를 기준으로 당시의 무위험수익률이 얼마인지, 해당 차입처(투자처)의 위험프리미엄의 크기가 얼마나 되는지에 맞게끔 적당한 금리가 책정되는 것이다.

금리(≒기대수익률) = 무위험수익률 + 위험프리미엄

E(Ri) = Rf + [E(Rm)−Rf]×βi: CAPM

- E(Ri): 개별자산(i)의 기대수익률
- Rf: 무위험(risk free)수익률
- E(Rm): 시장(market)평균수익률
- [E(Rm)−Rf]: 시장평균수익률과 무위험수익률의 차이(시장프리미엄)
- βi: 개별자산(i)의 민감도

이것이 바로 그 유명한 'CAPM의 등식'이다. "CAPM? 처음 들어봤는데, 뭐가 그렇게 유명하담?"이라고 생각하는 분도 있을 것이다. 이에 대해 좀 더 자세히 소개해 놓았으니 참조하기 바란다.

CAPM은 이론에서 끝나지 않고 실제 금리 책정 시 사용된다

대학 시절 경영학과 과목 중 재무관리나 투자론을 수강한 적이 있는 사람이라면 한 번쯤은 배운 바 있는 것이 바로 '자본자산 가격결정 모형Capital Asset Pricing Model: CAPM'이다. 개별자산의 기대수익률이 어떻게 결정되는지를 수리적으로 설명한 것이다. 물론 CAPM은 수많은 과정을 통해 도출되는 다소 복잡한 등식이다. 하지만 그것의 기본적인 논리는 이렇다. 즉 개별자산의 기대수익률(개별대출의 금리)은 국공채와 같이 상환불이행이 거의 없는 자산의 '무위험수익률'과 각 개별자산(개별대출)의 위험에 대한 크기인 '위험프리미엄'으로 구성된 것이다.

아마 여러분은 이러한 복잡한 수식이 실제 생활에 과연 어떤 영향을 미치는지 의아해할 수도 있을 것이다. 이런 이론들은 괜히 머리 좋은 경제·경영학자들의 현학적인 허세에 지나지 않는다며 폄하할 수도 있다. 하지만 개별자산의 기대수익률(금리)이 무위험수익률과 위험프리미엄의 합이라는 생각에 동의하는 대부분의 사람은 각종 투자수익률이나 대출 금리를 정할 때 이 방식을 사용한다.

다시 말해 추가적인 위험이 없는 금리를 가장 기본이 되는 금리(기준금리)로 먼저 정하고, 거기에다 해당 대출(투자) 건에 부과되는 위험을 가산하는 방식이다. 우리가 생활 속에서 흔히 접하는 주택담보대출금리의 경우 '코픽스금리+a(알파)'로 정해진다. 여기서 코픽스COFIX금리는 은행연합회가 매달 한 번씩 9개 시중은행의 다양한 자본조달 비용을 반영하여 정한 금리로 2010년 2월부터 주택담보대출 '기준금리'로 사용되고 있다. 시중은행은 이 기준금리에다 개개인의 추가적인 위험프리미엄을 플러스알파+a하여 주택담보대출금리를 정하는 것이다.

국제금융시장에서 외화를 차입할 때에도 이 방식이 적용된다. 금융의 중심지인 영국 런던의 은행 간 차입 금리를 리보Libor라고 한다. 이들 글로벌 은행들보다 신용도가 낮은 제3국 은행이나 기업들이 외화를 빌릴 때 적용되는 금리가 'Libor + a(알파)'인 이유도 같은 맥락으로 이해하면 된다.

08

$ 시장금리는 청개구리 새끼다

리먼 사태라고도 일컫는 글로벌 금융위기가 터졌던 2008년 말, 당시 시장금리는 마치 청개구리 새끼와 같았다. 유동성 위기와 경기불황을 타파하기 위해 정부가 정책금리를 그렇게 인하했음에도 시장금리는 내려갈 생각은커녕 오히려 올라갔다. 모름지기 시장금리가 오르면 변동금리로 돈을 빌린 사람들은 이자 부담 금액이 커져 괴로울 수밖에 없다. 특히 시중은행의 주택담보대출 가운데 변동금리대출 비중이 66.2%(2015년 11월 말 기준)에 이르는 우리나라의 경우, 시장금리가 오르게 되면 대출받은 사람들의 이자 부담은 더욱 가중되고 이들의 주머니 사정은 더욱 악화한다. 이는 결국 내수시장의 위축으로 이어져 경기를 더욱 악화시키는 요인으로 작용한다. 따라서 시장금리가 오를수록 정부는 금리를 인하하기 위해 부단히 애를 쓸 수밖에 없다. 하지만 아래 기사에서 보듯이 리먼 사태 당시 청개구리 새끼 같은 시장금리는 반대로 움직여 우리들의 속을 무던히도 썩였다.

엄마(정책금리)가 아래로 내려가면 따라 내려가야 하거늘 정말 엄마 말 어지간히 안 듣는 청개구리 자식(시장금리)이 아닐 수 없다. 그러나 부모에게 반항하는 자식은 따지고 보면 모두 그럴 만한 이유가 있다. 그 이유는 뭘까? 정부가 기를 쓰고 정책금리를 내리는데도 불구하고 왜 시장금리는 오히려 상승했을까?

이는 조금 전에 설명한 금리의 구성요소를 잘 파악해 보면 쉽게 알 수 있다. 앞에서도 설명했듯이 '금리'는 다음과 같은 두 가지로 나뉜다.

1) 합리적인 사람이라면 자신의 현재 소비를 포기하는 대가를 요구하게 마련이다. 설령 그 돈을 빌리는 사람이 돈을 떼어먹을 위험(상환불이행 위험)이 없더라도 일정한 대가를 원하는 게 일반적이다. 내가 배고픈 것을 참고 남에게 빵 사 먹을 돈을 빌려주는 것이니까 말이다. 이를 '무위험수익률'이라고 정의했다.

2) 사람들은 누구나 위험을 부담할 경우 그 크기만큼의 대가를 추가로 요구한다. 즉 상환불이행의 위험이 크면 클수록 더 많은 대가를 요구하는 것이다. 이를 '위험프리미엄'이라고 정의했다.

$$금리(≒기대수익률) = 무위험수익률 + 위험프리미엄$$

자, 그럼 이를 토대로 2008년 10월 이후의 시장금리가 청개구리 새끼가 되었던 이유를 설명하겠다. 정부가 금리를 낮추기 위해 완벽하게 컨트롤할 수 있는 것은 한국은행 금융통화위원회에서 정하는 '정책금리'뿐이다. 물론 정책금리가 금리의 부모나 대장뻘이 되기 때문에 이것이 움직이는 방향으로 시장금리인 회사채금리, CD금리, 그리고 예금과 대출금리가 따라 움직이는 건 정상적이다. 하지만 엄격히 말해 정책금리에 해당하는 것은 금리의 구성요소 중 '무위험수익률'에 국한된다. 다시 말해 정부는 '무위험수익률'을 얼마든지 낮출 수 있다. 그러나 여러 가지 이유로 또 하나의 구성요소인 '위험프리미엄'이 오히려 더 큰 폭으로 오른다면 다른 시장금리는 청개구리처럼 정책금리의 반대 방향으로 움직일 수도 있다. 물론 시장이 정상적이고 안정적일 때는 그런 일이 일어나지 않는다. 하지만 2008년 가을과 같이 균형이 심각하게 깨어질 때는 사정이 다르다. 당시를 한번 생각해 보자. 미국의 리먼 브라더스가 파산하지 않았던가! 리먼 브라더스가 누구더냐? 바로 한국으로 치자면 NH투자증권이나 대우증권 같은 회사다. 이처럼 큰 회사가 망하자 전 세계는 도미노 파산의 공포에 떨어야 했다. 우리나라라고 예외일 수는 없었다. 건설사 부도설에 중소기업의 엄청난 환차손으로 혼란 그 자체였다. 비록 정부가 정책금리를 1.25%포인트 떨어뜨렸지만, 당시 금융시장에서의 위험프리미엄은 오히려 더 큰 폭으로 증가했다. 그러니 시장금리는 정책금리 방향과는 반대로 올라갔다. 마치 엄마 말을 안 들었던 청개구리처럼 말이다.

이렇듯 경기불황으로 돈을 빌리려는 사람들의 신용이 점점 더 악화할수록, 시중에 자금수요는 많은데 공급이 딸려 유동성 위기가 높아질수록, 정부가 정책금리를 내려도 좀처럼 금리가 떨어지지 않는 현상이 일어난다. 단순히 '금리(늑기대수익률) = 무위험수익률'이라면 정부의 마음대로 되었겠지만 말이다. 모름지기 자식이나 금융시장이나 부모(정부)의 뜻대로 되지만은 않는 것 같다.

tip

■ **범인은 위험프리미엄**

정부는 정책금리를 낮춰 유동성 위기와 경기불황의 돌파구를 찾으려고 하지만 시장 금리는 종종 정책금리와 반대로 움직인다. 그 이유는 금리의 구성요소 중 하나인 '위험프리미엄'이 높아졌기 때문인데, 일반적으로 시장이 안정적인 상황에서는 그런 일이 벌어지지 않는다.

경제법칙은 약도 보기와 같다

이 책을 읽다 보면 '적어도 이론적으로 그렇다'라든가, '그렇다고 가정해 보자'라는 식의 표현이 종종 나온다. '아니 현실도 아니고 이론적으로 그렇고, 실제는 아닌데 그렇다고 가정해 보자니 그렇다면 지금까지의 얘기가 모두 사실이 아닌 거짓이란 말인가! 그렇다면 굳이 거짓인 내용을 알아서 무엇해?'라며 불만에 찬 눈으로 따져 물을 수도 있으리라. 하지만 절대 그렇지 않다. 금리와 같은 경제변수를 설명하기 위해 내가 그런 표현을 쓰는 이유는 실제 사실을 좀 더 단순화시키는 것이 어떤 경우엔 상황을 제대로 이해하는 데 더욱 효과적이기 때문이다. 이는 지도와 약도의 관계와 비슷하다고 생각하면 된다.

원하는 목적지를 가기 위해서는 상세한 지도보다 오히려 간략한 약도가 더 유용할 때가 있다. 경도와 위도, 거리 이름이며 건물 명, 작은 샛길까지도 자세히 표시된 정확한 지도는 실제 사실을 그대로 반영한 것이다. 하지만 약도는 작은 건물이나 길이 생략되어 있고 찾고자 하는 목적지는 과장해서 크게 그려져 있다. 따라서 실제 사실과는 상당 부분이 다른 왜곡된 그림일 뿐이다. 하지만 우리가 원하는 목적지를 찾는 데에는 약도가 훨씬 편하다. 그 이유는 우리가 인지하는 사물의 위치가 실제의 그것과 다르기 때문이다. 우리는 사물 자체를 더욱 단순화해서 인식하고 이를 머릿속에 저장해 놓는다. 만약 그렇지 않다면 우리의 머리는 너무 많은 정보를 소화시키지 못해 폭발해 버릴지도 모른다. 상황이 이렇다 보니 사람들은 단순화시킨 것에 더 익숙해 있다.

이는 비단 길을 찾는 일뿐 아니라 세상을 바라볼 때도 마찬가지다. 복잡미묘한 모든 사항을 책상 위에 펼쳐놓고 세상 돌아가는 모습과 미래 전망을 가늠해 보는 데에는 한계가 있다. 우리의 머리는 이를 받아들일 만큼 천재적이지 않다. 그래서 사람들은 적지 않은 가정假定을 두고 세상 돌아가는 이치를 단순화하기 시작했다. 그곳에서 세상 돌아가는 원리와 법칙을 발견하기가 한결 쉽기 때문이다. 그게 바로 경제학이다. 따라서 금리를 중심으로 다른 경제현상을 설명할 때에도 어쩔 수 없이 가정과 이론을 들먹이며 설명을 이어나갈 수밖에 없다. 약도가 비록 실제 지도는 아니지만 길을 찾는 데에는 오히려 더 실용적이고 정확하듯, 각종 이론과 가정이 실제 현실은 아니지만 경제 상황을 판단하고 예측하기에는 훨씬 쉽다.

09

복리는
나의 힘!

예전에 MBC에서 방영했던 〈경제야 놀자〉라는 프로그램에서는 '복리'에 관한 재미난 내용을 소개한 적이 있다. 내용인즉슨 이랬다. 아이가 3살 되는 해부터 부모가 매달 아이 앞으로 12만 원씩 15년간 적립을 해 주면, 총 4천766만 원의 종잣돈이 만들어진다. 그 후로도 이 돈을 찾지 않고 향후 32년간 연 10%의 복리로 운용하면 10억이 된다는 것이다. 다시 말해 아이는 실제로 돈을 전혀 투자하지 않았음에도 자신이 50세가 되는 해에 10억을 거머쥘 수 있게 된다. 물론 이는 말처럼 쉬운 게 아니다. 지금 3살인 아이에게 누가 책임지고 15년간 적립, 32년 동안 연 10%로 운용해 줄 것인가? 요즘 같은 저금리 시대에 그야말로 47년(15년+32년)간의 초장기 프로젝트인데 말이다. 그러나 방송사는 복리가 가진 힘이 얼마나 대단한지를 강조하고 싶었기 때문에 이런 이야기를 소개한 것이리라. 그럼 과연 그렇게 대단하다는 복리란 무엇일까?

복리複利란 말 그대로 이자에 이자가 붙는 계산 방식이다. 1억 원의 돈을 20년간 예금한다고 해보자. 연간 10%의 이자를 준다고 가정하면, 20년 후에는 1억 원이 얼마로 불어나 있을까? 우선 원금에만 이자가 붙는 단리單利로 계산해 보자. 계산은 간단하다. 매년 1억 원의 10%인 1,000만 원이 이자로 붙는다. 그렇다면 20년 동안 총 2억 원의 이자가 붙을 것이다. 따라서 현재의 1억 원은 20년 후 원금을 포함하여 총 3억 원으로 불어나게 된다.

그럼 이제 그렇게 대단하다는 복리의 힘을 한번 빌려보자. 같은 조건으로 예금한 경우다. 다만 연간 10%의 이자를 복리로 주는 점만 다르다. 과연 20년 후 예금은 얼마로 불어나 있을까? 우선 1년 후에는 단리와 별반 다를 게 없다. 연간 10%의 이자인 1,000만 원이 붙기 때문이다. 하지만 2년 후가 되면서 계산이 조금씩 달라진다. 복리는 이자에 이자가 붙는 계산 방식이라고 앞서 말했다. 다시 말해 원금 1억 원에 10%의 이자가 붙는 것은 당연하고, 거기다 1년 후 붙었던 이자 1,000만 원에도 10%의 이자인 100만 원이 붙는다. 따라서 2년 후의 총 예금은 원금을 포함하여 1억 2,100만 원으로 불어난다.

＊ 1년 후

〈단리〉: 1억 1,000만 원 = 원금 1억 원 + 이자 1,000만 원(←원금 1억
   원×10%)

〈복리〉: 1억 1,000만 원 = 원금 1억 원 + 이자 1,000만 원(←원금 1억
   원×10%)

* 2년 후

〈단리〉: 1억 2,000만 원 = [원금 1억 원 + 이자 1,000만 원] + 이자
        1,000만 원(→원금 1억 원×10%)

〈복리〉: 1억 2,100만 원 = [원금 1억 원 + 이자 1,000만 원] + 이자
        1,000만 원(→원금 1억 원×10%)+ 이자 100만 원(→이자 1,000
        만 원×10%)

위의 복리 방식으로 계산하면 3년 후에는 1억 3,310만 원으로 불어
나게 된다. 단리 방식으로 계산한 예금의 3년 후 금액인 1억 3,000만 원
보다 310만 원이 많다.

이쯤에서 "애개, 겨우 그 정도 차이 가지고 무슨 복리의 힘이 대단하
다고 호들갑이냐?"라고 비웃는 사람도 있을 것이다. 하지만 그렇게 업신
여기기에는 아직 때가 무르익지 않았다! 이윽고 10년이 흘렀다. 10년 후
에 단리와 복리의 차이는 얼마나 될까? 단리의 경우, 이자가 1억 원 붙는
다. 그러나 복리의 경우에는 이자에 이자가 계속 붙어나가 10년이면 1억
5,937만 원의 이자가 된다. 5,000만 원 이상 차이가 나는 것이다. 웬만한
대기업 과장급의 1년 연봉이 왔다 갔다 하는 순간이다.

"뭐, 10년이나 지났는데 겨우 대기업 과장급 1년 연봉 정도밖에 차이
가 안 나?" 어느 정도 욕심이 있는 사람이라면 또 이렇게 투덜댈 수 있다.
하지만 좀 더 두고 보자. 이제 예정된 20년이 되었다. 단리 방식은 이자가
2억 원으로 불어 원리금 총합이 3억 원이다. 하지만 복리 방식의 경우, 이
자가 눈덩이처럼 커졌다. 자그마치 이자만 5억 7,000만 원이나 되기 때
문이다. 원금의 6배에 달하는 이자가 붙는 순간이다. 결론적으로 말해 복

리 방식의 예금일 경우 20년 후에는 원리금을 합해 총 6억 7,000만 원으로 불어난다. 3억 원과 6억 7,000만 원은 엄청난 차이가 아닐 수 없다. 이 얼마나 위대한 힘인가?

■ 단리와 복리 이자 비교 1억 원을 연리 10%로 20년 동안 예금할 경우

구분	1년 후	2년 후	3년 후	…	10년 후	…	20년 후
단리이자	1,000만 원	2,000만 원	3,000만 원	…	1억 원	…	2억 원
복리이자	1,000만 원	2,100만 원	3,300만 원	…	1억 5,937만 원	…	5억 7,275만 원

이렇게 위대한 복리 계산을 식으로 나타내 보자. 이를 우리는 '복리계산식'이라 한다.

1년 후: 1억 원 + 1억 원×10% → 1억 원×(1+10%)

2년 후: [1억 원×(1+10%)] + [1억 원×(1+10%)]×10% → 1억 원 ×(1+10%)×(1+10%)

3년 후: [1억 원×(1+10%)×(1+10%)] + [1억 원×(1+10%)× (1+10%)]×10% → 1억 원×$(1+10\%)^3$

10년 후: [1억 원×$(1+10\%)^9$] + [1억 원×$(1+10\%)^9$]×10% → 1억 원 ×$(1+10\%)^{10}$

20년 후: 1억 원×$(1+10\%)^{20}$

그렇다면 복리의 힘은 어디에서 나올까? 다름 아닌 '시간의 길이'다.

투자하는 기간이 길어서 이자에 이자가 붙는 횟수가 많아질수록 이자의 절대금액은 눈덩이처럼 불어나기 때문이다. 이제 복리의 힘을 실감했다면 우리가 해야 할 일도 명확해진다. 대박 투자처를 찾아 이리저리 헤매는 것보다 복리가 적용되는 금융상품에 장기간 가입하는 것이 훨씬 이득일 수 있다. 여러분이 설령 40대 중반일지라도 은퇴까지는 20년 안팎의 시간이 남아 있다. 물론 30대 중반은 더욱 유리하고 20대 초반은 더더욱 유리한 것은 두말하면 잔소리다. 따라서 복리의 체제 아래에서 사는 21세기 자본주의 사회에서는 시간이 곧 돈이다. 하루빨리 복리의 품에 안겨야 한다. 늦었다고 생각할 때가 가장 빠르다는 말도 있지 않은가!

물론 복리의 힘을 빌리는 데도 몇 가지 주의해야 할 사항이 있다. 첫째, 복리상품인지 가입 전에 미리 따져봐야 한다. 예·적금이든 펀드나 보험 상품이든 복리로 이자를 지급하거나 수익을 재투자하는 장기상품을 선택해야 한다. 항상 가입할 때 습관처럼 복리상품인지를 묻도록 하자.

둘째, 이자가 붙는 횟수가 많은 상품을 선택해야 한다. 이자가 붙는 횟수도 중요하다. 1년에 한 번 붙는 것보다 1개월이나 3개월에 한 번씩 붙는 게 이자에 이자가 붙는 횟수가 많아져, 복리 효과를 더욱 톡톡히 볼 수 있기 때문이다. 예를 들어 상호저축은행 등의 정기예금 중 매달 한 번씩 이자가 붙는 월복리상품이 있다. 만약 이 상품이 연 4%의 이자를 지급한다고 할 때, 1년 동안 0.33%(=4%÷12개월)씩 12번 이자가 붙기 때문에 2년이 지났을 때 실제로는 8.3%의 수익이 생긴다.

그리고 마지막으로 물가상승률을 고려해야 한다. 장기 재테크의 가장 큰 적이 바로 물가상승률이기 때문이다. 아무리 이자가 붙어도 매년 물가상승률을 겨우 넘는 수준이라면, 세금을 떼고 나면 오히려 실제 수

익은 마이너스가 될 수도 있다. 따라서 일정 금액은 원금보장이 100%

안 되더라도 실적에 따라 추가적인 수익을 볼 수 있는 펀드나 연금 상품

에 가입하는 것이 좋은 방법이다. 또한, 만 62세 이상 고령자의 경우 비

과세종합저축상품 등 비과세나 세금 우대 혜택으로 실질 수익률을 높이

는 것도 좋은 방법이다. 다만, 최근 들어 비과세 관련 금융상품의 적용대

상이나 종류가 점점 줄어들고 있으며 계속되는 저금리 현상으로 예금이

나 적금으로 복리효과를 누리는 데 한계가 있는 게 아쉬울 따름이다.

$ 상관은 장기금리, 부하는 단기금리

10

'하극상 下剋上'

군대에 다녀온 남자라면 이 단어가 얼마나 무서운지 너무나 잘 알 것이다. 일사불란한 명령과 지위체계가 가장 중시되는 군대에서 부하가 상관의 명령을 거역하는 것은 있을 수 없는 일이다. 그래서 누구나 인정하는 고문관일지라도, 그래서 모든 일에 뒤지는 사람일지언정 자신의 선임말이라면 무조건 따라야 하는 게 군대라는 조직이다. 하극상은 있을 수도 없고 있어서도 안 되는 게 바로 군대다.

그러나 예외 없는 법칙이 없다고 말하듯 그토록 엄격한 조직에서도 하극상은 가끔 일어난다. 특히 군기가 문란해지거나 비정상적인 상황, 예컨대 상관들의 부정부패나 부하들의 개인적인 욕심들이 곪아 터질 때 이런 현상이 일어난다. 하물며 군대도 이런 마당에 금리에서도 하극상이 일어난다면 그것은 어찌 보면 당연한 일이다.

바로 장기금리와 단기금리에 대한 이야기다. 이 둘도 가끔은 하극상의 모습을 보인다. 당연히 장기금리가 단기금리보다 계급이 높다. 하지만 아주 가끔 단기금리가 하극상을 일으킨다. 우선 장기금리가 왜 단기금리보다 한 끗발 더 높은지부터 알아보자.

장기금리 〉 단기금리

이미 앞에서 설명했지만, 금리구조는 '무위험수익률'과 '위험프리미엄'의 합으로 되어 있다. 여기서 단기금리보다 장기금리의 위험프리미엄이 더 높다. 따라서 무위험수익률이 어떻게 변하든 장기금리가 단기금리보다 더 높게 형성되는 게 일반적이다. 거기에는 너무나도 상식적인 두 가지 이유가 있다.

첫째, 기간이 길어지면 돈을 떼어먹을 가능성이 더 커지기 때문이다. 장기금리란 만기가 긴 금융상품에 투자했을 때 받을 수 있는 돈의 사용료다. 일반적으로 금융에서 장기란 1년 이상, 단기란 1년 미만의 기간을 의미한다. 다시 말해 만기가 1개월, 3개월, 6개월보다는 1년, 5년, 10년이 지날수록 빌린 돈을 갚을 사람의 신용도가 낮아질 가능성이 더 커지는 것이다. '아니, 시간이 지날수록 신용도가 더 좋아질 수도 있잖아요?'라고 반문할 수도 있겠다. 물론 그렇다. 시간이 지나면서 신용도가 더 좋아질 수도 있다. 그런데 여기서 중요한 것은 '모른다'는 것이다. 어떻게될지 모르는 것은 불안하고 위험한 일이다. 그렇다면 당연히 대출해 주거나 투자해 주는 사람은 이에 대한 추가적인 보상을 원할 게 뻔하다. 따라서 장기금리에 위험프리미엄이 더 붙게 마련이고 결국 단기금리보다 더 높아진다.

둘째, 기간이 길어지면서 정작 돈을 투자한 자신의 상황이 어떻게 변할지 모르기 때문이다. 단기적으로는 대출을 하든 투자를 하든 자신에게 자금 여유가 있다면 큰돈을 사용할 수가 있을 것이다. 하지만 1년 후, 5년 후 갑자기 예기치 못한 일이 벌어져 급전이 필요할 수도 있다. 그런데 이때 장기간 자금이 묶여 있다면 큰 낭패다. 자신의 돈이 다른 곳에 묶여 있어서 급전이 필요한 상황이 되면 정작 다른 곳에서 대가를 내고 돈을 빌려야 하기 때문이다. 따라서 장기로 투자할 경우라면 이러한 위험에 대한 보상을 더 받고 싶어 할 것이다. 이 역시 위험프리미엄에 포함된다. 따라서 장기금리가 단기금리보다 더 높은 것이다.

참고로 첫 번째 경우처럼 돈을 빌려가는 사람이 돈을 갚을지 어떨지 모르는 위험을 '신용위험'이라고 하며, 두 번째 경우처럼 자신의 돈이 다른 곳에 묶여 어찌할 수 없는 것을 '유동성위험'이라고 한다. 유동성이 높다면 필요할 때 언제든 현금으로 바꿀 수 있지만 투자기간이 길어서 유동성이 낮아지면 필요해도 돈으로 바꾸기가 쉽지 않아 유동성위험이 생기는 것이다. 따라서 위험프리미엄은 남이 돈을 못 갚을 때 생기는 신용위험과 내가 돈으로 쉽게 바꿀 수 없어서 생기는 유동성위험의 합으로 봐도 무방하다.

위험 프리미엄 = 신용위험 + 유동성위험기간

이외에도 해당 자산의 속성 때문에 유동성위험이 생기기도 한다. 부동산이 대표적인 예다. 부동산은 필요할 때 언제라도 팔아 돈으로 만들기 쉽지 않다는 특성이 있다. 따라서 부동산도 유동성이 낮은 자산으로서 유동성위험이 높다고 볼 수 있다.

금리의 역전현상, 하극상의 이유

이제 장기금리가 단기금리보다 더 높은 이유에 대해 이해했는가? 그런데 가끔 단기금리가 장기금리보다 더 높아지는 현상이 일어나 우리를 놀라게 한다. 이른바 금리의 역전현상, 금리의 하극상이 나타나는 것이다. 내가 기억하는 두 번의 확실한 하극상이 있었다. 우선 1998년 외환위기가 한창인 무렵이었다. 단기금리의 가장 대표 격이라 할 수 있는 콜금리(둘째마당 콜금리 참조)가 1년짜리 정기예금금리를 넘어섰다. 당시 금융기관 간에 적용되는 하루짜리 콜금리가 연 30%대를 훌쩍 넘어섰다. 반면 1년짜리 예금금리는 연 20%대였다.

그리고 또 한 번의 장단기금리 역전현상이 있었다. 바로 미국발 금융위기로 혼란했던 2008년 말이다. 아래 그래프를 보면 잘 알 것이다. 여기서 CD금리는 은행이 차입하기 위해 발행하는 만기 90일짜리 양도성예금증서CD의 금리를 말한다. 당연히 만기가 90일이므로 대표적인 단기금리 중 하나다. 반면 3년 만기 국고채금리가 장기금리라는 것은 굳이 설명하지 않아도 이해할 것이다. 2008년 10월 초부터 12월 초까지의 금리변화 추이를 보면 CD금리가 3년 만기 국고채금리를 웃도는 것을 볼 수 있다. 하극상이 나타난 것이다.

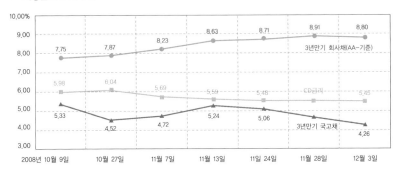

출처: 〈한국경제신문〉, 2008. 12. 04.

그렇다면 왜 금리는 가끔 이런 하극상을 할까? 군대든 회사든 위계 질서를 무시하고 하극상을 일으키는 데에는 뭔가 이유가 있다. 조직이 불안정하기 때문이다. 금리도 마찬가지다. 1998년 외환위기 시절, 믿었던 기업들과 금융기관들이 무너지고 시중에는 부도와 파산의 위기로 분위기가 살벌했다. 정말이지 하룻밤 사이에 누가 또 죽어갈지 모르는 절체절명의 시기였다. 시중에는 돈이 마를 대로 말라 있었다. 이렇듯 한 치 앞을 내다보기 힘든 상황에서는 하루짜리 급전을 빌리는 데 필요한 위험프리미엄이 더 높게 적용되었다. '1년 후에는 어떻게든 되겠지'하는 생각이 있었지만(물론, 1년짜리 금리도 상당히 높긴 했지만) 당장 하루짜리 돈을 빌려달라는 데에는 바짝 긴장한 것이다. 따라서 엄청난 보상의 요구가 위험프리미엄에 가산되어 단기금리가 장기금리보다 더 높게 나타났다.

2008년 말도 마찬가지다. 비록 미국발이긴 해도 우리나라에 치명적인 유동성 위기가 닥쳤다. 자금은 꽁꽁 묶여서 풀리지 않았고 부동산 가격 하락에 건설사 부도 등 상당히 많은 위험이 부글부글 끓어오르고 있었다. 이에 정부는 돈을 풀기 위해 정책금리를 낮추는 저금리정책을 폈다. 정책금리는 다른 금리를 정하는 데에 '기준금리' 역할을 한다. 그러나 사람들은 이에 아랑곳하지 않았다. 당장 기업이 불안하고 금융기관이 불안한데 기준금리가 낮아진다고 위험프리미엄까지 낮아질 수는 없었다. 오히려 더 높아진 것이다. 시중의 돈은 그나마 안전한 국고채로만 몰렸고 CD나 회사채에는 몰리지 않았다. 그만큼 은행이나 기업체에 돈을 빌려주기가 두려웠다. 그러니 당연히 CD금리가 3년짜리 국고채금리보다 높아질 수밖에 없었다.

자! 이제 여러분은 장기금리와 단기금리 중 어느 것이 더 높은지 알게 되었다. 누가 상관이고 부하인지 파악할 수 있으리라고 본다. 만약 과거처럼 하극상이 일어난다면 '아 지금 우리 경제에 뭔가 문제가 있구나! 그 이유는 유동성에 문제가 있거나 단기 위험이 갑자기 커졌기 때문이구나!'라는 판단을 할 수 있게 되었다. 나는 이 꼭지의 시작을 '군대에 다녀온 남자라면'이라고 말했다. 군대생활을 해본 사람(반드시 그런 것은 아니지만)이라면 하사가 높은지 상사가 높은지 준위가 높은지 소위가 높은지 잘 안다. 이렇듯 계급체계를 알면 하사가 상사의 명령을 어겼을 때 하극상이 나타났음을 감지하고 그 문제점을 파악하려고 할 것이다. 금리도 마찬가지다. 만약 장기금리가 단기금리보다 더 높은지를 모른다면 1998년이나 2008년과 같은 하극상의 시기에 그런 사실이 있었는지조차 간지할 수 없다. 따라서 하극상이 일어난 위기 요인이 무엇인지도 당연히 알 수가 없다. 모름지기 위기는 기회라고 했는데, 좋은 기회를 잡을 수는 더더욱 없다. 알아야 면장도 해먹는 법이다. 이 책의 첫머리에 설명한 '반드시 그렇게 된다'는 자연과학 법칙과 '주로 그렇게 된다'는 사회과학 법칙에 대한 이야기와도 일맥상통하는 것이다.

장·단기금리 역전현상이 나타났을 때

하극상(장·단기금리 역전현상)이 일어나면, 어떤 예측을 할 수 있을까?

(1) 앞으로 경기가 하락할 가능성 있다

장기금리는 장기적인 경기와 물가 상황을, 단기금리는 그 순간순간의 자금수급 사정을 반영한다. 따라서 장기금리가 단기금리보다 낮게 형성된다면 앞으로 경기가 하락할 가능성이 크다. 향후 경기가 하락한다면 경제주체들이 장기적으로 돈을 빌려 신규 사업에 투자할 니즈needs가 줄어든다. 그렇게 되면 돈을 빌리려는 수요도 줄어 당연히 장기금리가 떨어진다.

(2) 현재의 유동성 상황이 악화했다

장·단기금리 역전현상이 일어난다는 것은 현재 경제주체들이 '돈 가뭄(유동성 위기)'에 시달리고 있다고 볼 수 있다. 당장 급박하게 필요한 돈을 막지 못하니 터무니없이 높은 금리를 주고라도 단기간 돈을 빌려야 하기 때문이다. 따라서 단기금리가 장기금리보다 더 올라가는 것이다.

글로벌 금융위기가 발발하기 전에 일어났던 미국의 장·단기금리 역전현상inverted yield curve에 대해 앨런 그린스펀 전 연방 준비제도 이사회 의장은 이해할 수 없는 일이라고 말했었다. 게다가 2007년 6월부터 나타나기 시작한 영국의 장·단기금리 역전현상에 대해도 당시 전문가들은 '경기침체도 없는데 이런 현상이 일어난다?'며 의아해했다. 하지만 그로부터 1년이 채 지나지 않아 세계적인 불황과 유동성 위기가 일어났다. 이렇듯 내로라하는 전문가들조차 장·단기금리 역전현상이라는 경제의 적신호를 간과했다. 따라서 이러한 역전현상이 생겼을 때는 유동성과 경기의 적신호일 가능성이 크므로 투자나 자금운용에 가급적이면 신중한 태도를 보여야 한다

장기금리보다 단기금리가 더 높은 또 다른 이유

장기금리가 단기금리보다 더 높은 이유를 또 다른 방법으로 설명할 수 있다. 이는 장기자금이 거래되는 시장과 단기자금이 거래되는 시장이 나뉘어 있다는 가정에서 출발한다. 실제로 회사채나 국공채 등 만기가 긴 채권들이 거래되는 시장(이를 '캐피털마켓Capital Market'이라고 한다)과 양도성예금증서CD나 기업어음CP 등 만기가 짧은 유가증권들이 거래되는 시장(이를 '머니마켓Money Market'이라고 한다)이 나뉘어 있으니 이러한 가정도 근거가 없는 것은 아니다. 참고로 머니마켓에 주로 투자를 하는 펀드가 '머니마켓펀드'라 부르는 우리가 잘 아는 MMF인 것이다.

여기서 장기자금이 거래되는 시장은 자금의 수요가 항상 공급을 초과한다. 반면에 단기자금이 거래되는 시장에서는 자금의 공급이 수요를 항상 초과한다. 이는 사람들이 자금을 빌리는 것(수요)은 장기로 빌려 돈을 천천히 갚으려 하고(장기자금시장 수요증가) 자금을 빌려주는 것(공급)은 가급적이면 단기로 빌려줘서 하루빨리 돈을 받으려 하기(단기자금시장 공급증가) 때문이다.

그러니 언제나 수요가 넘치는 장기자금시장은 금리가 높게 형성될 것이며, 항상 공급이 넘치는 단기자금시장은 금리가 낮게 형성될 것이다. 따라서 '장기금리〉단기금리'의 관계가 성립한다.

장기자금시장: 자금수요 〉 자금공급 → 장기금리 높음

단기자금시장: 자금수요 〈 자금공급 → 단기금리 낮음

이를 'Market Segmentation Theory'라고 한다. 그러다 경제 상황의 갑작스러운 변동으로 사람들이 단기로 돈을 빌릴 수밖에 없는 상황이 발생하여 단기자금의 수요가 올라가면 단기금리가 올라가 장·단기금리 역전현상이 일어난다는 것이다.

유동성선호이론 & 미래가치·현재가치

01 금리와 유동성선호이론theory of liquidity preference

혹시 '케인스(John Maynard Keynes, 1883~1946)'라는 사람을 아는가? 경제학자로서 정부의 시장개입을 주창한 '케인스 경제학'의 태두다. 케인스 경제학은 애덤 스미스의 '보이지 않는 손'으로도 유명한 고전학파 경제학에 전면으로 도전한 학파다. 케인스는 시장 조정 기능이 있으므로 모든 경제활동은 시장에 자유롭게 맡겨야 한다는 고전학파에 반기를 들며 정부의 개입을 강조했다. 이러한 케인스가 금리에 대해서도 언급을 하지 않았을 리가 없다. 금리는 화폐의 수요와 공급이 일치하도록 변동한다는 이른바 '유동성선호이론'이 바로 그것이다. 지금 보면 너무나 당연한 이야기다. 하지만 당시에는 획기적인 이론이었다. 하긴, 모든 발명이나 발견이 그러하지 않은가! 지나고 나면 다 알 수 있을 것 같지만 이를 처음으로 만들어내는 건 아무나 할 수 있는 일이 아니다. 그럼 이 당연하지만 대단한 이론을 좀 더 쉽게 설명해 보겠다.

케인스는 자신의 유명한 저서 《고용과 이자 및 화폐에 관한 일반이론》이라는 그다지 재미없을 것 같은 제목의 책에서 한 경제의 금리를 결정하는 요인들을 설명하고자 '유동성선호이론'을 제시했다. 이 이론에도 어김없이 수요·공급 법칙이 적용된다. 그렇다면 크게 세 가지로 나누어 설명하는 것이 편할 수 있다. '수요'와 '공급', 그리고 '균형'(수요와 공급이 만나는 점)으로 말이다.

화폐의 수요

① 사람들은 돈을 가지고 있는 것을 선호한다. 돈을 갖고 있으면 자신이 필요로 할 때 언제라도 물건(재화 및 용역)으로 교환할 수 있기 때문이다.

② 어떤 자산을 얼마나 빨리 돈으로 바꿀 수 있느냐 하는 정도를 나타내는 개념이 유동성이다. 그런 점에서 화폐는 그 자체가 돈이므로 유동성이 가장 높은 자산이다.

위의 두 사실을 조합하면, 사람들은 유동성이 가장 높은 자산(화폐)을 선호한다는 사실을 알 수 있다. 하지만 유동성이 가장 높은 자산인 화폐를 보유하는 데에는 '금리'만큼의 비용이 따른다. 왜냐하면, 화폐의 가치만큼 다른 자산(예금, 채권, 부동산 등)을 보유했더라면 받을 수 있는 이자(수익)가 생기는데, 이를 포기해야 하기 때문이다. 지금 내 지갑 속에 있는 현금에 대한 이자를 주겠다는 은행은 없다. – 이렇듯 포기해야 하므로 감수해야 하는 손해를 '기회비용'이라고 한다 – 따라서 합리적인 사람이라면 유동성이 가장 높은 화폐를 보유하는 것이 유리한지 아니면 금리(수익률)를 안겨다 주는 다른 자산을 보유하는 것이 유리한지를 따져보고 의사결정을 내릴 것이다. 이때의 기준은 당연히 '금리가 과연 얼마인가?'에 대한 관심이다. 금리가 낮으면 화폐 보유액(화폐수요)을 늘리고 다른 자산 보유액을 줄일 것이다. 반대로 금리가 높으면 화폐 보유액을 줄이고 다른 자산 보유액을 늘릴 것이다. 물론 화폐의 수요를 결정하는 변수는 많겠지만 유동성선호이론에서는 여러 변수 중 특히 금리를 강조하는 이유가 바로 여기에 있다.

■ 화폐의 수요 그래프

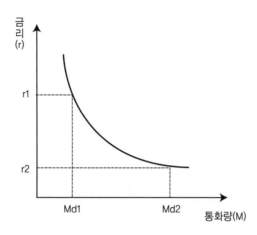

▶ 금리가 하락하면 화폐를 보유하는 데 따르는 기회비용이 감소하므로 화폐의 수요량이 증가한다. 즉, 사람들이 화폐를 많이 찾게 된다는 것이다. 반면 금리가 상승하면 화폐 보유에 따르는 기회비용이 증가하므로 화폐 수요량이 감소한다. 화폐보다는 다른 자산으로 보유하기를 원하게 된다. 이를 그래프로 그리면 오른쪽으로 내려가는 곡선이 된다.

화폐의 공급(통화량)

화폐의 공급은 의외로 간단하다. 화폐의 공급, 즉 통화량은 중앙은행(우리나라의 경우 한국은행)에 의해 결정된다(이에 대한 자세한 내용은 넷째마당에서 설명한다). 따라서 화폐의 공급은 중앙은행이 통화량을 변동하기 전까지는 고정되어 있다.

■ 화폐의 공급 그래프

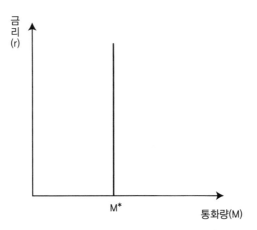

▶ 화폐의 공급량(통화량)은 중앙은행이 정책을 바꾸지 않는 한, 일정 기간까지는 고정이다(이론상으로 그렇다는 것이다). 이를 그래프로 그려 나타내면 전봇대가 서 있는 직선 형태가 될 것이다.

균형금리의 결정

수요 · 공급의 법칙에 따르면 수요와 공급은 시장에서 만난다. 따라서 위의 두 그래프를 겹쳐보면 다음 그림과 같다.

■ 화폐의 균형 그래프

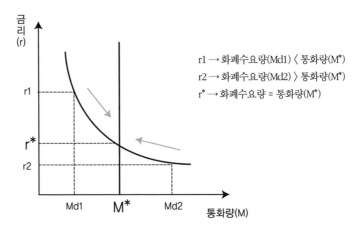

r1 → 화폐수요량(Md1) 〈 통화량(M*)
r2 → 화폐수요량(Md2) 〉 통화량(M*)
r* → 화폐수요량 = 통화량(M*)

이때 화폐수요량과 통화량(화폐공급량)이 일치하는 지점의 금리(r^*)를 우리는 균형금리라고 말한다. 만약 시장금리($r1$)가 균형금리(r^*)보다 높으면 중앙은행이 공급한 통화량이 사람들이 원하는 화폐수요량($Md1$)보다 더 많다. 돈이 남아돈다는 의미다. 이 경우 자신들이 원하는 수준인 화폐수요량($Md1$)보다 많은 통화량(M^*)을 보유한 사람들은 이를 이자가 붙는 자산(예금, 채권 등)에 투자하기 위해 몰려들 것이다. 높은 시장금리로 인한 이자수익을 얻기 위해서 말이다. 이때 은행이나 채권 발행자는 아쉬울 게 없다. 따라서 이들은 가급적 시장금리를 낮추려 한다. 이리하여 결국에는 시장금리가 균형금리(r^*)에 도달하고 화폐의 수요량이 중앙은행이 공급하는 통화량과 정확히 일치하게 된다.

반대로 시장금리($r2$)가 균형금리(r^*)보다 낮을 경우, 이번에는 사람들이 보유하려는 화폐의 수요량($Md2$)이 중앙은행이 공급한 화폐의 양(통화량 M^*)보다 많다. 따라서 사람들은 예금이나 채권과 같은 자산의 보유를 줄이는 대신 화폐수요를 늘리려 할 것이다. 그렇게 되면 은행이나 채권 발행자는 빠져나가는 사람들의 돈을 확보하기 위해서 더 높은 금리를 지급할 것이다. 따라서 금리는 상승하여 균형금리를 찾아간다. 결론적으로 금리의 변화는 화폐의 수요를 변경시키고 이는 화폐의 공급(통화량)과 일치하는 점에서 균형금리를 결정한다. 이것이 유동성선호이론(《맨큐의 경제학》에서 일부 인용함 - 저자 주)의 핵심이다.

02 두 개의 선물: 미래가치 · 현재가치

지금 이 책을 열심히 읽고 있는 독자 여러분에게 전화가 한 통 걸려왔다.

"안녕하세요. 여기는 위너스북 출판사입니다. 고객님께서는 저희 출판사 10만 번째 독자로 선정되었습니다. 진심으로 축하드리고요, 기념으로 고객님에게 선물을 드리려고 합니다. 둘 중 하나를 선택하시면 되는데요, 첫 번째 선물은 고객님 자택 주소를 알려주시면 행운티켓을 하나 보내드립니다. 이 행운티켓을 2년간 보관해 두셨다가 정확히 2년 후 저희 출판사에 보내주시면 현금 100만 원으로 교환해 드립니다. 두 번째 선물은 지금 당장 고객님 은행 계좌번호를 알려주시면 저희 출판사에서 바로 같은 금액인 100만 원을 송금해 드립니다. 둘 중 어떤 것을 선택하시겠습니까. 고객님?"

정말 상상만 해도 환상적인 전화가 아닐 수 없다. 물론 욕심 같아서는 둘 다 선물로 받고 싶겠지만, 욕심이 지나치면 화를 자초하는 일. 여하튼 둘 중 하나만 고를 수 있다. 만약 여러분이 이런 행운의 전화를 받는다면 어떤 선물을 선택하겠는가? 혹시 신종 금융사기가 아닌가 하고 의심의 눈초리를 보이는 분도 있을 것이다. 하지만 정말 위너스북 출판사에서 이런 전화가 왔고, 이 선물은 어떤 일이 있어도 그대로 지켜진다는 가정 아래 한 가지만 선택해 보라. 아마 모든 사람이 두 번째 선물을 고를 것이다.

"누가 뭐래도 난 첫 번째 선물을 고르겠어!"하는 정신 나간 사람은 없을 것이다. 누구나 지금 당장 100만 원을 주는 선물을 택할 것이다. 아마도 그 이유는 지금 100만 원을 받아서 은행에 예금해 두면 2년 후 100만 원을 찾을 수 있을 뿐 아니라, 그 기간의 이자수익도 올릴 수 있기 때문이다. 이처럼 같은 액수의 돈이라도 현재 자신의 손에 있는 돈의 가치가 미래에 들어올 돈의 가치보다 더 높다.

그럼 이번에는 선물을 약간 바꿔보자. 2년 후 120만 원을 주겠다는 선물과 지금 당장 100만 원을 주겠다는 선물이다. 이렇게 되면 사람들의 생각은 조금 달라진다. 지금 당장 100만 원을 필요로 하는 사람이라면 여전히 두 번째 선물을 선호하겠지만, 어느 정도 여유가 있어 당장 100만 원이 필요하지 않은 사람이라면 잠시 다음과 같은 생각을 해볼 것이다.

"지금 100만 원을 받아 은행에 맡겨볼까? 그리고 2년 후에 받을 원리금(원금+이자)이 2년 후 선물로 받을 120만 원보다 더 많을까, 아니면 적을까?"

미래가치의 계산

이 질문에 대한 답변을 얻으려면 서로 다른 시점의 금액을 비교하는 방법이 필요하다. 우선 우리는 현재 출판사로부터 받은 100만 원을 은행에 예금했을 때 2년 후 얼마가 되는지를 알아볼 수 있다. 이때 적용되는 은행의 금리를 'r'이라고 해보자. 만약 은행에서 연 5%의 이자를 준다면 'r=0.05'가 된다. 그럼 2년 후 얼마가 될까? 물론 은행이자는 복리로 계산된다.

> 1년 후 원리금: 100만 원×(1+r)
>
> 2년 후 원리금: 100만 원×(1+r)×(1+r)

이 수식은 다시 이렇게 표시할 수 있다.

> → 2년 후 원리금: 100만 원×$(1+r)^2$

여기서 만약 금리가 5%$^{(r=0.05)}$라면 100만 원에 대한 2년 후 원리금은 1,102,500원이다. 따라서 합리적인 사람이라면 첫 번째 선물인 2년 후 120만 원을 받는 선택을 할 것이다. 반면 금리가 15%$^{(r=0.15)}$일 경우에는 100만 원에 대한 2년 후 원리금이 1,322,500원이 된다. 따라서 이 경우엔 당장 100만 원을 받는 두 번째 선물을 선택할 것이다. 즉 서로 다른 시점의 금액 크기는 금리가 얼마인가에 따라 달라지므로 직접 비교해 보지 않으면 판단하기 쉽지 않다.

독자 여러분들은 영민하므로 한 가지를 배우면 열 가지를 응용할 수 있다고 믿는다. 위의 식을 알고 있는 이상, 2년 후가 아니라 3년 후, 5년 후, 길게는 N년 후의 금액도 비교해 볼 수 있다.

> 3년 후 원리금: 100만 원×$(1+r)^3$
>
> 5년 후 원리금: 100만 원×$(1+r)^5$
>
> N년 후 원리금: 100만 원×$(1+r)^N$

이렇듯 주어진 기간과 금리를 이용하여 몇 년 후인 미래의 원리금을 계산하는 것을 두고 '미래가치future value'를 계산한다고 말한다.

현재가치의 할인

그렇다면 이번에는 질문을 바꿔서 던져볼 수도 있을 것이다.

"2년 후에 120만 원을 받는 것이 현재의 100만 원보다 큰 금액인가? 아니면 적은 금액인가?"

위 질문에서 우리는 미래(2년 후)의 120만 원이 현재 시점에서 과연 얼마일까를 계산해야 할것 같은 압박(?)에 시달린다. 이건 또 어떻게 계산하는가? 앞서 미래가치 계산법은 복리를 설명할 때도 나온 것이라 쉽게 구했지만, 이번 것은 왠지 어려울 것 같다. 하지만 이 계산법 역시 의외로 간단하다. 현재 100만 원이 2년 후에 얼마가 될지를 계산한 복리계산식을 거꾸로 활용하면 된다. 우리는 이미 중고등학교 수학 시간에 이 같은 계산법을 배웠다. 바로 곱했던 것을 나누어주는 것이다.

예를 들어, '2×4=8'이다. 그렇다면 'x×4=8일 때, x=8÷4, 따라서 x=2'다.

위의 곱하기와 나누기의 관계만 이해한다면 2년 후 120만 원이 현재 얼마가 될지 금세 알 수 있다. 바로 위의 복리계산식(미래가치 계산식)을 거꾸로 나눠주면 된다.

2년 후 120만 원의 현재 시점에서의 금액: 120만 원 $\div (1+r)^2$

만약 금리가 5%$(r=0.05)$라면 2년 후 120만 원은 현재가치로 약 1,088,435원이다.

따라서 지금 당장 100만 원을 받는 것보다 유리하다. 반면 금리가 15%$(r=0.15)$라면, 2년 후 120만 원이 현재로는 약 907,372원 정도다. 따라서 지금 당장 100만 원을 받는 게 유리하다. 이 수식 역시 3년, 5년, N년으로 일반화해 볼 수 있다.

3년 후 120만 원의 현재 시점 금액: 100만 원 $\div (1+r)^3$

5년 후 120만 원의 현재 시점 금액: 100만 원 $\div (1+r)^5$

N년 후 120만 원의 현재 시점 금액: 100만 원 $\div (1+r)^N$

이런 방식으로 미래 시점의 금액을 현재 시점으로 환산해 보는 것을 '현재가치present value 할인'이라고 한다. 그리고 현가(현재가치) 할인에 사용된 금리를 특히 '할인율'이라고 부르는 것이다. 이는 앞장에서 '금리 =이자율=수익률=할인율' 개념을 설명할 때 언급한 바 있다.

부지런한 독자라면 이 식에 여러 가지 숫자를 대입해 볼 것이다. 10년 후 금리(할인율)가 10%일 때 200만 원은 현재가치로 얼마일까? 5년 후 금리(할인율)가 15%일 때 1,000만 원은 현재가치로 얼마일까? 하는 식으로 말이다. 위의 공식에 숫자를 넣어보면 일정한 패턴을 발견할 수 있는데, 즉 같은 크기의 미래금액일지라도 미래의 기간이 길수록 그리고 금리(할인율)가 높을수록, 현가 할인식의 분모가 커지므로 미래금액을 현재가치로 환산했을 때 금액은 더 적어진다는 점이다. 여기서 우리는 한 가지 깨달음(?)을 얻을 수 있다. 도道가 통하는 순간이다! 앞서 언급한 패턴이 있으므로 첫째, 사람들은 먼 미래에 생기는 수익보다 지금 당장 생기는 수익을 선호하는 경향이 있다. 그리고 둘째, 사람들은 금리가 낮을 때보다는 높을수록 미래에 들어올 수익을 더 많이 요구한다는 점이다. 그래야만 현가 할인으로 적어지는 금액을 커버할 수 있으니 말이다.

금리의 종류,
어떤 것들이 있을까?

자동차에 관심이 있다면 적어도 자동차의 대표적인 종류쯤은 꿰차고 있어야 한다.
금리도 마찬가지다.
적어도 이 책을 읽고 있다면 다른 건 몰라도 금리의 종류 정도는 알고 있어야 하지 않을까?

$ 하루짜리 초단기금리, 콜금리

만약 당신이 마니아까지는 아니더라도 자동차에 관심이 있다면 적어도 자동차의 대표적인 종류쯤은 꿰차고 있어야 한다. 세단, 해치백, 쿠페, SUV가 어떤 것인지 말이다. 그래야만 "어느덧 아이들도 컸으니 야외 나들이도 잦아지고 해서 말야, 이참에 SUV로 바꿔야 할 것 같아"라는 동료의 말에 맞장구 정도는 쳐줄 게 아닌가! 금리도 마찬가지다. 적어도 이 책을 읽고 있다면 다른 건 몰라도 금리의 종류 정도는 알고 있어야 하지 않을까? 그래야만,

"기준금리 인하로 국공채금리가 낮아졌는데 오히려 회사채금리는 오르더군."

"그러게, 시중의 자금이 그나마 국공채로만 몰리니까 그렇지. 그게 다 기업들의 신용도가 악화했다는 증거 아니겠어?"

"맞아, 게다가 CD금리도 오르고 있더군. 기업뿐 아니라 은행도 유동성 위기로 골머리를 앓고 있으니까 말이야."

이 정도의 대화에 낄 수 있을 테니 말이다.

자! 이제부터는 어떤 종류의 금리가 있는지를, 우리가 경제뉴스에서 종종 듣게 되는 것 위주로 한번 알아보도록 하자.

'애니콜Anycall'

갤럭시나 아이폰이 널리 퍼진 스마트폰 시대인 지금에는 추억의 브랜드일 뿐이지만, 피처폰이 대세였던 7~8년 전만 해도 가장 인기 있는 브랜드 중의 하나가 바로 애니콜이었다. 어디any서나 통화call가 가능하다는 의미가 내포된 이 브랜드를 볼 때마다 참 잘 만든 브랜드구나 하는 생각이 들곤 했다. 우리는 전화 한 통이면 언제든지 달려오는 택시를 '콜택시'라 한다. 또 전화 한 통화면 고장 난 물건을 서비스받을 수 있는 곳을 '콜센터'라고 한다. 이렇듯 영어에서 온 '콜'이라는 단어는 '전화 한 통이면 즉각 무엇이 된다'는 의미로 이미 우리 생활 깊숙이 뿌리를 내려 애용되고 있다.

금융에도 이러한 '콜'이 있다. 전화 한 통으로 즉각 돈을 빌려주거나 빌릴 수 있는 것이 바로 '콜'이다. 물론 얼굴도 이름도 모르는 사람에게 전화 한 통으로 즉시 돈을 빌려줄 수는 없다. 나름대로 검증된 이들만이 이런 혜택을 누릴 수 있다. 다름 아닌 은행을 비롯해 신용도가 높은 금융기관들이 그 주인공이다. 즉 금융계에서 '콜'이란 이들 금융기관이 상호 간에 일시적인 자금과부족을 조절하기 위해 초단기로 자금을 빌려주거나 빌리는 것을 말한다. 다시 말해 콜은 그들만의 리그인 셈이다.

모름지기 돈은 돌려야 수익이 생긴다. 특히 이런 일을 업으로 수익을 만들어내는 금융기관이라면 두말할 필요조차 없다. 그런데 매일 금융기관으로 들어오는 예금만큼만 대출이나 투자로 나갈 수는 없다. 그렇다고 금융기관 금고에 돈을 쟁여두기란 여간 아까운 게 아니다. 금액이 한두 푼도 아닌데 말이다. 반면, 보통예금에 돈을 넣어둔 고객이라면 필요할 때 언제든지 돈을 찾으려 할 것이다. 금융기관 사정은 아랑곳하지 않고 말이다. 하지만 그 돈은 대출이나 투자에 묶여 있다. 금융기관은 변덕스러운 고객의 예금인출 요구에 갑작스레 돈을 내줘야 하는 일이 생길 수도 있다.

이렇듯 금융기관끼리는 영업하다 보면 일시적으로 자금 과부족이 생겨 돈을 빌리거나 빌려줘야 하는 일이 종종 있다. 물론 이런 경우는 어느 한쪽이 궁극적으로 돈이 없어서가 아니다. 그러다 보니 서로 못 믿을 이유가 없다. 따라서 서로 믿을 수 있는 금융기관끼리 전화 한 통으로 돈을 빌려주고 빌릴 수 있다. 전화 한 통으로 만사가 해결되니 '콜'이라고 한다. 물론 이 역시 대출과 차입의 일종이다. 따라서 돈의 사용료는 받아야 한다. 이를 '콜금리call rate'라고 한다. 아울러 돈을 빌려주는 것을 콜론 call loan, 돈을 빌리는 것을 콜머니call money라고 구분하며 이러한 콜이 거래되는 곳을 콜시장call market이라 한다.

이렇듯 콜은 금융기관에서 수시로 일어나는 자금 과부족을 메우기 위한 것이다 보니 기간이 아주 짧다. 만기가 반나절짜리, 1일짜리(정확하게 말하면 1영업일), 그리고 30일 이내의 기간으로 나누어진다. 사실 콜시장에서 거래되는 대부분은 1일짜리다. 이처럼 콜의 만기가 짧기 때문에 콜금리를 초단기금리라고 한다.

콜금리 역시 수요·공급의 법칙에 따라 빌리는 쪽과 빌려주는 쪽의 수급 상황에 의해 수시로 변동한다. 여기서 예리한 독자는 한 가지 의문이 생길 것이다. '그렇다면 한국은행에서 콜금리를 인상했느니 인하했느니 등등의 기사는 무엇인가? 콜금리는 한국은행에서 정하는 것이 아닌가?'하고 말이다. 과거 한국은행에서 정하던 콜금리는 가급적 이에 맞추라는 기준을 제시한 것에 불과하다. 물론 '불과'라는 말을 함부로 쓸 수는 없다. 추상같은 한국은행이 기준을 제시하는데 이를 무시할 금융기관은 어디에도 없다. 따라서 각 금융기관은 한국은행이 제시한 콜금리를 염두에 두고 가급적 거기에 맞춰 실제 콜금리가 결정된다.

그런데 콜거래는 단지 금융기관 그들만의 리그일 뿐인데 왜 나라 전체의 통화량을 조절하는 이른바 큰일 하시는 한국은행까지 나서서 콜금리에 관여하는 것일까? 그 이유는 경제의 피라고 할 수 있는 돈이 움직이는 창구가 금융기관이기 때문이다. 한국은행이 통화를 조절할 때 지방 곳곳의 가정 살림에까지 신경 쓸 수는 없다. 그 대신 은행을 비롯한 금융기관을 대상으로 통화를 조절한다. 돈이 움직이는 창구를 조절하면 경제 전반의 통화량에 효과적인 영향을 미칠 수 있기 때문이다. 따라서 이들 금융기관끼리 단기로 빌리는 자금인 콜의 금리를 조절해서 통화량을 조절하는 것이다. 이렇게 조절되는 초단기금리 콜금리는 다시금 단기금리에서 장기금리로 이어지는 파급 경로를 따라 금융시장과 국가 경제 전반에 영향을 미친다.

우리나라의 경우 한국은행이 지난 1999년부터 콜금리를 정책금리(기준금리)로 사용해서 통화조절을 해왔다. 그러나 시간이 갈수록 콜금리가 통화정책의 파급 경로에서 원활하게 작동하지 못하게 되자, 급기야 2008년 3월 정책금리를 콜금리에서 환매조건부채권RP금리로 바꾸었다. 이에 대해서는 금리와 각종 통화정책에서 더욱 상세히 설명하겠다.

tip

■ **콜 거래 참가기관: 콜 거래를 할 수 있는 금융기관**

은행, 증권회사, 종합금융회사, 증권투자신탁회사, 증권금융회사, 증권투자회사, 보험회사, 여신전문금융회사, 창업투자회사, 선물회사, 상호신용금고 및 연합회, 신용협동조합중앙회, 새마을금고연합회, 부동산신탁회사, 공공자금관리기금, 국민투자기금, 예금보험공사, 자산관리공사, 주택보증회사, 주택저당채권유동화회사, 자산유동화전문회사

과거에는 주택담보대출의 기준이 되었던 CD금리

"CD금리도 위쪽으로 '꿈틀'…주택담보대출자들 '화들짝'"

주택담보대출의 기준금리로 적용되는 양도성예금증서(CD) 금리가 7일 0.01% 포인트 뛴 연 5.39%를 기록했다. CD 금리는 지난달 24일과 3일 각각 1bp(0.01%) 오른 데 이어 거래일수 기준으로 이틀만인 이날 또다시 올랐다. CD금리가 오름세를 보인 것은 최근 시중금리가 가파르게 오르는 현상을 반영한 것으로 보인다. (중략) CD 금리가 뛰면 주택담보대출 금리가 오르는 만큼 서민들의 부담도 그만큼 가중될 것으로 우려된다. 이미 가계부채가 640조 원으로 사상 최고치에 달한 상황에서 금리인상으로 부채 상환 부담이 증가할 경우 파산하는 가계가 속출할 가능성도 배제할 수 없기 때문이다.

출처: 〈한국경제신문〉, 2008. 07. 07.

2008년의 기억을 더듬어 가보자. 위의 기사에서도 알 수 있듯이, 당시 주택가격 하락과 금리인상으로 주택담보대출을 받았던 사람들의 한숨은 더욱더 깊어갔다. 금리 변화가 경제정책을 펴거나 기업을 경영하는 사람들에게만 중요한 것이 아니라는 걸 새삼 느끼게 한 게 바로 CD금리의 상승이었다. 은행권 주택담보대출의 기준금리가 CD금리와 연동되어 있다 보니 CD금리의 상승은 곧 주택담보대출의 이자 부담을 가중시키는 결과를 가져왔기 때문이다. 그렇잖아도 경기 상황이 좋지 않아 실질적인 소득이 줄고 여기다 집값마저 하락하여 기존의 담보비율을 위협받고 있는 상황에서 이자 부담까지 늘어나니 그야말로 진퇴양난에 설상가상이 아닐 수 없었다.

물론, 주택담보대출의 기준금리로 무시무시한⑵ 역할을 담당했던 CD금리는 지금은 그 자리를 코픽스COFIX금리에 내어주게 되었지만, 당시 주택담보대출금리 상승은 많은 사람들이 CD금리에 대해 알게 되는 계기가 되었다.

그럼 CD금리는 과연 어떤 것일까? CD금리란 당연히 CD에 적용되는 금리다. 그럼 이제 우리는 CD가 뭔지를 알면 된다. 인터넷 검색을 뒤져보면 CDNegotiable Certificate of Deposit란 '양도성예금증서'로서 은행이 발행하는 대표적인 단기금융상품이라고 설명한다. 물론 틀린 말은 아니다. 하지만 이런 설명으로 음흉한⑵ CD의 정체를 정확히 파악할 수는 없다. 감히 말하건대 CD는 정기예금이나 보통예금과 같이 우리가 알고 있는 예금이 아니다. 이 녀석의 실체는 바로 은행이 돈을 빌리고 써준 차용증서다. 푼돈을 빌릴 때면 몰라도 뭉칫돈을 빌리면서 손가락으로 '획'하고 긋는 시늉만 할 수는 없다. 언제까지 얼마를 갚겠다는 차용증서를 작성해야 한다.

"뭐? 대출을 해주어야 할 은행이 되레 돈을 빌린다고?" 그렇다. 원래 은행이란 예금을 받아 대출을 해주고 예대마진(예금이자와 대출이자의 차액)을 먹는 게 본업이다. 하지만 수신영업(예금)을 제대로 못 해 돈이 부족해지면 은행도 용뺄 재주가 없다. 따라서 차용증서를 발행하여 시장에서 돈을 빌려야 한다. 그런데 은행 체면이 있지 부끄럽게 '채권'이란 이름으로 돈을 빌릴 수는 없다. 그렇게 되면 세상 사람들이 다 알게 된다. "우하하, 저 은행이 채권을 발행할 계획이래. 돈이 부족한가 봐?" 명색이 돈으로 승부하는 곳이 은행인데 여간 자존심이 상하는 일이 아닐 수 없다. 그래서 교묘하게 이름을 돌려서 만든 것이 '양도성예금증서CD'다. 무슨 예금 같지만, 사실은 채권과 같은 차용증서라고 보면 된다. 그렇게 빌린 돈으로 고객들에게 대출을 해주는 것이다. 이렇듯 빌린 돈으로 다시 빌려주는 조금은 우스꽝스러운 일을 하는 곳이 은행이다.

여하튼 이렇게 은행도 돈을 빌리다 보니 대출이자를 지급해야 한다. 그것이 곧 'CD금리'다. CD의 만기는 30일 이상으로서 가장 긴 만기는 딱히 제한은 없다. 하지만 30일이나 90일 만기가 대부분이다. 그래도 돈놀이를 하는 은행인지라 빠른 시일 안에 수익을 내어 원금을 상환할 수 있다는 자신감 때문에 만기가 통상 3년씩이나 하는 회사채와는 달리 CD의 만기는 길지 않다. 따라서 CD금리는 시장에서 대표적인 단기금리로 통한다. 아울러 은행 입장에서는 CD를 발행해서 돈을 빌려 그 돈으로 남들에게 대출을 해주기 때문에 적어도 은행대출금리를 CD금리 이상은 받아야 한다는 계산이 나온다. 그래야 은행이 손해를 안 보기 때문이다. 과거 주택담보대출금리가 CD금리를 기준금리로 해서 여기다

가산금리(+알파)를 더해서 책정했던 것도 이러한 이유 때문이었다. 하지만 지금은 코픽스금리를 기준금리로 쓴다. 그 이유에 대해선 뒤에 설명하겠다.

그럼 시중에서는 CD를 왜 금융상품이라고 소개할까? 세상에는 다양한 차용증서가 있을 것이다. 그중에 시장에서 사고팔 수 있는 차용증서가 따로 있다. 대표적인 것이 '채권'이다. CD 역시 '양도성'예금증서라는 이름에서도 알 수 있듯이 양도가 가능한, 즉 채권처럼 사고팔 수 있는 차용증서다. 사고팔 수 있다면 이게 '상품'이 아니고 뭐겠는가! 채권이 왜 사고팔 수 있게 되었는지는 이 장의 후반부 채권을 다룰 때 상세히 설명하겠다.

앞서도 언급했지만, 금융시장에서는 CD를 대표적인 단기금융상품으로 꼽는다. 만기는 91일짜리가 가장 대표적이다. 발행금액에는 제한이 없지만 주로 금융기관이나 기업의 경우에는 10억 원 이상, 개인의 경우엔 1,000만 원 이상씩 거래된다. "뭐? 대표적인 단기금융상품이라고? 난 음악 CD(Compact Disc)를 사본 적은 있어도 은행 CD(양도성예금증서)를 사본 적은 한 번도 없는데?" 그렇다. 우리와 같은 일반 서민이 CD 자체를 거래하는 일은 흔하지 않다. 하지만 우리가 적잖게 가입하는 MMF에서 주로 CD를 사고팔아 수익을 남기니 알게 모르게 우리는 이미 CD에 간접투자를 하는 셈이다.

CD는 할인방식에 의해 선이자를 떼는 방식으로 거래된다. 이는 단기자금을 조달하기 위해 기업이 발행하는 CP(기업어음)와 같은 방식이다. 할인방식에 대해 간단히 살펴보자. 예를 들어, A은행이 액면 100억 원에 만기 90일짜리 연 5%의 CD를 발행했다고 하자. 이것을 여윳돈 있는 B회사가 매입을 했다. – 이는 다시 말해 A은행이 B회사로부터 91일 동안 100억 원의 돈을 연 5%에 빌리고 차용증서CD를 발행해 주었다는 의미다 – 하지만 여기서 B회사가 A은행에 100억 원을 모두 주는 건 아니다. 분명 CD에는 100억 원이라고 적혀 있지만 실제로는 98억 원이 조금 넘는 금액만 지급한다. 물론 만기 91일이 되어서 A은행은 100억 원의 금액을 다 갚아야 한다. 그럼 결과적으로 B회사는 CD금리 연5%에 해당하는 금액만큼의 이자수익을 올리는 것이다. 이것이 바로 할인방식에 의한 선이자 지급이다. 단기금융상품은 대부분 만기 때 추가로 이자를 지급하는 방식이 아니라 빌려줄 때 선이자를 미리 떼는 이 같은 방식으로 이자를 지급한다.

⊙ 액면 100억 원 CD 매입 시, B회사의 실제 지급금액(9,875,342,466원)
= [액면금액(100억 원)−할인이자(124,657,534원)]

※ 할인이자(124,657,534원) = [액면금액(100억 원)×CD금리(연 5%)×만기일수(91/365일)]

※ CD금리는 365일 기준인 年 5%이나 실제 만기까지의 기간은 91일 밖에 되지 않으니 '91/365'를 곱해줘야 한다.

CMA 덕분에 주택담보대출자들이 울상!

몇 년 전의 일이다. 〈불교방송〉에서 인과관계에 대한 불교용어인 '연기법緣起法'에 대해 쉽게 설명하는 프로그램을 본 적이 있다. 거기서 연기법을 설명하시는 교수님은 "제가 태어난 것은 196×년 춘천 시내 약속다방의 마담 아줌마 때문입니다"라고 이야기를 시작하는 것이 아닌가. 처음에는 "마담 아줌마가 낳은 딸이 바로 이 교수님인가?"라고 생각했지만, 내용인즉슨 이러했다.

그 약속다방 마담 아줌마는 다방의 수익이 눈에 띄게 줄어들자 그동안 모두 환하게 켜놓던 전등불 중 몇 개만 켜놓아 전기료를 줄이려고 했다. 그런데 마침 그날 교수님의 미래의 부친과 모친이 그 다방에서 선을 보게 되었다고 한다. 약한 조명 덕분에 모친의 미모가 예쁘게 보여 부친이 첫눈에 반했고 둘은 결혼하게 되었단다. 지금의 교수님이 태어난 것도 다 그런 이유 덕분이었다고 한다. 이렇듯 서로 아무 연관도 없어 보이는 원인과 결과는 사실 거미줄처럼 연결되고 연결되어 우리에게 다양한 영향을 미친다.

2007년 즈음이었던가 증권사의 CMA가 월급통장으로 엄청난 인기를 끌었다. 급여 생활자라면 누구라도 수시입출금 및 자동이체가 가능한 은행계좌의 장점과 증권투자를 손쉽게 할 수 있는 증권계좌의 장점을 두루 갖춘 CMA에 눈길이 갈 만했다. 여기다 당시 연 5% 이상의 금리까지 받을 수 있었으니 금상첨화였다. 그런데 이러한 CMA의 인기가 주택담보대출을 받은 서민들의 어깨를 무겁게 만들었다. 도대체 이 무슨 뚱딴지같은 소리인가. 증권사에서 판매하는 CMA가, 그것도 금리도 높고 금융거래의 편의성까지 제공하는 효자상품 CMA가 아무 상관도 없을 것 같은 은행의 주택담보대출자에게 어떤 부담을 주었다는 걸까? 언뜻 보면 아무 연관이 없을 것 같지만, 이 역시 복잡한 인과관계로 얽혀 있다.

우선, 증권사의 CMA가 인기를 끌자 그동안 급여통장으로 쓰던 은행의 보통예금에서 돈들이 빠져나가 CMA로 몰리기 시작했다. 2007년 상반기에는 무려 6조 원의 자금이 은행에서 이탈하여 CMA로 몰렸다. 여러분도 잘 알다시피 은행은 고객으로부터 예금 받은 돈을 다시 대출해서 돈 버는 회사다. 그런데 대출을 해줄 재원이 이렇게 빠져나가니 다른 방책을 세워야만 했을 것이다. 결국, 은행은 기존에 예금으로 충당하던 대출 재원을 CD(양도성예금증서) 발행으로 충당하기 시작했다. 이 같은 이유로 은행들의 CD 발행이 크게 늘었다. 금융시장에서 CD 공급이 늘어난 것이다. 경제의 기본법칙인 수요 · 공급의 법칙을 생각해 보자. 당연히 공급이 늘면 가격이 내려간다. 자! 가격이 내려가면 어떻게 될까? 이에 앞서 나는 '채권가격과 금리는 반비례한다'고 말한 적이 있다. 금융의 기본원리 중의 하나다. CD도 이와 같은 원리가 적용된다. 다시 말해 CD의 가격이 내려가면 CD금리는 올라가게 된다. 당시 자료를 보면, 2007년 8월 31일 기준 3개월 만기 CD금리가 무려 연 5.29%까지 상승한 것도 이런 연유 때문이다.

이렇듯 CD금리가 오르니 주택담보대출금리도 따라 올랐다. 당시에는 주택담보대출금리가 'CD금리+알파' 즉, CD금리에 연동되었기 때문이다. 그러니 결과적으로 주택담보대출을 받는 서민들이라면 매달 빠져나가는 이자 부담이 커져서 허리가 휜다. 그래서 증권사의 CMA 상품의 호황이 은행에서 돈을 빌린 주택담보대출자의 부담으로 작용했다는 것이다. 이것이야말로 위에서 예를 든 교수님의 탄생 배경과 버금가는 인과관계가 아니겠는가! 이렇듯 경제의 현상은 언뜻 봐서는 별 상관없어 보이는 것도 거미줄처럼 연결되어 서로 영향을 주고받는다.

새롭게 전입 신고한 주택담보대출의 기준금리, 코픽스COFIX금리

이제 슬슬 코픽스금리에 대해 이야기하련다. 2007년에서 2008년 사이, 그렇게 주택담보대출자들의 등골을 오싹하게 했던 CD금리는 결국 사람들로부터 비난의 화살을 면치 못하게 된다. '은행의 자금조달방식이 CD 발행만 있는 게 아닌데 이게 왜 기준금리가 되어야 하는가'하고 말이다. 그래서 주택담보대출금리를 정할 때보다 다양한 은행의 자금조달방식을 고려하여 기준금리를 만들자는 논의가 시작된다. 이렇게 해서 탄생한 것이 바로 코픽스금리다.

코픽스COFIX란 'cost of fund index'의 이니셜을 따서 만들었다. 2010년 2월부터 도입되어 주택담보대출의 기준금리로 사용되고 있다. 코픽스금리는 은행연합회가 8개의 시중은행*으로부터 매달 한 번씩 다

---

* 참고로 자금조달비용을 제공하는 시중은행은 농협, 신한, 우리, 국민, 기업, 한국SC, 하나, 외환,

양한 자금조달비용을 취합하여 산출해 낸다. 여기에는 정기예금, 정기적금, 상호부금, 주택부금, CD, 환매조건부채권, 표지어음, 금융채 등 해당 은행이 자금조달을 위한 실로 다양한 금융상품의 금리가 포함되는 것이다. 이렇게 산출된 코픽스금리를 기준금리로 하여 은행은 여기다 대출자의 신용도를 반영한 가산금리(위험프리미엄)를 더해서 대출금리를 산정하는 것이다. 어떤가! CD금리 하나에 의존하는 것보다 합리적이라는 생각이 들지 않는가! 만약 다른 금융상품의 시중금리는 떨어지는데 유독 CD 시장만 왜곡되어 금리가 올라간다면 대출자로서는 높은 이자 부담이 억울할 수밖에 없을 것이다. 하지만 코픽스금리의 경우 떨어지는 다른 금융상품의 금리가 반영되기 때문에 이러한 억울함을 상당 부분 줄일 수 있을 것이다.

이렇듯 다시 한 번 강조하지만, 금리란 거시경제적 변수로서 우리 생활과 멀리 떨어져 있는 것이 아니다. 이 책을 통해서 아마도 처음 들어봤을 법한 환매조건부채권이나 표지어음, 금융채가 시장에서 사고팔리며 움직이는 금리가 결국은 돌고 돌아서 우리의 대출이자에 영향을 미치고, 우리의 주머니 사정에 영향을 미치게 되는 것이다. 그리고 더욱더 나아가 우리가 무엇을 먹고, 어떤 차를 타고, 어떻게 레저를 즐기냐 하는 우리의 소비패턴까지에도 영향을 미치는 것이다. 금리는 항상 우리 곁에 숨 쉬고 있다. 그러므로 여러분이 자본주의 사회에서 생활하는 한 이를 외면할 수는 없다.

한국씨티 이상 9개였으나 2015년 9월 하나은행과 외환은행이 합병하여 통합 'KEB하나은행'이 출범하는 관계로 지금은 총 8개의 시중은행으로부터 자료를 받는다.

기업의 단기자금은 CP에 맡겨라

CD는 은행의 단기자금을 조달하기 위해 발행하는 대표적인 차용증서라 했다. 그럼 기업의 경우라면 단기자금이 필요할 때 어떤 것을 발행할까? 기업은 약속어음을 발행해서 단기자금을 조달한다. 이를 CP(Commercial Paper, 기업어음)라고 한다. CP 역시 돈을 빌리기 위해서 발행하는 것이니 일종의 차용증서라 봐도 무방하다. "아니? 약속어음이라면 기업이 원자재를 구매하고 물품 대금으로 돈 대신 지급하는 것 아닌가?" 물론 맞는 말이다. 특히 이런 용도의 약속어음을 사람들은 '진성어음'이라 부른다. 진짜 대금 지급용으로 발행한 어음이기 때문이다. 이렇게 지급된 약속어음은 일정한 기일이 되었을 때 은행에 제출하면 은행이 발행기업의 계좌에서 돈을 빼내어 약속어음을 가지고 있던 사람에게 해당 금액을 내주는 것이다. 물품 대금을 지급하는 것이므로 기일이 그리 길지 않다. 길어야 30일 또는 90일, 아무리 길어도 1년을 넘지 않는다. 물론 기일(=만기)이 되었음에도 발행기업의 계좌에 돈이 없다면 문제가 생긴다. 사람들은 이를 두고 "발행기업이 부도가 났다"고 말하는 것이다.

이러한 어음제도는 그 모습을 진화(2)하여 발행기업이 상거래가 아닌 단기로 돈을 빌릴 때도 요긴하게 사용된다. 물건을 받고 그 대금만큼 어음을 발행해 주고, 만기 때 해당 어음에 적힌 금액만큼 은행계좌에 예치하면 어음 소지자가 이를 받아가는 구조에서 맨 앞의 '물건' 대신 '돈'을 받는 것으로 바꾸면 그게 바로 돈을 빌리는 것이 되기 때문이다.

이렇듯 발행기업은 자금을 빌리고 30일 또는 90일 만기의 약속어음을 발행한다. 만기가 되어 애초에 빌린 금액을 은행계좌에 예치해 놓으면 어음소지자(돈을 빌려준 사람)가 이를 상환받아 가는 것이다. 기간이 짧으니 주로 단기자금 조달용이다. 이렇듯 약속어음 중에서 물품 대금이 아닌 돈을 빌릴 목적으로 발행하는 것을 진성어음과 구분하여 '융통어음'이라 한다. 이러한 융통어음 중에서 신용평가기관 2개 이상의 투자적격 평가를 받은 기업에서 발행된 것이 CP(기업어음)다. 다시 말해 안전성을 공인받은 융통어음인 셈이다.

돈을 빌릴 때는 언제나 돈의 사용료가 붙게 마련이다. CD와 마찬가

지로 CP 역시 할인방식에 의해 이자를 선지급한다. 발행기업은 CP를 발행하면서 액면금액(원금)에서 선지급 이자만큼 뺀 금액의 돈을 받는다. 나중에 만기가 되면 액면금액을 상환해야 한다. 이때 적용되는 할인율(금리)이 CP금리다. 아울러 CD와 마찬가지로 CP도 사고팔 수 있다. 그러므로 이 역시 대표적인 단기금융상품으로 시장에서 거래된다.

시장에서 CP금리가 비정상적으로 올랐다는 것은 기업의 단기자금 조달에 문제가 있다는 의미다. 단기유동성에 문제가 있으니 높은 금리를 주고라도 돈을 빌리려 하는 것으로 이해하면 된다.

여기서 질문 한 가지 들어간다. 일반적으로 CD금리가 높을까? CP금리가 높을까? 이제 웬만한 독자분이라면 정답을 알 것이다. 그렇다. CP금리가 더 높다. 아무래도 은행보다는 기업의 신용도가 더 낮기 때문이다. 단기자금을 조달하면서 신용도가 낮은 기업이 발행하는 CP의 금리가 은행의 CD금리보다 위험프리미엄이 더 높기 때문이다. 따라서 만기가 같으면 CP금리가 CD금리보다 높다.

06

우리가 키운 또 하나의 괴물, ABCP

〈고삐 풀린 114조 원 ABCP… '제2의 금융위기' 불씨 될라〉

2015년 6월 24일 자 이데일리 기사의 제목이다. 글로벌 금융위기 이후 주춤했던 자산담보부기업어음ABCP의 발행량이 다시 가파르게 증가해 무려 114조 1,968억 원까지 불어나 걱정이라는 다소 자극적인 내용의 기사다. ABCP와 관련된 이러한 우려의 시각은 2008년에도 있었다.

내용인즉슨, 2009년에 33조 5,000억 원 규모의 주택담보대출에 대한 (단계적)원금상환이 시작되며, 또한 4조 5,000억 원의 부동산 관련 ABCP 만기가 몰려 있다는 것이다. 말이 쉬워서 몇조 원이지 일반인은 평생 한 번 세어보지도 못할 천문학적 크기의 금액이다. 이러한 크기의 금액이 ABCP로 발행되어 금융위기를 부채질하고 있다는 것이다. 그렇다면 ABCP가 도대체 무엇이길래 이렇게 위험하다고 하는 걸까? 정말 그 존재 자체가 위험한 것이라면 왜 버젓이 발행되는 것일까?

ABCPAsset-Back Commercial Paper란 '자산담보부기업어음' 또는 '자산유동화기업어음'을 이르는 말이다. 자산유동화증권ABS과 기업어음CP을 결합한 파생증권이다. 기업이 보유한 또는 보유예정인 매출채권이나 부동산 등의 특정 자산만을 따로 떼어 이를 담보로 하여 발행하는 기업어음이다. 기업어음이라는 특성상 통상 만기가 단기인 3개월 이내이므로 금리가 낮다. 이 때문에 특히 부동산으로 개발사업을 하는 건설업계에서 낮은 금리로 자금을 조달할 수 있어 선호한다. 그럼 좀 더 쉽게 설명해보자. 아파트나 빌딩을 지을 때는 많은 돈이 든다. 과거에는 이를 위해 시행사가 시공사(건설사)와 건설계약을 체결하게 되면 은행에 찾아가 돈을 빌렸다. 하지만 은행 입장에서 엄청난 규모의 대출을 부동산 건설에만 해줄 수는 없다. 잘 아시다시피 은행은 한 곳에 필요 이상으로 대출이 많아지면 자기자본비율BIS 등 은행 건전성을 가늠하는 지표에 부담되고, 감독기관의 제재가 가해지기 때문에 조심스럽다. 따라서 은행들의 부동산 건설 관련 대출에 한계가 있었다.

그렇다면 이쯤에서 은행의 돈을 대출받아 건물 짓는 행위가 멈춰졌어야 한다. 하지만 2000년 초부터 불어 닥친 부동산 광풍과 여기서 돈을 벌고자 하는 탐욕(?)이 시행사, 건설사, 금융기관, 부동산투자자(기업, 개인)들 -그러니까 대부분의 대한민국 구성원들-을 자극했다. 급기야 '증권화securitization'하는 방안을 고안해냈다. 다름 아닌, 증권사가 나서 시행사의 건물 지을 땅과 시공사(건설사)가 반드시 완공하겠다는 보증서를 기초자산으로 해서 증권ABS을 발행하도록 한 것이다. 이 증권을 쪼개어 각종 연기금, 보험회사, 저축은행 등에 팔았고, 그렇게 들어온 돈으로 건설비를 충당했다. 물론 나중에 건물이 완공되고 분양을 하게 되면 그 수익으로 증권을 매입한 기관에 원금과 수익을 안겨주는 구조였다. 이로써 다시는 은행으로부터 무리한 대출을 받을 필요가 없었다.

물론 이러한 방식은 외국에도 있다. 하지만 여기다 신의 한 수⑦가 더해진다. 그 기간을 대폭 줄였다는 점이다. 대단위 아파트단지나 거대한 빌딩을 짓는 데는 2~3년 이상의 기간이 걸리기 마련이다. 이 기간을 만기로 해서 발행되는 증권ABS은 당연히 만기가 길 수밖에 없다. 만기가 길면 금리도 높고 유동성도 떨어진다. 그럼 잘 안 팔린다. 사람들은 – 특히 증권사의 똑똑한⑦ 금융상품 개발자들 – 더욱 잘 팔리는 ABS증권을 만들기 위해 만기를 줄여야겠다고 생각했고 이를 위해 기업어음CP이라는 제도를 차용했다. CP란 앞서 언급했지만, 일반어음과 달리 돈을 빌릴 목적으로 기업이 발행하는 어음이다. 기간은 길어봤자 90일~1년이다. 이러한 CP와 기존의 ABS증권을 혼합하여 만들어진 것이 ABCP다. 그러니까 ABCP란 건물 지을 땅과 건설사 보증을 기초자산으로 하여 발행한 만기가 짧은 파생증권이다. 비록 만기는 짧지만, 분양이 될 때까지의 긴 기간을 계속적인 재발행을 통해 연장해 나가는 것이다.

이런 ABCP로 인해 우리나라 부동산시장에는 건설자금이 넘쳐났고 엄청난 규모의 건설이 짧은 기간 동안 집중적으로 가능하게 되었다. 그야말로 부동산시장에서도 '금융의 힘'이 제대로⑦ 발휘되는 순간이었다. 하지만 모든 파티에는 그 끝이 있다. 부동산시장의 침체와 전반적인 자금경색으로 미분양 사태가 속출하면서 ABCP의 연장이나 상환에도 비상등이 켜졌다. 그것이 바로 2011년부터 시작된 부실 저축은행의 무더기 영업정지 사태의 주요 원인이다. 미국의 서브프라임모기지 관련

MBS와 CDO 등의 파생증권처럼 말이다.

이 글을 읽는 독자 가운데에는 이처럼 이상한 파생증권을 만든 사람을 탓할 수도 있을 것이다. 하지만 남을 탓하지는 말자. 2000년대 중반부터 부동산 상승의 탐욕에 눈이 먼 우리 모두가 함께 만든 괴물이니 말이다. 누군가는 그 판에 직접 참여했고, 또 누군가는 참여하지 못해 발만 동동 굴렀다는 차이만 있을 뿐이다.

증권화와 미국발 금융위기

사람들은 말한다. 미국의 전체 모기지론 시장에서 5% 정도밖에 안 되었다는 서브프라임 모기지의 부실이 이토록 큰 재앙을 일으킨 원인을 모르겠다고 말이다. 나는 이렇게 말하고 싶다. 그것은 다름 아닌 '증권화 securitization' 때문이라고 말이다.

'증권화'란?
① 너무 많은 사람(회사)들이 가진 소액의 자산들이라 이를 제각각 계약해서 팔기 어려운 경우.
② 너무 규모가 큰 자산이라 누군가 선뜻 나서 한꺼번에 사기가 어려운 경우.
③ 신용도가 많이 떨어지는 자산이라 그 자체만으로는 팔기가 어려운 경우.

유명한 투자은행에서 이러한 자산들을 대신 매수해 이를 바탕으로 하나의 증권으로 만든다. 그러고는 이를 팔기 쉬운 크기로 다시 쪼개어 높은 수익에 굶주린 투자자들에게 팔아 치우는 행위가 '증권화'다.

증권화의 대표적인 사례가 바로 'MBS'와 'CDO'다. 프레디맥과 같은 모기지 회사에서 수많은 사람의 주택저당권(모기지)을 모아 '모기지 담보증권MBS'을 만들었고 이것을 골드만 삭스나 메릴린치, 리먼 브러더스와 같은 세계적인 투자은행IB이 매수했다. 하지만 여기서 끝나지 않았다. 이들은 여기다 다른 여러 자산을 섞어서 다시금 '부채담보부증권CDO'을 만들었다. 그리곤 이 파생증권을 전 세계 각지에 팔아치웠다. 이 같은 증권화 행위는 그동안 돈이 필요한 자에게 아주 효과적으로 돈을 대어줄 수 있는 첨단의 금융기법으로 각광 받았다. '자산유동화'라는 멋진 미사여구까지 붙여가며 말이다. 하지만 수많은 사람의 모기지가 다른 자산들과 섞이고 이것이 다시 몇 다리를 건너며 팔려나가면서 사람들은 이들 파생증권의 알맹이(기초자산)가 신용도 낮은 사람들의 모기지란 사실을 잊기 시작했다. 유명한 투자은행의 포장만 믿고 말이다. 그러다 보니 정말 우스꽝스러운(아니 걱정스러운) 일이 생겼다. 알맹이에 부실이 생겨도 그 부실이 어떤 파생증권에 얼마나 녹아 있는지를 알 수 없다는 것이다.

원래 부실이 생기게 되면 돈을 투자했거나 빌려준 채권자가 채무자를 만나서 향후 상환에 대해 협상하고 상환 스케줄을 짜서 이행을 시키든지 소송을 걸든지 해야 한다. 그래야 그나마 부실을 줄일 수도 있고 불안심리도 잠재울 수 있다. 하지만 증권화의 경우 워낙 많은 성격의 모기지가 한데 모였고, 또한 이를 다른 자산과 섞어 증권을 만들고, 이를 다시 쪼개어 세계 각지에 팔았으니 디폴트default가 난 모기지의 채무자를 찾기가 너무 어렵다는 것이다. 모두가 채무자일 수도 있고 누구도 채무자가 아닐 수도 있는 우스꽝스러운 상황이 연출된 것이다. 따라서 상황을 풀어나갈 협상을 이루어내기가 힘들다. 그러니 불안은 더욱 커지고 근원적인 사태 해결이 어렵게 된 것이다.

어찌 보면 이러한 증권화는 전 세계를 경악하게 했던 중국의 멜라민 사태와 비슷한 면이 있다. 멜라민이 함유된 분유가 세계 각지로 팔렸고 그것을 원료로 밀가루와 설탕, 초콜릿 등을 넣어 만든 과자가 세계적으로 유명한 제과회사의 브랜드를 달고 다시 팔려나갔다. 사람들은 유명 제과회사의 브랜드를 믿고 안전할 거로 생각하고선 별 의심 없이 그 과자를 사 먹었다. 급기야 멜라민 사태가 터졌다. 문제는 멜라민이 들어 있는 분유만을 찾아내 회수할 수 없다는 것이다. 이미 팔려나간 과자 속에 다 녹아들어 있으니까 말이다. 누가 멜라민을 얼마만큼 사 갔으며 얼마나 먹었는지 파악하기가 참으로 힘들다. 따라서 문제를 해결하기 위해서는 과자 전량을 회수하여 폐기처분하는 수밖에 없다. 이에 따른 경제적 손실은 엄청나다. 그 속에 들어간 양질의 밀가루와 설탕, 초콜릿 등 각종 재료를 함께 폐기해야하기 때문이다.

증권화가 바로 이런 것이다. 세계 각지로 팔려나간 부실 모기지가 비록 미국 전체 모기지론의 5% 밖에 안 된다 해도 그것이 함유된 파생증권을 누가 얼마큼 어떻게 가지고 있는지 알 수가 없다. 그렇다고 모든 파생증권을 다 회수할 수도 없다. 이러한 사태는 불안과 불신을 낳았고 급기야 재앙과 같은 금융위기로 번져나간 단초가 되었다.

07

예금금리와 대출금리

은행도 일종의 유통업이다. 유통업이란 게 뭔가? 물건을 직접 만들어 파는 것이 아니라 이미 만들어진 물건을 적당한 가격에 떼어와서 적정 수준의 마진을 붙여 파는 것 아닌가! 이러한 유통업 가운데 은행은 '돈'이라는 물건을 사다가 파는 곳이다. 물건을 떼 오는 가격이 바로 예금금리이고 물건을 파는 가격이 대출금리다.

따라서 대출금리는 예금금리에다 적정한 마진을 붙여 정하면 된다. 하지만 세상이 생각처럼 단순하지만은 않듯이 대출금리가 결정되는 것도 단순하지는 않다. 먼저 고객들의 예금만 하더라도 만기나 조건에 따라 다양한 예금금리가 적용된다. 게다가 은행이 팔려고 하는 물건(돈)을 떼어오는 곳이 고객들의 예금만은 아니다. 은행은 예금 외에도 콜call이나 양도성예금증서CD 그리고 후순위채권 등을 발행해 대출에 사용할 돈을 조달한다. 이렇듯 은행은 다양한 방식으로 돈을 떼어와 대출하기 때문에 단순히 '예금금리+적정마진'으로 대출금리를 결정할 수가 없다. 따라서 각각의 자금조달비용의 가중평균을 구하여 이를 근거로 '평균조달금리'를 산정한다. 여기다 돈을 조달하는 데 들어가는 직접적인 비용은 아니지만 공통으로 들어가는 비용을 더한다. 이를 '업무원가율'이라 한다. 모름지기 은행이 대출을 실행하기 위해서는 지점과 각종 전산 시스템, 인력 등이 필요하다. 당연히 이에 대한 비용이 발생하는데 그 비용을 대출고객 1인당 비용으로 나눈 값이 업무원가율이다. 여기다 적정한 마진을 합산해서 대출금리가 결정된다.

① 대출금리 = 평균조달금리 + 업무원가율 + 적정마진율

물론 이론적으로 그렇다는 것이지 은행의 모든 대출상품의 금리가 평균조달금리를 기준으로 시작되는 것은 아니다. 대출상품에 따라 특정 조달금리를 기준금리로 삼기도 한다. 예를 들어 우리가 잘 아는 '주택담보대출금리'의 경우 앞서도 설명했지만, 코픽스 금리를 기준금리로 삼는다.

사람값이 정해지는 세상-자본주의 세상

하지만 위의 ①번과 같이 구해진 대출금리는 어디까지나 대출을 받아간 사람들이 만기 때 빌려간 모든 돈과 이자를 다 갚는다는 전제하에 결정된 대출금리일 뿐이다. 따라서 이를 '우대(대출)금리prime rate'라고 한다. 은행이 다른 유통업과 다른 것이 이 점이다. 다른 유통업은 고객을

차별⑵하지 않는다. 정해진 물건 가격 그대로 판다. - 물론 공동구매나 바겐 세일이라는 예외 사항이 있기는 하다 - 그러나 은행은 물건을 사가는 사람의 신용에 따라서 그 가격을 철저히 다르게 적용한다. 은행은 고객별 신용등급, 제공하는 담보내용, 대출상품 종류 등에 따라 대출금을 못 갚을 가능성에 대비한 '예상손실률'을 계산해서 우대금리에다 이것을 가산한다. 예상손실률은 다음과 같이 계산한다.

예상손실률 = 부도율 × (1-회수율)

여기서 부도율이란 고객이 대출을 받은 1년 후에 부도가 나는 확률을 의미한다. 신용 좋은 대출고객이 많은 은행일수록 부도율은 낮다. 그래서 은행들이 대출고객 관리에 만전을 기하는 것이다. 참고로 상호저축은행이나 대부업으로 갈수록 대출고객들의 신용이 나쁘므로 부도율이 높다. 이것이 은행보다 이들 금융기관의 대출금리가 전반적으로 높은 이유 중 하나다. 회수율이란 고객이 부도가 났을 경우 해당 은행이 실제로 얼마를 회수하느냐를 나타내는 비율이다. 회수금액을 전체 대출금액으로 나눈 값이다. 이 역시 은행의 회수 능력에 따라 달라진다. 따라서 최종 대출금리가 정해지는 것이다.

② 대출금리 = 우대금리(prime rate) + 고객별 예상손실률

이렇듯 대출금리를 보고 있노라면 사람의 값이 매겨져 있다는 것을 잘 알 수 있다. 대출받기 위해 은행에 가는 고객의 직업이 의사나 변호사

일 경우, 자영업자일 경우, 급여생활자일 경우에 따라 고객별 예상손실률이 달라진다. 물론 각각의 직업군 내에서도 그 규모나 수입 정도에 따라서 적용하는 기준이 다르다. 한마디로 사람의 직업과 수입 규모, 그리고 신용에 따라 사람값이 달리 책정되는 것이다. 따라서 같은 금액의 대출을 받더라도 사람에 따라 대출금리가 다를 수 있다. 비싼⑦ 사람일수록 싼 비용을, 싼⑦ 사람일수록 비싼 비용을 부담하는 것이 대출시장의 룰이다. 이렇듯 자본주의 사회에서는 경제력과 신용도가 그 사람의 가격을 대변하기도 한다.

금융기관 값이 정해지는 세상 - 자본주의 세상

사람값이 정해진다고 불평하지는 말자. 우리 역시 금융기관 값을 정한다. 예금이자 이야기다. 사람들은 아무 곳에나 돈을 맡기지 않는다. 이자가 적다면 그만큼 안전하기라도 해야 한다. 그런 점에서 은행은 상당히 안전한 금융기관이다. 누구나 이를 의심하지 않고 돈을 맡긴다. 반면 상호저축은행 같은 곳은 은행만큼 안전하지 않다고 생각하므로 예금을 맡길 때는 더 높은 예금이자를 요구하는 것이다. 물론 은행이 망하는 예도 있다. 부실 때문에 영업정지가 되기도 한다. 우리는 지난 97년 말 외환위기 때 비슷한 경험을 했다. 그러나 이는 '사변事變'과 같은 일이다. 국가 비상사태가 아니고서는 좀처럼 일어날 수 없는 일이다. 이렇듯 안전의 대명사가 바로 은행이다 보니 우리는 싼 이자를 받더라도 그곳에 예금한다. 그리고 그 돈으로 대출을 하다 보니 다른 금융기관보다 대출

이자가 낮은 것이다. 흔히 은행의 문턱이 높다고 투덜대지만 그렇게 할 수밖에 없는 은행 입장도 이해해야 한다. 은행은 사람을 차별할 수밖에 없다. 당장 은행이 안전하다고 믿고 낮은 금리라도 감수하며 돈을 맡긴 사람들이 수백, 수천만 명이나 되는데 이들을 위해서라도 안전하고 깐깐하게 돈을 빌려줄 수밖에 없지 않은가! 혹여 내가 신용불량자라 은행이 무시한다고 생각해선 안 된다. 은행이 나를 무시하는 게 아니다. 실은 은행에 돈 맡긴 선량하고 알뜰한 예금자들이 그것을 원하는 것이다. 그러다 보니 은행 스스로도 대출에 엄격하지만, 정부도 은행에 많은 도덕성을 요구한다. 은행법을 만들어 은행이 필요 이상으로 많은 자금을 한곳에 대출하거나 투자하는 것도 규제한다. 항상 적정자본을 유지하도록 엄격한 규정을 적용한다. 대표적인 것이 BIS 자기자본비율(*)이다. 이런 혹독한 기준을 맞추기에 사람들은 믿고 예금을 맡긴다.

tip

■ **BIS 자기자본비율이란?**

국제결제은행BIS이 일반은행에 권고하는 자기자본비율 수치다. 보통 BIS 자기자본비율이라고 부른다. BIS에서는 자기자본비율의 8% 이상을 안정, 합격권으로 본다. 자기자본비율은 자기자본을 총자본으로 나눠 구하는데, 총자산을 산정할 때는 투자대상별 신용에 따라 위험가중치를 부여한다. 예컨대 정부 발행 채권은 위험가중치 0%, 주택담보대출은 50%다. 8%를 밑돌면 해외에서의 차입과 유가증권 발행이 불가능해지는 등 '부실은행' 취급을 받는다.

출처: 〈위키백과〉

물론 신용이 높고 정상적인 대출영업을 하지만 은행보다 혹독한 기준을 맞추지 않아도 되는 금융기관이 있는데 바로 여신전문회사다. 대표적으로 신용카드회사, 리스회사, 할부 금융회사 등이 있다. "뭐, 카드사가 대출기관이라고? 아 그렇지! 현금서비스가 대출이니까." 물론 그렇다. 카드사의 현금서비스도 대출의 일종이다. 하지만 우리가 거의 매일 긋고 사용하는 신용카드 역시 그 자체가 대출이다. 우리가 물건을 사고 신용카드를 긋는 것은 카드사로부터 돈을 빌려 물건값을 지급하는 것이기 때문이다. 그런데 이들 여신전문회사들은 예금을 받을 수 없다. 법적으로 그렇게 되어 있다. 따라서 자본금을 모으거나 채권 등을 발행해 그 돈으로 대출해준다.

　　가끔 경제뉴스에서 카드채가 어쩌고, 할부 금융채가 저쩌고 하는 내용을 들어 본 적이 있을 것이다. 바로 이들이 발행하는 채권이다. 물론 이러한 채권의 경우 은행예금이나 은행이 발행하는 채권보다 금리가 높다. 아무래도 신용도가 은행보다 딸리기 때문에 조달금리를 더 써야 한다. 조달금리가 높으니 대출금리 역시 높은 건 당연한 일이다. 따라서 우리가 이들 금융기관의 대출금리가 은행보다 높다고 불만을 느낄 필요는 없다. 대신 은행보다 대출의 문턱이 낮다. 이를 간섭하는 예금자들이 없기 때문이다. 이렇듯 우리 역시 금융기관의 값을 정해서 금융기관을 대한다. 그러다 보니 이들의 조달금리(비용)도 제각각 달라지고 이것은 다시금 우리가 대출받을 때 영향을 미치는 것이다. 어차피 돌고 도는 것이 돈이듯 말이다.

양질의 자금조달과 대수의 법칙

　나는 방금 은행은 '돈'이라는 상품을 취급하는 유통업자라고 했다. 예금으로 받은 돈에 적정한 마진을 붙여서 대출을 해주니까 말이다. 은행의 예금 중에서 가장 일반적인 것이 '보통예금'이다. 사회생활을 하는 모든 사람이 보통예금을 가지고 있을 것이다. 급여통장으로도 자주 쓰이고, 아무 때나 입금하고 출금할 수 있는 통장이 바로 보통예금이다. 참고로 금융권에서는 보통예금을 '요구불예금'이라고 부르기도 한다. 예금주가 '요구'하면 그 즉시 '지불'해야 하는 예금이므로 '요구불'이라 부르는 것이다. 이렇듯 보통예금은 입출금이 자유로운 대신 이자는 거의 붙지 않는다.

　요즘은 하도 금리가 떨어져 보통예금 금리는 연 0.1% 수준인 것으로 알고 있다. 그러니까 은행은 이런 돈들을 받아다가 대출을 해주고 4~5% 이상의 이자를 챙기는 것이다. 참으로 부럽다. ― 물론, 보통예금만이 대출의 재원은 아니다. 은행은 그 외에도 다양하게, 심지어 더 높은 비용을 지급하고 대출재원을 마련하기도 한다 ― 그런데 여기서 예리한 독자라면 의문을 제기할 것이다. 보통예금은 오늘 입금해서 내일 찾을 수도 있는데 그 돈으로 어떻게 1년짜리, 2년짜리 심지어 5년 이상의 대출을 해줄 수가 있을까? 그러다 내일이라도 예금주가 '내 돈 내놓으시오' 하면 어쩌려고 그런 간 큰(?) 짓을 한단 말인가! 하지만 은행은 이를 전혀 걱정하지 않는다. 바로 '대수의 법칙 law of great numbers'이 작용하기 때문이다.

　대수의 법칙이란 '하나하나 개별로 일어나는 사건들은 우연히 일어나기 때문에 결과를 예측하기 어렵지만 많은 수가 모인 집단에서 일어나는 사건들은 경험과 관찰로 일정한 규칙을 발견할 수 있다'는 것이 요점이다. 예컨대 한 사람 한 사람이 언제 죽을지는 모르지만, 전체 인구를 모아놓고 보면 인간의 평균 수명을 알 수 있듯이 말이다.

은행의 경우 예금을 맡긴 개인 한 사람이 언제 출금을 요구할지 모른다. 그러나 은행에서는 실로 수많은 사람이 보통예금(요구불예금)에 입금과 출금을 한다. 이처럼 수많은 사람이 입출금한다는 것은 누군가가 출금하는 그 시각에 또 다른 누군가가 입금을 한다는 의미다. 따라서 사람이 많으면 많을수록 일정한 규모의 금액이 항상 은행에 남아있다는 의미이다. 모름지기 금융기관은 양질의 돈을 조달하고 싶어 한다. 유통업자가 좋은 물건을 소싱sourcing하고 싶어 하는 것과 같다. 같은 100억 원이라도 한두 사람으로부터 조달한다면 언제 그들의 마음이 변해 이 돈을 빼갈지 모르는 일이다. 하지만 수많은 사람이 예금해서 대수의 법칙이 적용되는 조달방법이 있다면 이것만큼 좋은 자금은 없다. 게다가 보통예금은 금리까지도 엄청나게 낮지 않은가! 이렇듯 조달 비용도 거의 없으니 그야말로 양질의 자금이다. 이런 강력한 자금이 있기에 은행은 금융기관의 강자로 군림할 수 있다.

그러나 이러한 은행의 위상에 정면으로 도전장을 내민 게 있었으니 다름 아닌 증권사의 CMA이었다. 앞에서도 언급한 바 있지만 2007년부터 불어 닥친 증권사 CMA의 열풍으로 적지 않은 사람들의 월급통장이 은행의 보통예금에서 증권사 CMA통장으로 이동했다. 이 말은 은행의 '대수의 법칙'이 위협받게 되었다는 의미다. 금융기관의 강자로 군림해 왔던 은행이 증권사에 한 방 먹는 순간이었다. 당시 은행도 이를 만회하려고 빅팟이니 PMA니하며 줄기차게 마케팅을 했지만, CMA 대세를 바꿔놓을 수는 없었다. 이렇듯 금융기관들은 더욱 양질의 자금을 조달하기 위해 오늘도 뺏고 빼앗기는 싸움을 벌인다.

후순위채권이란?

후순위채권이란 기업이 망했을 때, 선순위채권을 다 갚고도 돈이 남았을 때, 그다음으로 돈을 갚아도 되는 채권이다. 채권에는 이를 발행한 기업이 사업에 실패하더라도 원금과 이자를 받을 수 있는 권리가 있다. 하지만 이러한 권리에도 순서가 있다. 물론 일반 채권은 대부분이 선순위다. 따라서 군이 이런 표현을 쓸 필요는 없다. 하지만 후순위로 발행되는 채권은 반드시 후순위채권이라고 불러서 이를 구분한다.

그럼 왜 후순위 채권을 발행하는가? 만약 한 기업이 망했다고 해보자. 그럼 해당 기업을 정리해서 남는 돈으로 우선 채권(선순위)의 원리금부터 갚게 된다. 그런 후 그래도 돈이 남으면 후순위채권의 원리금을 갚고 그래도 남으면 자본을 투자했던 주주들이 나눠 가져간다. 여기서 가만히 보면 후순위 채권은 그 성격상 타인자본(부채)과 자기자본(자본금) 사이에 있음을 알 수 있다. 따라서 후순위채권이 일정 요건을 갖추면(만기 5년 이상 등) 재무제표상 부채로 기재하지 않고 자본(이를 보완자본이라고 부른다)으로 기재할 수 있도록 해주는 것이다. 이렇듯 후순위채권의 보완자본 성격 때문에 기업이나 심지어 은행들까지 후순위 채권을 발행한다.

지난 2016년 2월 초 신한은행이 싱가포르에서 6,015억 원 규모의 후순위 채권을 발행한다고 공시했다. 비슷한 시기에 우리은행도 10년 만기

3,000억 원 규모의 코코본드를 후순위채로 발행하기로 했다. 이들 은행의 공통점은 최근 들어 BIS 자기자본비율이 떨어지고 있다는 점이다. 따라서 실제 자금도 조달하고 BIS 자기자본비율을 적정 수준까지 맞추기 위해 자본으로 인정도 받을 수 있는 후순위 채권을 발행하려는 것이다. 물론, 후순위채권 전부가 보완자본으로 인정을 받는 것은 아니다. 발행기관의 업종이나 해당 채권의 만기 등에 따라 일정 비율만큼만 인정을 받게 된다.

자! 여기서 또 하나의 의문이 생긴다. 일반 채권보다 상환순위가 밀리면 아무래도 불안할 것 같은데, 사람(인수자)들은 왜 후순위 채권을 사가는 것일까? 그 이유는 후순위채권의 이자가 상대적으로 높기 때문이다. 돈을 갚기는 갚되 다른 채권들의 돈을 다 갚은 다음에 그래도 돈이 남으면 갚겠다는 채권이니 당연히 이자라도 높게 주어야 할 것 아닌가? 따라서 어차피 은행이 망하지 않는다는 전제하에 이자율이 조금 더 높은 후순위 채권을 선호하는 것이다. 물론 이는 투자자의 위험선호도에 따라 반드시 그렇지 않을 수도 있다.

08

$ 그 외 다양한 금리

정책금리와 기준금리

우리는 가끔 '한국은행이 기준금리를 동결했다. 또는 인상했다'라는 식의 기사를 보게 된다. 한국은행이 통화정책을 펴기 위해 조절하는 금리를 '정책금리'라고 한다. 예전에는 정책금리로 콜금리를 사용했다. 이를 조절하여 통화정책을 폈다. 앞에서도 설명했듯이 금융기관끼리 전화한 통화로 돈을 빌릴 수 있는 초단기 자금인 '콜' 말이다.

그러다 콜금리 조절이 시장 왜곡현상을 일으킨다는 이유로 한국은행은 2008년 3월 7일부터 정책금리를 '콜금리 목표'에서 '한국은행 기준금리'로 변경하여 새로운 통화정책 운영체계를 만들었다. 정책금리가 결정되면 이는 금리의 파급경로를 통해 시장의 단기금리에, 그리고 다음은 장기금리에 영향을 미친다. 이러한 시장금리는 다시금 전체 경제에 매우 영향을 미친다. 따라서 정책금리를 변동시키는 것은 경제정책을 어떤 방향으로 이끌어가겠다는 정책 방향을 제시하는 것이라 할 수 있다. 예를 들어 경기과열로 물가상승이 우려되면 한국은행은 정책금리를 높여 시중의 자금을 흡수한다. 또한, 경기가 너무 위축될 것 같으면 정책금리를 낮추어 경기를 활성화하는 것이다. 정책금리인 '한국은행 기준금리'가 구체적으로 무엇인지 그리고 통화정책은 어떻게 우리 경제에 영향을 미치는지에 대한 내용은 넷째마당에서 더욱 자세히 설명하겠다.

그렇다고 '기준금리'가 '정책금리'만을 의미하는 것은 아니다. 기준금리는 보다 다양한 일반명사로 널리 사용되고 있다. '기준금리'란 말 그대로 기준이 되는 금리를 말한다. 따라서 정책금리 외에도 시중은행에서 예금금리나 대출금리를 산정할 때 근간이 되는 금리 역시 기준금리라고 일컫는다. 예컨대 시중은행에서 주택담보대출금리 산정 시 널리 사용하는 코픽스COFIX금리나 신용대출금리를 산정할 때 KORIBOR나 CD금리 등이 기준금리 역할을 한다.

리보LIBOR 금리

리보LIBOR, London inter-bank offered rates란 영국 런던에서 우량은행들끼리 단기자금을 거래할 때 적용하는 금리다. 그런데 영국 그네들의 금리를 왜 우리가 알아야 할까? 영국의 '더 시티The city of London'는 미국의 월 스트리트와 함께 국제금융의 중심지로 유명하다. 그러다 보니 리보금리가 바로 국제금융시장에서 돈을 빌릴 때의 '기준금리' 역할을 하게 되었다. 따라서 세계 각국에서 이 금리의 변동 추이에 관심을 두는 것이다. 외화를 빌리는 기관은 신용도에 따라 리보에다 가산금리spread를 붙인다. 물론, 가산금리는 위험 프리미엄에 따라 그 크기가 달라진다. 따라서 어느 국가의 어느 은행이 '리보 플러스 몇 bp의 가산금리'를 붙여 자금을 빌리느냐가 해당 국가 해당 기관의 국제신용도를 가늠하는 척도가 된다. 당연히 위험이 낮을수록 또는 신용도가 높을수록 가산금리는 낮아진다.

통화채 금리

통화채란 통화조절용 채권의 줄임말이다. 그러므로 '통화채 금리'란 통화량을 조절하는 채권의 금리를 말한다. 한국은행이 발행하는 통화안정증권(통안증권)과 정부가 발행하는 외국환평형기금채권(외평채), 그리고 재정증권 이렇게 세 종류가 있다. 한국은행은 통안증권을 발행하여 이를 팔거나 사거나 하며 시중의 통화량을 조절한다. 반대로 한국은행이 통안증권을 매입하고 돈을 지급하면 시중의 통화는 늘어난다. 통화량 조절하는 방법은 아주 간단하다. 통안증권을 팔면 돈이 한국은행으로 들어와 시중에 돈이 줄어들고 반대로 팔았던 통안증권을 다시 사들이면 돈이 한국은행에서 풀려나 시중에 돈이 늘어나니 말이다. 참고로 통안증권은 통상 총통화의 25% 범위에서 매각 또는 매입한다.

외평채는 정부가 외국환 시장수급 조절을 위해 필요한 자금을 마련하기 위해 발행된다. 다시 말해 정부는 이 채권을 발행해서 마련한 자금으로 외화를 사고팔아 환율을 조정한다. 기존에는 원화표시 증권만 발행했는데, IMF 구제금융 이후부터는 외화표시 증권도 발행하고 있다. 해외 시장에서 발행할 경우 기준금리에 가산금리spread를 얹어서 발행한다.

재정증권은 국고금 출납과 금융통화에 관한 정책을 효율적으로 수행하기 위해서 발행된다. 참고로 이들 채권의 이자는 분기별로 지급하는 것이 아니라 할인방식으로 선이자 지급되는 대표적인 할인채discount bonds이다.

금융채bank debenture 금리

'금융채 금리'란 금융채에 적용되는 금리를 말한다. 금융채라고 해서 일반 은행이나 기타 금융기관이 발행하는 채권이라고 생각한다면 오산이다. 금융채는 특별법에 따라 설립된 특정 금융기관이 공익에 필요한 장기대출자금을 마련하고자 발행되는 채권이다. 한국산업은행이 발행하는 산업금융채권(산금채), 중소기업은행이 발행하는 중소기업금융채권, 국민은행이 발행하는 국민주택채권 등이 대표적이다.

09

'$CDS 프리미엄'
: 위험하면 보험료를 더 내야지!

정부가 개성공단의 가동을 전면 중단키로 한 데 따른 여파로 한국의 국가 부도 위험 수준을 나타내는 CDS 프리미엄이 5개월 만에 최고치로 치솟았다. 11일(현지시간) 블룸버그에 따르면 뉴욕 장외시장에서 한국 정부가 발행한 5년 만기 외화 채권에 대한 신용부도스와프CDS 프리미엄은 전날보다 9bp(1bp=0.01%포인트) 오른 83bp로 거래를 마쳤다.

이는 작년 9월 28일 기록한 83bp 이후 5개월 만에 최고치다. 한국의 CDS 프리미엄은 올 들어 국제금융시장이 극도로 불안한 움직임을 보인 데다 남북관계마저 악화하면서 28bp 급등했다.

CDS는 채권을 발행한 기업이나 국가 등이 부도났을 때 손실을 보상해주는 금융파생상품이다. CDS 프리미엄이 높아졌다는 것은 국가 신용도가 나빠져 국외채권을 발행할 때 비용이 많이 든다는 것을 의미한다.

출처: 〈국민일보〉, 2016. 02. 12.

위의 기사에서 알 수 있듯이 우리나라 외화 채권에 대한 CDS 프리미엄이 높아졌다는 것은 우리나라의 국가 신용도가 나빠졌다는 의미다. 이렇듯 CDS 프리미엄 변동은 대외 신용도의 척도로 사용되고 있다. 그럼 CDS 프리미엄이란 무엇일까? 이를 설명하기 이전에 CDS가 무엇인지부터 설명해야 순서일 것 같다.

지난 2016년 1월 〈빅쇼트The Big Short〉란 영화가 상영되었다. 2008년 글로벌 금융위기 당시 실제 있었던 일을 소재로 한 마이클 루이스Michael Lewis의 동명 소설을 원작으로 한 흥미진진한 영화다. 나는 초반부터 아주 재미있게 이 영화를 봤지만, 내용의 특수성 때문에 대중적인 인기는 얻지 못한 것으로 알고 있다. 이 영화에서 주인공들은 글로벌 금융위기가 터지기 몇 년 전부터 CDS를 대거 매수한다. 대폭락이 있을 것이란 이상 징후를 미리 읽고 말이다. 결국, 리먼 브러더스까지 망하는 엄청난 폭락과 혼란이 일어나자 그들은 천문학적인 돈을 벌어들인다.

'CDSCredit Default Swap'란 파생상품의 일종이다. '신용부도스와프'라고 부르기도 한다. 채권을 발행한 기관이 부도가 났을 때, 그 채권을 보유한 자는 손실을 볼 수밖에 없는데 이러한 손실을 대신 보상해 주는 파생상품이 'CDS'다. 채권 보유자는 혹시나 해당 채권을 발행한 기업이나 기관이 망해서 원리금을 돌려받지 못할까 불안하다. 이때 CDS라는 파생상품을 투자은행(금융기관)으로부터 매입한다. 그러다 해당 채권에 부도가 발생하면 투자은행이 대신해서 그 채권금액을 채권 보유자에게 물어주게 된다. 이는 사고 발생 시 손실액을 물어주는 보험과 같은 개념이다.

물론 세상에 공짜는 없다. 손실액을 그냥 물어주지는 않는다는 의미다. 보험에도 보험료를 받듯이 CDS도 일정액의 수수료를 받는데, 이를 'CDS 프리미엄'이라고 한다. 우리는 보험에 가입해 봐서 잘 안다. 생명보험의 경우 보험가입 대상자의 건강상태가 나쁘면 나쁠수록 보험료가 높다. 손해보험의 경우 사고가 일어날 위험이 클수록 보험료가 높아진다. CDS 프리미엄도 마찬가지다. 해당 국가의 신용위험도가 높으면 높을수록 CDS 프리미엄도 높아질 수밖에 없다.

위의 기사도 이러한 내용을 알고 보면 이해가 쉽다. 2016년 초, 국제 금융시장의 불안감에다 우리나라의 지정학적 문제까지 맞물려 우리 정부가 발행한 만기 5년짜리 외화 채권에 대한 CDS 프리미엄이 급등했다는 것이다. 이는 2015년 9월 말경 83bp를 기록한 이래 5개월 만에 최고치라고 한다. 그만큼 세계에서 우리나라를 위험하게 보고 있다는 의미이다. 이렇듯 CDS 프리미엄 그 등락을 보고 있노라면 한 국가의 대외 신용도의 변화를 가늠할 수 있다. 다시 말해 '이만큼 위험이 증가했으니 보험료를 더 내야지'하는 금융시장의 냉혹하고 준엄한 평가인 셈이다.

앞서 말한 〈빅쇼트〉의 주인공들도 보험료인 CDS 프리미엄을 몇 년 간 내느라 곤욕을 치른다. 하지만 글로벌 금융위기가 '펑'하고 터졌을 때 천문학적인 보험금을 받아갈 수 있었다. 물론, 이 영화는 이런 과정을 통쾌한 승리로 보여주기보다는 이를 통해 사람들의 탐욕과 무지가 증폭되면 얼마나 무서운 결과를 낳는지를 비판적 시각으로 그려낸다. 이 영화의 첫 장면에 마크 트웨인Mark Twain의 명언이 나온다.

"곤경에 빠지는 것은 뭔가를 몰라서가 아니다.
뭔가를 확실히 안다는 착각 때문이다."

$ 보험에서 사용되는 금리

　보험금리라는 건 또 무엇인가? 보험에 가입하면 주는 이자를 말하는 걸까? 물론 내가 급조해서 만들어낸 용어다. 일반적으로 보험업계에서 주로 사용되는 금리에는 '공시이율'과 '최저보증이율' 그리고 '예정이율'이란 게 있다.

　'공시이율'이란 보험개발원에서 일정 기간(매월 또는 연 2회)마다 공표하는 변동이율을 말한다. 이 이율은 은행의 1년짜리 예금금리와 회사채 금리, 약관대출금리를 반영해 결정한다. 보험회사에서는 이 공시이율의 80~120% 범위에서 이율을 책정한다. 따라서 공시이율이 높을수록 보험 가입자가 만기에 받는 환급금이나 중도해약 환급금이 커진다. 최근에는 일부 보험회사에서 공시이율이 실세금리를 제대로 반영하지 못한다고 하여 자신들의 자산운용수익률을 반영하여 신 공시이율을 만들어 적용하기도 한다.

연금보험의 경우 공시이율에 따라 적립된 금액을 기준으로 연금수령액이 결정된다. 따라서 가입 전 공시이율을 비교해 볼 필요가 있다. 보험상품별 공시이율은 각 보험회사의 홈페이지의 보험 상품 공시코너를 클릭하면 확인할 수 있다.

보험회사는 고객들의 보험료를 받아 이를 열심히 운용한다. 그래야 나중에 거액의 보험금을 지급할 재원을 마련할 수 있으니 말이다. 그런데 시중금리가 떨어지거나 운용실적이 나빠서 자산운용수익률이 하락하는 때도 있을 것이다. 그러나 보험회사는 아무리 하락하더라도 고객들에게 최저 이 정도까지는 지급하겠다고 보증을 한다. 이러한 최저한도의 적용이율이 '최저보증이율'이다. 위험보장 수단뿐 아니라 재테크의 목적까지 겸해서 가입하는 저축성 보험 상품의 경우 이러한 최저보증이율을 설정함으로써 금리하락이나 운용실적 저조에도 불구하고 만기 시 납입보험료의 원금보장이 가능토록 해준다. 최저보증이율은 약관상 명시가 되어 있다. 또한, 보험 상품별로 제각각 다르다. 따라서 가입 시 약관을 반드시 꼼꼼하게 살피고 비교해 보는 자세가 중요하다. 간혹 시중의 연금보험 광고를 보면 '최저이율 몇 %를 보증해 줍니다.'라는 큰 문구를 볼 수 있다. 하지만 여기에 너무 현혹되어서는 안된다. 광고에 나오는 큰 문구는 최저보증이율의 가장 큰 이율만을 예시적으로 보여주는 경우가 적지 않기 때문이다.

대부분 개인연금보험의 경우 최저보증이율(2015년 10월 기준)이 가입 후 5년 이내 2.5%, 5년 이후 10년 이내 2%, 10년 이후에는 1.5% 수준이다. 따라서 연금보험이 장기금융상품이라는 관점에서 본다면 5년 후, 10년 후의 최저보증이율이 얼마인지도 살펴볼 필요가 있다.

마지막으로 '예정이율'이란 애초 보험 상품을 만들 때 과연 만기 시점까지 얼마의 수익을 낼 수 있을까를 예상하여 산출한 금리다. 보험회사는 고객으로부터 보험료를 받으면 이 돈을 여러 다양한 유가증권이나 금융상품에 운용한다. 따라서 보험회사가 보험 상품을 만들 때는 언제까지 어떻게 운용해서 얼마의 수익을 낼 수 있을지 미리 계산해 보아야 한다. 예정이율이 높다면 그만큼 보험료를 적게 받아도 되니까 보험료가 싸지고 예정이율이 낮다면 보험료는 비싸진다.

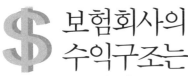

보험회사의 수익구조는 은행과 근본적으로 다르다

　앞서도 누누이 말했지만, 은행은 예금과 대출의 금리차인 예대마진이 주요 수익이다. 다시 말해 약속된 예금금리에 예금을 받아다 일정 수준의 마진을 붙인 대출금리로 대출해야 수익이 생기는 구조다. 그런데 보험회사는 이와는 다른 영업구조로 되어있다. 고객이 내는 보험료에서 얼마 정도의 사업비를 미리 떼어낸다. 이것이 보험회사의 수익이다. 그리고 남은 돈으로 채권 등 각종 투자 상품에 투자하여 돈을 불린다. 그리고 그렇게 불린 돈으로 고객에게 보험금을 지급하는 것이다. 다시 말해 보험회사는 보험료를 받는 즉시 일정 부분을 무조건 수익으로 가져간다. 이는 좀 더 높은 이자로 대출해서 그 마진을 먹는 은행과는 본질적으로 다르다. 이 점은 보험 상품을 이해하는 데 가장 기본이 되는 사항이다. 우선, 사업비로 미리 돈을 떼기 때문에 적립되어 운용되는 돈은 고객이 낸 돈보다 적다. 그러므로 저축성 보험의 경우 가입 후 통상 6~7년이

지나야 원금이 회복된다. 반면 보험 상품의 공시이율은 통상 은행의 예금금리보다 높다. 따라서 6~7년 이후부터는 은행보다 비교적 높은 수익을 기대할 수 있다. 이런 특성 때문에 장기투자를 할 경우라면 보험 상품이 더 유리할 수 있다.

"적립식펀드가 좋을까요? 아니면 변액보험이 더 나을까요?"이 같은 질문에 대한 답변도 보험회사의 수익구조를 찾아보면 어렵지 않게 알 수 있다. 변액보험(투자 실적에 따라 고객이 받을 보험금이 달라지는 보험 상품)도 보험의 특성상 초기에 사업비를 떼어내게 되어 있다. 따라서 적립식펀드와 같은 운용 실적을 냈다고 가정할 경우, 초기 10년 정도는 변액보험의 수익이 뒤질 수밖에 없다. 하지만 사업비 공제기간이 끝나는 시점부터는 오히려 수익률이 적립식펀드를 앞서게 된다. 그 이유는 일반적으로 적립식펀드의 수수료율이, 변액보험의 수수료율보다 높기 때문이다. 따라서 장기투자의 관점에서는 변액보험이 유리하다고 볼 수 있다. 게다가 변액연금보험의 경우 10년이 지나면 비과세 혜택까지 있어 더욱 유리하다. 참! 앞서도 말했지만 적립식펀드와 변액보험 둘 다 같은 운용 실적을 냈다고 가정할 때 그렇다는 말이다.

채권의 모든 것

01 채권은 차용증서다

채권금리를 설명하기 위해서는 우선 채권에 대해 속속들이 알아볼 필요가 있겠다. 채권이란 무엇인가? 사람들은 흔히 이렇게 말한다. "공격적인 투자자라면 주식형펀드에 가입하고 안전한 투자를 원하는 보수적인 투자자라면 채권형펀드에 가입하라"고…. 채권형펀드란 주로 채권에 투자하는 펀드다. 그러니까 채권에 투자하는 게 주식에 투자하는 것보다 안전하다는 것이다. 채권의 속성상 수익은 주식보다 적어도 원금을 잃을 가능성 역시 적기 때문에 안전하다고 말한다. 채권은 기업이 돈을 빌리면서 써주는 일종의 '차용증서'다. 즉 돈을 빌린 기업이 돈의 사용료인 적정 이자를 지급하고 만기가 되면 원금도 갚아주는 구조다. 따라서 가격이 들락날락하는 주식보다 훨씬 안정적일 수밖에 없다. 그렇다면 일반 차용증서와는 무엇이 다르기에 굳이 채권이라는 이름을 붙였을까? 이에 대해 한 가지 상황을 가상으로 설정해 좀 더 자세히 알아보도록 하겠다.

채권이 거래되는 이유

성삼전자가 이번에 또다시 반도체 신기술을 개발했다. 이 기술로 다시 한 번 세계 반도체시장을 휘어잡을 수 있다. 예상 수익도 수천억 원이나 된다. 이제 100억 원의 돈을 들여 공장을 증설하고 대량생산을 하는 일만 남아 있다. 설비투자 자금을 빌리기 위해 은행으로 찾아갔다.

은행: 물론, 그 기술의 가능성에 대해서는 인정합니다. 하지만 지금껏 저희 은행은 성삼전자에 너무 많은 돈을 대출해 주었어요. 리스크 관리 차원에서 볼 때 한 회사에 너무 많은 돈을 대출해 줄 수는 없습니다(이를 '동일인여신 한도'라고 한다). 은행 돈이란 게 다 소중한 고객들의 예금이지 않습니까?

성삼전자는 이만저만 낭패가 아니었다. 아까운 기회를 놓칠 수는 없다. 이젠 은행이 아니라 돈 많은 다른 회사나 개인을 찾아봐야 한다. 지성이면 감천이라고 마침 100억 원의 여윳돈을 가진 회사를 찾았다. 바로 '부자기업'이다.

부자기업: 그래요? 마침 우리에게 여윳돈 100억 원이 있는데요. 당연히 빌려드리죠. 이자도 연 10%면 적당할 것 같네요. 성삼전자야 신용도가 높고 탄탄한 기업이니 담보는 필요 없고요, 그냥 차용증서 한 장만 써주시면 됩니다. 그런데 언제까지 돈을 갚을 수 있나요?

성삼전자: 예, 정말 감사합니다. 잘 아시다시피 일반적으로 기업이 돈을 빌려서 공장을 짓고 사람들을 뽑고 물건을 생산해서 원금을 넘어서는 돈을 벌 때까지는 최소 3년 정도 걸리지 않습니까? 그러니 만기는 3년 후로 해주시죠.

부자기업: 어이구, 그건 좀 곤란하겠는데요. 지금은 우리에게 100억 원의 여윳돈이지만 2~3년 후, 우리도 투자계획이 있어요. 또 그사이에 급전이

필요할 수도 있습니다. 3년이란 기간은 너무 길군요. 그러니 죄송하지만 빌려드릴 수 없겠는데요.

그렇다. 어떤 기업이나 개인이든 지금은 여윳돈일 수 있지만 언제 그 돈이 필요할지 모른다. 따라서 그런 거금이 한 곳에 묶인다면 낭패가 아닐 수 없다. 그럼 성삼전자는 좋은 기술을 개발해 놓고도 그냥 사업을 포기해야 할까? 이는 성삼전자만의 불행이 아닌 국가적 손실이다. 그만큼 고용기회와 투자기회가 줄어들 것이며, 아울러 우리나라 반도체 산업이 일취월장 성장하는 절호의 기회가 수포로 돌아갈 수도 있다. 모름지기 정부는 국가의 생산성을 높이는 데 법적, 제도적 지원을 아끼지 말아야 한다. 이런 소문을 듣게 된 정부가 부자기업과 성삼전자를 불러놓고 좋은 제안을 했다.

정부: 사정이 딱하군요. 그럼 이렇게 하시죠. 성삼전자가 돈을 빌리고 써준 차용증서를 필요할 때 다른 사람에게 팔 수 있도록 법적, 제도적으로 허용해 드리면 어떻겠습니까? 이참에 전문적으로 이런 차용증서를 사고팔 수 있는 시장도 하나 만들죠.

부자기업: 그거 좋은 생각이군요. 그럼 제가 돈을 빌려주고 받은 차용증서로 이자를 받아먹다가 급전이 필요해지면 그걸 시장에다 내다 팔고, 그럼 그때 또 여윳돈이 있는 사람이 그걸 사가면 그 사람이 이어서 이자를 받아가면 되겠네요. 그러다 마지막 3년 후에 그 차용증서를 가진 사람이 성삼전자에 찾아가 100억 원의 원금을 받으면 되니까요.

정부: 맞습니다. 그렇게 되면 3년 동안 한 곳에 거금 100억 원이 묶이는 일

은 없을 겁니다. 대신 성삼전자는 어느 누가 찾아와도 차용증서를 가지고 있으면 계속 정해진 이자를 줘야 하고 만기에는 원금까지 내어줘야 하는 것에 동의해야겠죠.

성삼전자: 당연히 동의합니다. 저희야 당장 100억 원을 빌릴 수만 있다면 누가 이자를 받아가고 원금을 받아가든 상관없습니다.

정부: 그럼 이렇게 중간에 매매되는 차용증서를 일반 차용증서와 헷갈리지 않도록 하려면 다른 이름을 붙여야겠군요. '채권債券'이라 하는 게 어떻겠습니까? 그리고 이게 거래되는 시장을 '채권시장'이라 하고요.

성삼전자 · 부자기업: 그거 듣기 좋네요. 그렇게 하시죠.

이렇게 하여 성삼전자는 채권을 발행해 100억 원을 조달할 수 있다. 이런 필요로 채권이 생긴 것이다.

그럼 기존의 차용증서는 왜 마음대로 매매하지 못하고 굳이 정부가 허락해 준 채권만 매매할 수 있을까? 기존의 차용증서를 마음대로 매매하게 되면 큰 혼란이 생긴다. 채권이야 맨 처음부터 돈을 빌려준 사람이 누구에게든 마음대로 팔 수 있을 것이라는 사실을 염두에 두고 발행된다. 그런데 다른 차용증서는 그렇지 않다. 예를 들어보자. 우리가 은행에서 돈을 빌리는 대표적인 차용증서가 바로 '대출약정서'다. 우리는 선량한 시민으로서 믿을 만한 시중 은행에 찾아가 1억 원의 주택담보대출을 하고 '주택담보대출약정서'를 썼다. 그런데 어느 날 험상궂은 깍두기 아저씨 몇 명이 야밤에 집을 찾아왔다.

깍두기 아저씨: 이봐, 당신 주택담보대출 앞으로 우리가 이자 받고 할 테니

우리에게 잘 보여.

선량한 시민: 아니, 왜 그러세요? 저는 은행에서 돈을 빌렸는데요.

깍두기 아저씨: 응, 우리가 은행에서 당신이 작성한 '주택담보대출약정서'를 돈 주고 샀어. 그러니 앞으로 우리가 채권자라고.

이런 일이 벌어진다면 얼마나 황당하겠는가? 따라서 일반 대출의 경우 함부로 대출의 권리를 넘겨줄 수 없게 되어 있다. 굳이 대출의 권리를 넘겨주려면 법적 절차를 밟아야 하고 필요에 따라서는 채무자의 동의를 얻어야 한다. 그러나 채권은 그런 절차 없이 매매만으로도 채권자가 바뀔 수 있다. 따라서 채권은 다른 대출에 비해 '유동성이 높다'고 말한다. 그리고 채권시장에서 자유롭게 매매가 되므로 금융상품(유가증권)으로 분류된다. 이러한 채권을 기업이 사기도 하고 펀드가 사기도(투자하기도) 하는 것이다.

채권은 매매할 수 있는 차용증서이므로 '유가증권'이다

상품권은 '유가증권'의 일종이다. 어떤 물건을 살 수 있는 상품권을 생각해 보자. 이 상품권을 제시하면 해당 매장에서 필요한 물건을 살 수 있다. 이렇듯 증권(증서)을 제시하면 액면에 적힌 돈의 가치만큼 권리를 행사할 수 있으며, 아울러 그 자체로 매매되는 증권을 유가증권이라고 부른다. 유가증권의 종류는 주식, 채권, 어음, 수표, 상품권 등 실로 다양하다. 이 가운데 자본시장법상 인정하는 유가증권으로 대표적인 것이 바로 주식과 채권이다.

잘 알다시피 주식과 채권의 매매를 중개하는 기관이 바로 '증권회사'다. 자본시장법에 따르면, 누구나 주식과 채권을 사고팔 수는 있지만 이를 중개하는 것(중개를 업으로 하는 것)은 증권회사만 할 수 있다. 증권 거래의 안전성과 신뢰성을 높이기 위해서다. 이는 마치 부동산중개는 공인중개사만 할 수 있는 것과 같은 이치다. 우리가 주식에 투자할 때 증권회사에 가서 계좌를 개설하는 이유가 바로 여기에 있다. 다시 말해 은행에서 주식투자를 중개했다가는 자본시장법 위반이 된다.

02 채권에서 받는 이자와 채권금리는 다르다?

부자기업은 성삼전자가 발행한 채권 100억 원짜리로부터 매년 10억 원의 이자를 받는다. - 회사채의 경우 1년 동안 지급할 이자를 3개월로 나누어 1년에 4회 지급하는 것이 일반적이다. 하지만 설명의 편의상 1년에 한 번 받는 것으로 하자 - 그럼 채권금리가 연 10%여야 한다. 그런데 부자기업이 오늘 채권 이자를 받고 경제신문을 보니 오늘 자 채권금리가 연 15%였다. 순간 사기당한 느낌이 들었다.

"아니, 이거 15억 원을 받아야 하는데 10억 원밖에 못 받다니…. 사기당한 거 아냐?"

하지만 사기가 아니다. 왜냐하면, 성삼전자가 채권을 발행할 당시인 1년 전에는 금리가 연 10%였고, 그만큼 이자를 주기로 했기 때문이다. 그 차이는 왜 났을까? 너무 간단하다. 채권은 대부분 고정금리이기 때문이다. 고정금리로 은행에서 대출을 받아본 경험이 있는 분들이라면 이 차이를 너무나 잘 알 것이다. 고정금리 대출의 경우, 빌릴 때의 대출금리가 연 10%였는데 1년 후 이자 지급일에 대출금리가 연 15%로 올랐다고 해서 이자를 연 15%에 맞추어 낼 필요가 없다. 채권도 마찬가지다. 그러니까 1년 후 채권금리가 올랐다면 빌려준 사람(채권소지자)이 억울한 것이고 채권금리가 내렸다면 빌린 사람(채권발행자)이 억울한 것이다. 그러다 보니 여기서도 용어가 헷갈린다. 자기가 받을 특정 채권의 고정된 금리와 시장에서 움직이는 채권금리가 다르기 때문이다. 그래서 사람들은 자기가 받을 특정 채권의 고정된 금리를 채권금리라고 하지 않고 '표면금리' 또는 '쿠폰금리coupon rate'라고 부른다.

앞에서도 말했듯이 채권은 계속해서 매매가 일어나기 때문에 이자 지급일마다 매번 다른 사람이 이자를 받으러 올 가능성이 크다. 따라서 애초에 채권을 발행한 사람은 채권소지 여부를 일일이 확인하고 이자를 지급할 수밖에 없다. 하지만 채권소지가 매번 채권 원본을 들고 이자를 받으러 다닌다면 분실할 위험이 있다. 이러한 불편을 덜기 위해 채권 밑에다 매번 이자를 받을 때마다 떼어서 가져가도록 '이자교환권'을 쿠폰 형태로 만들어놓았다. 그 모습이 어떤 건지 상상이 안 된다면, 전봇대 등에 붙어 있는 '과외 학생 모집' 전단을 떠올려보라. '소중한 당신의 자녀! 성심껏 지도하겠습니다'라는 문구 아래 전화번호가 세로로 죽 적혀 있고 칼로 떼어가기 쉽도록 일일이 잘라놓은 것을 발견할 수 있을 것이다. 채권의 이자교환 쿠폰도 그렇게 만들어져 있다. 그래서 사람들은 시장에서 변동하는 채권금리와 굳이 구분하기 위해 이미 발행된 특정 채권의 고정된 금리를 쿠폰금리라고 부른다.

참고로 IT가 눈부시게 발달한 요즘에는 채권에서 쿠폰을 떼어다가 이자를 받으러 가지 않는다. 쿠폰을 들고 직접 이자 받으러 다니던 일은 과거 전산이 발달하지 않았을 때의 이야기다. 요즘은 대부분 채권이 일련번호로 전산 처리되어 거래도 전산으로 하고, 이자 지급도 전산을 통해 계좌이체로 받는다. 하지만 아직도 쿠폰이자라는 용어는 그대로 사용한다. 물론 채권의 쿠폰금리도 하늘에서 뚝 떨어진 것은 아니다. 처음에 채권 쿠폰금리를 정할 때는 시장의 채권금리가 기준이 된다. 만약 성삼전자가 채권을 발행해 부자기업으로부터 돈 100억 원을 빌릴 때가 2015년 1월 1일이라고 해보자. 그럼 당일의 시장 채권금리를 살펴본다. 여러 채권 중에서 성삼전자의 경우는 3년 만기 회사채이므로 '2015년 1월 1일 자 3년 만기 회사채금리'를 기준으로 한다. 그게 바로 연 10%였다. 여기다 성삼전자의 신용도를 본다. 이미 신용도는 채권평가기관으로부터 등급을 받아놓았다. 성삼전자는 일류회사이므로 최고 등급인 '트리플 에이AAA'다. 따라서 추가로 가산금리가 붙지 않는다. 우리의 대출이자가 정해질 때와 별반 차이가 없다.

하지만 대출금리도 변하듯 채권금리도 변하게 마련이다. 그래서 부자기업이 이자 받을 당시인 '2015년 12월 31일 자 3년 만기 회사채금리'는 연 15%이었나 보다. 따라서 채권 발행 당시에는 쿠폰금리와 채권(시장)금리가 같을 수 있지만(이론적으로 그렇다는 것이다), 그 이후는 채권금리가 변하기 때문에 쿠폰금리와 채권금리가 달라진다고 생각하면 된다.

채권에 표시되는 항목

채권도 차용증서다. 따라서 돈을 빌릴 때의 조건이 채권에 표시되어 있다. 주요 항목은 다음과 같다.

* 액면금액: 채권 만기 시 갚아야 할 원금 (ex. 100억 원)

* 표면금리 coupon rate: 채권의 고정된 이자 (ex. 연 10%)

* 만기: 원금 갚을 날짜 (ex. 2017년 12월 31일)

* 발행인: 돈을 빌린 채무자 (ex. 성삼전자㈜)

참고로 채권은 언제든지 매매할 수 있는 유가증권이므로 채권자 이름은 적지 않는다.

03 채권금리와 채권가격은 반비례한다

자! 이제 '채권금리와 채권가격이 반비례한다'는 너무나 상식적이지만 중요한 금융법칙을 설명할 때가 된 것 같다. 물론 여기서 말하는 채권금리는 시장에서 매일 변하는 채권(시장)금리를 뜻한다. 고정금리인 특정 채권의 쿠폰금리를 의미하는 게 아니라는 말이다. 그리고 여기서 말하는 채권가격은 그야말로 특정 채권의 가격을 뜻한다. '어라? 채권가격이란 또 무슨 소리인가? 앞에서 그런 용어가 나왔던가?'라고 생각할 분들이 적지 않을 것이다. 하지만 경제활동을 하는 사람이라면 상식적으로 알고 있는 게 있다. 거래되는 모든 물건 – 물건뿐 아니라 눈에 보이지 않는 서비스까지도 – 은 가격이 있다. 그리고 수요와 공급의 차이에 의해 그 가

채권 샘플(보증사채)

격이 올랐다 내렸다 한다. 채권도 마찬가지다. 시장에서 매매되는 유가
증권이다 보니 당연히 가격이 있고 수요·공급 법칙에 따라 가격이 올
랐다 내렸다 한다.

그럼 채권의 가격은 어떤 것인가? 물론 기존 채권소지자로부터 채권
을 매수할 때 지급하는 돈이다. 예를 들어보자. 성삼전자가 2015년 1월

1일 발행한 채권에 대해 이미 여러분은 주지하고 있을 것이다. 3년간 연 10%의 이자 총 30억 원과 만기 시 100억 원의 원금을 받는 채권이다. 그러니 적어도 130억 원의 가치가 있는 채권이다(물론, 화폐의 시간가치를 고려한 현재가치 할인은 고려하지 않았다). 이를 최초에 부자기업이 100억 원을 내고 인수했다. 이때 100억 원이 곧 채권의 가격이다. 자 그럼 다시 원점으로 돌아가서 채권금리와 채권가격의 반비례 관계에 대해 알아보자. 또 다시 예를 들어 설명해 보겠다.

채권금리가 올라갈 때

성삼전자의 채권이 발행된 지 1년이 지난 2016년 1월 1일이다. 그런데 시장의 채권금리는 무려 연 20%나 올라 있는 게 아닌가? 부자기업은 억울하기 짝이 없다. 지금 발행하는 채권은 현재 시장의 채권금리가 적용되어 연 20%가 될 건데, 자신이 1년 전에 인수(채권발행자인 성삼전자로부터 직접 받은 채권이므로 매수라고 하기보다 인수라는 표현을 쓴다)한 채권의 이자는 고작 연 10%이기 때문이다.

부자기업: 에잇, 지금 발행하는 채권을 인수했더라면 매년 20억 원씩 받을 수 있는데 말이야. 이거 아까워 죽겠군.

그래서 부자기업은 성삼전자 채권을 채권시장에 들고 가 팔아 치우려 할 것이다. 하지만 100억 원씩이나 투자자금을 가지고 있는 사람들이 바보일 리가 없다.

채권시장 참가자: 에이~ 요즘 연 20%짜리 채권이 나오는데 누가 연 10%짜리 구식⑦ 채권을 사요!

반응이 영 시원찮다. 그러나 부자기업은 여기서 물러설 수 없다.

부자기업: 그럼 내가 가격을 좀 깎아주겠소. 앞으로 2년 동안 이자를 받을 수 있고 2년 후에는 원금 100억 원도 받을 수 있지만 가격을 확 깎아서 90억 원에 팔겠소.

모든 사람이 그런 건 아니겠지만, 간혹 이 제안이 솔깃한 사람들도 있을 것이다.

채권시장 참가자: 그래요, 내가 마침 2년 후 쓸 돈 100억 원이 있는데, 정말로 90억 원에 파는 거죠. 좋아요, 거래합시다.

그래서 채권가격은 90억 원으로 내려간다.

채권금리가 내려갈 때

위의 사례와 방향만 다를 뿐 내용은 똑같다. 1년 후 채권금리가 연 5%로 떨어졌다면 이번에는 채권시장 참가자들이 부자기업이 가진 성삼전자 채권을 사려고 덤빌 것이다.

부자기업: 무슨 소리! 지금 시장에서 발행되는 채권은 연 5% 이자밖에 안 되는데 연 10% 이자를 받을 수 있는, 금테 두른 이 채권을 왜 팔아. 굳이 사겠다면 110억 원 정도는 줘야 팔지 뭐.

이렇게 해서 채권가격이 110억 원으로 올라간다.

(1) **채권금리 연 10% → 연 20%로 상승**

    =〉 채권가격 100억 원 → 90억 원으로 하락

(2) **채권금리 연 10% → 연 5%로 하락**

    =〉 채권가격 100억 원 → 110억 원으로 상승

∴ **채권금리와 채권가격은 반비례**

이처럼 상식적이고 평범한 법칙을 잘 이용해 큰돈을 번 사람이 적지 않다. 앞에서도 언급한 바 있듯이 미래에셋의 박현주 회장도 그 장본인 중의 한 사람이었다고 한다.

04 채권금리는 왜 변할까?

만약 채권금리가 변하지 않는다면 위의 예에서 소개된 부자기업이 그토록 채권시장에서 가격을 깎아가며 채권을 파는 수고도 할 필요가 없다. 사실 채권금리가 변하지 않는 것보다는 변하는 것이 더 당연하고 자연스러운 일이다. 그렇다면 채권금리는 왜 변할까? 내친김에 이것도 설명할 필요가 있겠다.

지금까지 나는 '채권금리'라고 표현했지만, 이는 또한 '채권수익률'을 의미하는 것이다. 앞장에서 설명했듯이 금리나 수익률은 (거의) 같은 뜻이라고 했다. 채권수익률이란 게 뭔가? 채권에 투자하고(채권을 매수하고) 기대하는 수익률을 말한다. "아니? 채권을 매수하면 이자수익을 기대하는데 그건 고정된 쿠폰금리라고 이미 설명하지 않았던가! 그런데 뭘 또 기대한단 말인가?" 하지만 채권투자에서는 이자수익만을 기대하는 게 아니다. 주식도 마찬가지다. 주식을 가지고 나오는 배당수익만 기대하는 게 아니라, 매매가격 차이로 생기는 매매차익도 기대한다. 채권도 가격이 오르고 내리다 보니 매매차익이 있다. 다만 주식의 배당수익은 아주 적고 - 그래서 대부분의 사람이 배당수익만을 바라보고 주식투자를 하지는 않는다 - 매매차익이 상당히 크지만, 채권은 매매차익보다 이자수익 비중이 더 크다는 것이 차이라면 차이다. 이렇게 이자수익과 매매차익을 합산한 것이 채권의 '투자수익률'이다. 그리고 그것을 비율로 나타낸 것이 채권의 투자수익률, 즉 채권수익률(채권금리)이다.

예를 하나 들어보자. '조은기업'은 '부자기업'으로부터 성삼전자 채권을 90억 원에 샀다가 1년 후에 95억 원에 '제삼기업'에 팔았다고 해보자. 그동안 1년 치 이자 10억 원(연 10%)도 성삼전자로부터 받았다. 결국, 조은기업이 해당 채권투자를 통해 벌어들인 총 수익은 이자수익 10억 원과 매매차익 5억 원으로 합산하면 15억 원이다. 이를 통해 수익률을 계산해 보면 16.7%(=15억/90억)가 나온다. 투자원금 90억 원에 투자수익 15억 원이 생긴 결과다. 이렇듯 개별채권들의 거래에 따라 나온 개별채권수익률이 모여서 만들어진 평균치가 바로 시장의 채권수익률이다. 주식으로 따지자면 개별주식의 가격 등락의 평균치(가중평균)가 코스피지수이듯이 말이다. 물론 개별 채권들의 매매가격 변동에 따라 이 수익률은 바뀐다. 따라서 채권수익률 즉 채권금리도 변하게 마련이다.

앞에서 한 설명에서는 채권금리가 변하기 때문에 채권가격이 변한다고 말했다. 그리고 이번에는 채권가격이 변하므로 채권수익률(채권금리)

이 변한다고 했다. 둘 다 사실이다. 이렇듯 서로 물고 물리는 관계에 있다. 물론 채권금리에 영향을 미치는 것은 여러 요소가 있다. 경기가 악화하여 채권을 발행할 기업이 부도 날 상황이라면 채권을 팔아 치우려는 사람만 무성하고 정작 채권을 살 사람은 거의 없을 것이다. 그럼 공급이 수요를 초과해서 채권가격이 내려가고, 채권금리(채권수익률)의 상승으로 이어진다. 또한, 한국은행이 물가 안정을 위해 정책금리를 올린다. 정책금리가 올라갔으면 으레 다른 금리도 올라가게 마련이다. 지엄한 국법(?)이 올리라고 하는 데 따라서 올려야 하지 않겠는가? 그래서 채권금리가 오르면 채권가격은 내려간다. 자본주의에서는 시장이 살아있는 유기체다. 채권시장도 예외가 아니다. 이런 다양한 변수들의 기(氣) 싸움에서 어느 변수의 영향력이 더 큰가에 따라 채권금리는 시시각각 변한다.

05 국공채금리와 회사채금리

기업(주식회사)뿐 아니라 중앙정부, 지방자치단체, 특수법인, 금융기관 등도 채권을 발행한다. 이러한 채권의 발행 주체에 따라 채권의 종류도 달라진다.

국공채란 국채와 지방채를 함께 이르는 말이다. 국채란 중앙정부에서 발행하는 채권이다. 정부가 공공목적을 달성하기 위해 재정정책을 시행하려면 당연히 돈이 든다. 이 돈은 세금을 걷어 충당할 수도 있지만, 세금을 무작정 늘리면 국민 부담이 커진다. 따라서 채권을 발행해 돈을 조달하는 것이다. 이러한 국공채는 원금과 이자를 정부가 보증하기 때문에 신용도가 가장 높다. 정부가 돈을 떼먹을 일은 없지 않은가? 시장금

■ 발행 주체에 따른 채권의 종류

구분	발행 주체	종류
국채	중앙정부	국민주택채권 1종 및 2종, 외국환평형기금채권, 양곡기금증권, 국채관리기금채권, 재정증권 등
지방채	지방자치단체	지역개발공채, 도시철도공채(서울, 인천, 대구, 대전, 광주 등), 도로공채, 상수도공채 등
특수채	특수법인	한국전력공사채권, 토지개발공사채권, 한국도로공사채권 등
금융채	금융기관	통화안정증권(한국은행), 산업금융채권(한국산업은행), 중소기업금융채권(중소기업은행) 등
회사채	주식회사	일반회사채SB, 전환사채CB, 신주인수권부사채BW 등

리 산정의 기준금리가 되는 무위험수익률Rf을 정할 때 별다른 의심 없이 국공채금리를 사용하는 이유가 바로 여기에 있다.

회사채의 경우는 유가증권시장KOSPI나 코스닥KOSDAQ에 상장된 기업뿐 아니라 비상장기업에 이르기까지 다양한 주식회사가 자금을 조달할 목적으로 발행한다. 물론 원금과 이자의 상환 의무는 전적으로 해당 회사채를 발행한 회사에 있다. 그러므로 회사채는 국공채와는 달리 발행 회사의 재무상태나 신용도에 따라 위험도가 천차만별이다. 따라서 이를 반영한 위험프리미엄에 따라 회사채금리도 천차만별이다. 그런 이유로 회사채에 투자하는 투자자라면 해당 회사채의 신용도를 잘 분석하여 투자에 임해야 한다. 다만 투자자의 편의를 위해 신용평가기관에서 발행회사의 재무 상태와 상환 여력, 자금 유동성 등을 평가하여 신용도에 따라 등급을 매겨놓았으므로 이를 참고로 하면 된다.

채권의 등급

- 투자적격 등급: AAA, AA, A, BBB,
- 투자부적격 등급: BB, B, CCC, CC, C, D

회사채의 경우 발행회사가 원리금을 상환하지 못할 때 이를 제삼자가 대신 갚아주는 일도 있다. 이를 보증사채라고 하는데, 회사채를 발행할 시점에 보증 여부를 정해서 발행한다. 1997년 외환위기 이전만 해도 대부분의 회사채가 보증사채였다. 주로 금융기관(은행, 신용보증기금, 종합금융사, 증권회사, 보증보험 등)이 일정 정도의 수수료를 받고 보증을 섰다. 대기업의 경우라면 계열사끼리 서로 보증을 서는 일도 있었다. 하지만 외환위기 이후 잇따른 기업의 부도로 보증기관이 큰 타격을 입었고 이를 계기로 지금은 대부분의 회사채가 제삼자가 보증하지 않는 무보증사채가 주류를 이룬다.

회사채 중에서 대표적인 것이 일반사채(무보증사채)다. 이는 사람들이 흔히 말하는 회사채로서 고정금리부채권SB, Straight Bond이다. 이 외에도 필요한 경우 주식으로 바꿀 수 있는 전환사채CB, Convertible Bond와 필요한 경우 주식을 받을 수 있는 권리가 붙어있는 신주인수권부사채BW, Bond with Warrant 등 다양한 종류의 회사채가 있다. 참고로 회사채는 일반적으로 발행회사의 순 자산(총자산에서 총부채를 뺀 금액)의 4배 이상을 발행하지 못하도록 규제했었다. 너무 많은 금액을 남발하면 신용에 문제가 생기기 때문이다. 그러나 시장원리에 자본조달을 맡긴다는 취지에서 2012년 초 상법이 개정되면서 이 규제는 폐지되었다.

06 채권금리의 반란, 정부의 정책보다 시장의 위험변수가 더 컸었다

국공채는 정부가 원리금 상환을 보증하기 때문에 안전하다. 따라서 국공채금리는 낮다. 반면 회사채는 아무리 실적 좋은 삼성전자라 해도 나름의 위험이 존재하기 때문에 회사채금리는 국공채금리보다 높을 수밖에 없다. 이러한 관계는 아래 그래프에서도 쉽게 알 수 있다.

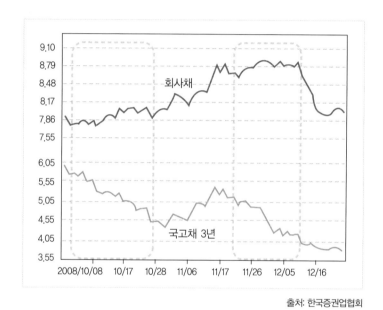

출처: 한국증권업협회

2008년 10월 초부터 12월 중순까지의 3년짜리 국고채(국채관리기금채권)금리와 회사채의 금리를 살펴보면 비록 일정 정도의 차이는 있으나 회사채금리가 국고채금리보다 언제나 높게 형성되어 있음을 알 수 있다. 그런데 이 그래프에서 점선으로 표시된 10월 한 달간과 11월 말부터 12월 초까지의 두 개의 구간을 주목해 보면 재미있는(?) 사실을 알 수 있다. 이 구간에서 국고채금리는 인하하고 있지만, 회사채금리는 오히려 상승해서 그 갭Gap이 더욱더 커지는 것을 알 수 있다. 앞에서도 설명했듯이 이는 당시 전 세계적으로 불어 닥친 유동성 위기와 관계가 있다. 유동성 위기로 시중에 돈이 돌지 않자 정부는 정책금리를 인하했고 이를 반영하여 국고채금리도 따라 인하되었다. 하지만 회사채시장의 분위기는 달랐다. 비록 기준금리가 되는 국채금리가 인하되었지만, 기업의 경우 경기침체로 인한 실적악화와 유동성 위기로 신용도가 더욱 나빠졌고 위험프리미엄도 치솟았다. 따라서 회사채금리는 오히려 상승했다. 여기다 그나마 투자처를 찾던 시중의 자금들도 일단은 수익률(금리)이 낮더라도 안전한 국공채 투자에 몰렸다. 이렇듯 매수세가 늘어나자 국공채의 가격만 유독 올랐고(국공채금리 인하) 매수세가 떨어진 회사채는 가격이 내려가(회사채금리 상승) 그 갭을 더욱 벌려놓았다. 정부의 강력한 정책보다 시장의 위험 변수가 더 컸다는 증거다. 그만큼 시장이 불안했다는 방증이다. 이처럼 우리는 회사채금리와 국고채금리 변화 추이만으로도 당시 기업들이 얼마나 돈줄이 막혀 있었는지를 가늠해 볼 수 있다.

07 세금과 국공채의 이상한 관계

자! 이번에는 세금과 국공채의 이상한 관계에 대해 알아보자. 나는 앞서 정부가 재정정책을 펴기 위해 필요한 자금 마련을 국공채 발행을 통해 한다고 했다. 세금을 걷어 충당할 수도 있지만, 너무 많은 세금을 걷으면 국민의 조세 저항이 커지기 때문에 이런 부담을 완화하고자 국공채를 발행하는 것이라고도 했다. 정부가 국공채를 발행하면 이를 금융기관이나 각종 펀드에서 매입한다. 정부 입장에서는 필요한 자금을 별다른 조세 저항 없이 조달할 수 있어 좋다. 국공채에 투자하는 금융기관이나 펀드 입장에서도 비록 이자는 위험자산 투자수익률에 비해 낮지만 상당히 안전한 투자처로서 국공채가 안성맞춤이다. 그야말로 누이 좋고 매부 좋은 관계가 아닌가!

게다가 국민도 세금을 더 걷는 데에는 발끈하는 반응을 보이다가도 정부가 국공채를 발행하는 일에 대해서는 민감한 반응을 보이지 않는다. 국공채가 발행되더라도 피부에 와 닿는 부담이 없다고 느껴지기 때문이다. 하지만 과연 그럴까?

투자자가 국공채를 선호하는 이유는 정부(중앙정부 또는 지방자치단체)가 원금과 이자의 지급을 보장하기 때문이다. 그럼 만기가 되었을 때 정부는 어떤 돈으로 이 국공채의 원리금을 지급할까?

물론 정부는 이윤을 추구하는 사기업이 아니다. 다시 말해 열심히 물건을 팔아 돈을 벌어 원리금을 상환할 수 있는 구조가 아니라는 소리다. 그렇다면 방법은 두 가지뿐이다. 세금을 걷거나 다시 국공채를 발행해 조달된 돈으로 이를 상환하는 것이다. 두 번째 경우는 다음번 만기가 돌아와도 같은 방법으로 상환할 수밖에 없다. 따라서 상환이라기보다는 계속 연장하는 것에 지나지 않는다.

채권은 빚이라고 했다. 정부의 국공채 역시 빚이다. 다시 말해 정부가 발행하는 국공채는 국민의 세금으로 전부 갚지 않은 한 영원히 없어지지 않는 빚이다. 즉 정부가 재정정책을 위해 사용하는 돈은 결국 국민의 세금으로 해결해야 할 돈이다. 그러나 정부는 세금보다 국공채 발행이 더 쉽다. 세금을 더 걷겠다는 것은 지금 당장 국민에게 부담을 주는 일이지만, 국공채를 더 발행하겠다는 것은 미래의 국민에게 세금 부담을 주겠다는 의미이기 때문에 현재의 국민은 크게 반발을 하지 않는다. 더욱이 국공채는 만기가 5~10년 등 장기인 것이 대부분일뿐더러 이를 또 연장하면 그 만기가 더 길어지기 때문에 미래라고 하면 상당히 먼 미래를 의미한다. '지금 당장 나의 일이 아니다.' 이는 어찌 보면 상당히 이기적이 생각이다. 아무리 지구온난화를 떠들어도 그건 미래의 우리 후손들 문제이고 내가 살아 있는 동안에는 별 탈 없을 거라며 배기가스를 뿜어 대는 것과 다를 바 없는 행동이다. 이런 점에서 우리는 모두 현재의 공공복지를 위해 지나친 국공채 발행을 용인함으로써 후손들을 빚더미 속으로 몰아넣고 있는 이기주의자다. 이러한 내 생각이 지나친 억지일까?

그리고 문제가 하나 더 있다. 지나친 국공채 발행은 단순히 미래의 후손들에게 빚을 지우는 행위만이 아니라 부의 재분배에서도 일정 부분 문제를 만들어낸다. 예를 들어 정부가 공익사업을 벌이기 위해 10억 원이 필요하다고 해보자. 당장 세금을 10억 더 걷으려니 국민의 반발이 이만저만이 아니다. 따라서 만기 20년짜리 국채를 10억 원어치 발행해서 사업을 진행하기로 했다. 국채는 이자를 줘야 한다.

단순히 계산해서 연 2%로 만기 20년 동안 총 4억 원의 이자를 지급한다고 가정해 보자. 결과적으로 정부는 20년 후 우리 후손들로부터 14억 원의 세금을 걷어 이 국채를 갚아야 한다(여기서 설명의 편의상 화폐의 시간 가치는 고려하지 않았다). 그런데 이 국채를 과연 누가 매입할까? 20년 후 우리 후손들로부터 걷은 세금 14억 원은 과연 누구에게 갚아줘야 할까? 바로 발행 당시 여윳돈을 가지고 있어 국채에 투자했던 사람들(금융기관, 펀드, 법인, 개인 등)에게 갚아줘야 한다. 다시 말해 현재 세금을 걷었더라면

10억 원이면 되었을 텐데 추가로 4억 원이나 되는 돈의 사용료를 국민 혈세로 더 걷어 이들에게 갖다 바쳐야 한다는 결론이 나온다. 그러나 정부는 이처럼 다소 모순적인 구조에도 아랑곳하지 않고 국공채를 발행해 국민에게 선심성 공익사업을 한다. 국민도 이를 은근히 바란다. 이렇듯 정부와 국민이 죽이 맞아 꽃놀이하는 것이다. 어차피 20년, 30년 후는 먼 미래의 문제이며 그때는 내가 정권을 잡고 있을 때도 아니고 내가 유권자도 아니다. 그것보다는 지금 당장 한 표를 더 얻는 게 중요하니 유권자인 현재의 국민이 원하는 일을 해야 한다는 논리다. 세금은 줄이고 국공채를 많이 발행하는 이러한 행위가 결국 미래에 엄청난 부채국가로 전락할 수 있음을 애써 간과하면서 말이다.

사람들은 더 똑똑해졌다
: 리카도 이퀴밸런스Ricardian equivalence

그래도 과거에는 재정정책의 효과가 컸다. 1930년대 대공황 시절 미국 정부가 공공사업 지출을 확대하면서 돈을 돌게 만들어 경기를 살린 뉴딜정책이 대표적인 사례다. 하지만 거의 100년 전의 이야기다. 최근 들어서는 이러한 재정정책의 약발이 과거와 달리 잘 듣지 않는다는 것이 또 하나의 문제다. 그동안 사람들은 더 예민해졌고 더 똑똑해졌다. 따라서 정부가 적극적인 재정정책을 편다고 발표를 하면 '그 재원을 어떻게 할 거냐?'에 대해 사람들이 의아해하기 시작한 것이다. 정부가 발표한 대로 적극적인 재정정책을 펴게 된다면 이를 위해 엄청난 재원을 조달해야 한다. 물론 정부는 지금 당장은 조세저항 때문에 세금을 올려서 재원을 조달하지 않겠다고 할 것이다. 따라서 정부는 세금을 올리는 대신 채권을 발행하여 필요한 자금을 조달할 테니 걱정하지 말라고 사람들을 안심시킬 것이다. 하지만 사람들은 이를 믿지 않는다. 정부가 증세 대신에 채권을 발행하여 자금을 조달한다고 해도 결국 이를 갚기 위해 언젠가는 세금을 올릴 것으로 생각할 테니까 말이다.

결국, 사람들은 - 여기엔 가계뿐만 아니라 기업도 포함된다 - 장래에 늘어날 엄청난 세금에 대비하기 위해서라도 투자나 소비를 늘리지 않아 시장에 돈은 여전히 돌지 않는다는 것이다. 이러한 현상을 '리카도 이퀴밸런스 Ricardian equivalence'라고 한다. 마치 모르핀에 내성이 생기면 약발이 제대로 먹히지 않듯 정부의 재정정책도 과거보다 약발이 제대로 먹히지 않는 것이다. 경제 역시 심리적인 작용이기 때문이다. 따라서 정부가 미래에 대한 불안감을 해소하고 믿음을 주어야 한다. 지금 우리는 우리 경제의 미래에 대해 불안해하고 있는가? 정부가 이에 대한 믿음을 주고 있는가? 정부 재정정책의 성공 여부는 여기에 대한 답변에 달려 있다고 본다.

알짜배기
금리지식으로
경제를 읽다

지금 대한민국은 턱없이 오르는 전셋값에 지쳐있는 사람이 절반,
엄청난 대출을 끼고 마련한 집의 가격이 내려갈까 조마조마하고 있는 사람이 절반이다.
그리하여 사람들의 반은 집값이 내려가길 바라고 있고,
사람들의 반은 집값이 오르길 바라고 있다.

$ 물가가 너무 오를 때는 금리를 올려줘야 한다

여러분은 현재 농부다. 해마다 열심히 농사를 지었는데, 추수 때만 되면 마적馬賊 때들이 나타나 농작물을 싹쓸이해간다. 과연 여러분이라면 어떻게 하겠는가? 아마 더는 농사를 짓지 않을 것이다. 힘들여 남 좋은 일만 해줄 사람은 어디에도 없기 때문이다. 오히려 합리적(?)인 사람이라면 이참에 힘들게 농사를 짓느니 마적 때를 따라나설 수도 있다. 그게 더 먹고살기 편할 수도 있을 테니 말이다. 그럼 온 나라가 도둑들의 소굴로 변하고 나라의 생산성은 급격히 떨어질 것이다. 빈곤의 악순환만 거듭될 뿐이다. 따라서 정부는 마적 때와 같은 외부의 적들로부터 국민을 보호해야 한다.

이처럼 정부가 국민을 보호해야 하는 이유는 경제학적으로도 말이 된다. 다시 말해 국가의 경쟁력을 높이기 위해서는 각 경제주체의 생산성이 높아져야 할 것이며 생산성을 높이기 위해서는 각 경제주체의 사유재산을 강탈하려는 외부의 적으로부터 보호를 해줘 안심하고 생산에 전념할 수 있도록 해야 한다. 한마디로 정부가 적극적으로 나서야 하는 것이다.

물론 다행히도 지금 우리나라에는 마적 떼가 없다. 하지만 우리의 사유재산을 위협하는 외부의 적은 무수히 많다. 그중 하나가 바로 인플레이션Inflation이다. 비록 칼이나 총을 들고 우리를 위협하는 일은 없지만, 솔직히 그보다 더 무서운 기세로 우리를 괴롭힌다. 우리가 열심히 벌어들인 재산을 야금야금 알게 모르게 떼어먹으니 말이다. 원래 세상에서 제일 무서운 것이 알게 모르게 당하는 것 아니겠는가!

인플레이션, 우리말로는 '물가상승'이다. 물가란 '물건의 가격'이다. 따라서 인플레이션이란 물건 가격이 계속 오르는 것이다. 500원짜리 라면 하나를 사기 위해 온종일 일해서 500원을 벌었다고 치자. 그래서 기쁜 마음으로 마트에 갔더니 라면이 어느새 1,000원으로 올라 결국 라면을 살 수가 없다. 가을 추수 후 마적 떼들이 농작물을 싹쓸이해가는 것과 다를 바 없는 상황이다. 이런 상황에서 누가 열심히 일하겠는가? 그냥 훔쳐서 먹고 사는 게 편한데 말이다. 정부가 물가를 잡기 위해 그토록 애쓰는 이유가 여기에 있다. 물가가 안정되어야 각 경제주체는 미래에 대한 계획을 세우고 열심히 일할 수 있다. 열심히 일해야 생산성이 오르고 국가 경쟁력도 강해져 부강한 나라가 된다.

그럼 정부는 물가가 오르는 것을 어떻게 잡으려고 할까? 여러 가지 방법이 있겠지만, 그중 가장 대표적인 게 금리를 올리는 것이다. 비록 극단적인 사례였지만 그래도 앞의 라면 사례를 계속 활용해 보자. 물가상승(인플레이션)을 간단히 표현하면 500원짜리 라면 한 개가 다음 날

1,000원으로 오르는 현상이다. 그렇다면 여러분은 어떤 의사결정을 내리겠는가? 나는 가끔 강의할 때마다 이 질문을 청중들에게 던져보았다. 거의 매번 똑같은 답이 나왔다. 바로 '사재기'다. 그렇다. 대부분의 정상적인(2) 사람들이라면 한결같이 사재기하겠다고 한다. 왜냐하면, 내일이면 두 배의 값을 치러야 하는데, 사재기해서라도 미리 비축해야 하지 않겠는가? 라면을 당장 필요로 하는 사람뿐 아니라 라면을 전혀 먹지 않는 사람일지라도 오늘 개당 500원에 잔뜩 사놓았다가 내일 1,000원에 팔면 갑절을 먹는장사다. 사정이 이렇다 보니 누군들 가만히 있으랴. 이 경우 분명 사재기가 사람들을 이끄는 인센티브로 작용하는 것이다. 게다가 사재기한다는 소문이 돌면 라면 가격이 더 오를 가능성도 있다. 수요가 많으면 가격이 오르는 것이 인지상정이기 때문이다. 그럼 더욱더 라면 사재기가 기승을 부릴 것이고 나라는 혼란에 빠진다. 그야말로 초특급 인플레이션 사태가 발발하는 것이다.

자! 그럼 이런 절체절명의 상황에서 사람들은 가장 먼저 어디로 뛰어갈까? 할인마트? 아니면 가까운 편의점? 아니다. 은행으로 먼저 달려간다. 요즘에는 가용현금을 지갑이나 장롱에 보관하는 사람은 없다. 모두 은행에 예금해둔 상태다. 따라서 은행은 현금을 인출하려는 사람들로 북새통을 이룰 것이 불 보듯 뻔하다.

정부와 은행 입장에서는 이러한 사재기 광풍을 막으려 고심할 것이다. 사람들이 은행에서 예금을 인출하지 못하도록 해야 한다. 하지만 개인의 자산인 예금을 무조건 인출하지 못하게 강제할 수는 없다. 그럼 어떻게 해야 할까? 방법이 있다. 바로 금리(이자)를 올리는 것이다. 얼마만큼? 이론적으로 말하자면 500원당 500원의 이자를 더 주도록 올리면 된다.

물가 상승 → 금리 인상

은행 직원: 고객님, 예금인출을 왜 이리 서두르시는 거예요?

예금주: 참 답답한 양반이네. 내일이면 라면이 개당 500원에서 1,000원이 되는데 빨리 사재기를 해야 할 거 아니요. 은행에 돈 묵혀두면 내일 라면을 살 수 없단 말입니다. 빨리 제 돈 찾아주세요.

은행 직원: 고객님, 걱정하지 마세요. 오늘 한국은행에서 금리를 올려 하루 이자가 500원당 500원이 붙게 되었습니다. 그러니 내일 오시면 원금 500원에 이자가 500원이 붙어 1,000원을 찾아가실 수 있습니다.

예금주: 어, 정말요? 그럼 굳이 오늘 귀찮게 돈을 찾아 라면을 사재기할 필요가 없겠군요. 어차피 오늘 500원으로 라면 한 개를 사나 내일 1,000원으로 라면 한 개를 사나 마찬가지니까요.

결국, 금리를 올리면 사재기가 일어나지 않고 추가로 라면값이 오르지 않는다. 이처럼 계속되는 물가상승을 막기 위해서는 금리를 올리는 게 정석이다. 그러나 물가상승에도 불구하고 금리를 함부로 못 올리는 경우가 종종 있다.

2008년 초가 그랬다. 당시 한국은행은 계속되는 물가상승을 막기 위해 금리인상을 단행했다. 하지만 글로벌 금융위기가 본격적으로 우리 경제에 먹구름을 드리우자, 어쩔 수 없이 금리인하 정책을 실시한다. 같은 해 10월 8일부터 정책금리를 인하하기 시작해, 한 달 반 동안 무려

1.25%포인트를 떨어뜨렸다. 왜 그랬을까? 이는 당시 물가상승보다 더 문제가 되는 것이 가계대출 부실화와 극심한 유동성 부족 현상이라고 판단했기 때문이다. 그렇지 않아도 경기가 좋지 않은데 물가를 잡겠다고 금리를 올리면 대출금리 또한 올라가 가계의 부담이 증가한다. 매달 이자 내는 데 급급하여 소비를 줄이게 되면 내수시장이 얼어붙어 더욱 경기가 악화하는 것이다. 유동성 부족 또한 그렇다. 금리가 올라가면 이자부담으로 돈 필요한 사람들이 돈을 빌리기가 쉽지 않다. 즉 돈이 제대로 돌지 않아 유동성이 나빠진다. 누차 말하지만 돈은 경제에서 피와 같은 존재인데, 금리인상이 동맥경화를 일으키는 원인이 되기도 한다.

이렇듯 한국은행이 금리정책을 펼 때는 현 상황에서 '어떤 문제들이 더 심각한가, 어떤 문제들을 먼저 해결해야 하는가' 등의 우선순위를 정해놓고 그에 맞는 정책을 펴는 것이다. 물론 심각성이나 시급성을 따져가며 우선순위를 정하는 게 말처럼 쉽지는 않다. 게다가 미처 예상하지 못한 후유증이 생길 수도 있다.

$ 경기를 나타내는
세 가지 '~레이션'

인플레이션Inflation

우측의 사진을 보라. 짐바브웨의 한 상인이 1,000억 짐바브웨달러 지폐 위에 계란 3개를 올려놓고 있다. 짐바브웨에서는 계란 한 개에 350억 짐바브웨달러라고 한다. 2008년 들어 짐바브웨의 물가는 무려 '2,200,000%'까

출처: 〈아시아경제〉, 2008. 07. 31.

지 치솟았다. 인플레이션이 극에 달한 짐바브웨 경제를 단적으로 보여주는 사진이라 할 수 있다. 상황이 이 정도 되면 누구도 정상적인 경제생활을 할 수 없다. 월급을 얼마 받기로 하고 일을 해봤자. 막상 월급날이 되

었을 때 그 돈으로 빵 한 조각조차 사 먹기 힘들 수 있기 때문이다. 그나마 생기는 돈은 그때그때 써야 한다. 물가가 언제 얼마나 오를지 도저히 예측할 수 없기 때문이다. 따라서 은행에 저축한다는 것은 그야말로 자살 행위나 다름없다.

그럼 인플레이션, 즉 물가상승은 이렇듯 무조건 우리 경제에 재앙일까? 그렇지는 않다. 경기가 호황일 때 자연스레 발생하는 일정 수준의 인플레이션은 나쁘다고 할 수 없다. 경기가 좋아지면 사람들의 주머니 사정이 넉넉해져 소비가 늘게 된다.

이렇듯 수요가 늘어나면 수요·공급 법칙에 의해 물가는 오르게 마련이다. 그럼 기업은 실적이 좋아지고 직원들의 보너스도 늘게 된다. 아울러 사람들의 소비에 부응하기 위해 기업은 생산을 늘리려 할 것이다. 즉 공장을 증설하고 사람들을 더 많이 채용한다. 이래저래 사람들의 주머니는 더욱더 두둑해지고 다시 소비가 늘고 이러한 수요가 다시 물가상승을 유발한다. 그야말로 누이 좋고 매부 좋은 선순환의 연속이다.

그러나 인플레이션이 경기 호황기에만 생기는 게 아니라는 게 문제다. 우선 기름값 등 원자재 가격이 폭등하여 생기는 인플레이션을 들 수 있다. 경기는 좋지 않은데도 불구하고 원자재 가격이 가파르게 오르면 기업은 버티다 못해 물건의 가격을 올릴 수밖에 없다. 하지만 좋지 않은 경기로 사람들의 주머니는 비어 있어 오른 가격의 물건을 사기란 더더욱 어렵게 된다. 따라서 소비는 줄고 기업의 실적은 더욱 나빠진다. 설상가상으로 실적이 나빠진 기업들은 고용을 줄일 것이고, 그럼 사람들의 소비는 더욱더 꽁꽁 얼어붙는다. 정부가 물가안정 대책을 한시바삐 세우지 않으면 안 될 상황이 되는 것이다.

둘째로는 시중에 돈을 너무 많이 풀 때에도 인플레이션에 허덕이게 된다. 돈이 흔해지면 돈의 가치가 떨어지고 그럼 반대로 물건 가격은 올라간다. 제1차 세계대전 후 패전국이 된 독일이 대표적인 예다. 당시 독일정부는 어마어마한 전쟁보상금을 갚기 위해서 화폐 발행을 남발했다. 그 정도가 심하다 보니 물가가 치솟아 빵 한 덩어리를 사기 위해 수레 가득 돈을 실어야 할 지경에 이르렀다고 한다. 이러한 경제 불안이 제2차 세계대전의 시발이 되었다고 보는 견해가 지배적이다. 위의 짐바브웨 사례도 예외는 아닐 것이다.

인플레이션을 잠재우기 위해서는 기본적으로 금리를 올리고 통화량을 줄이는 긴축정책을 써야 한다. 시중에 돈이 줄어야 돈 가치가 올라가고, 상대적으로 물가가 내려가기 때문이다. 하지만 시중에 돈이 줄면 경기침체가 일어날 수 있다. 따라서 그 수위를 조절하는 데 신중을 기해야 한다.

디플레이션Deflation

디플레이션Deflation이란 물가가 지속해서 하락하는 현상이다. "뭐? 물가가 계속 하락하는 거라고? 그럼 2,000만 원짜리 자동차를 500만 원에 살 수 있다는 건가? 이렇게 좋은 게 또 어디 있어!" 그렇다. 얼핏 들으면 이것만큼 좋은 것은 없어 보인다. 그러나 현실은 그렇지 않다. 디플레이션은 단순히 인플레이션(물가상승)과 반대되는 개념이 아니기 때문이다. 이는 경기침체에 더해 불황까지 더해져 생기는 물가하락을 말한다.

경기가 좋지 않으면 사람들의 호주머니가 얇아지고 저마다 허리띠를 동여맨다. 그렇게 되면 기업에는 재고가 산더미처럼 쌓이고 어쩔 수 없이 물건 가격을 낮추게 된다. 간혹 볼 수 있는 왜 창고 대방출 같은 것 있지 않은가! 물론 가격을 낮춘다고 해서 수요가 급격히 늘지는 않는다. 따라서 기업의 적자는 더욱 커지고 이를 해결하기 위해 인력감원에 나설 것이다. 이에 사람들은 더욱더 불안해 소비를 더욱 줄이고 그 영향으로 물건 가격이 더 내려가는 악순환이 일어난다. 이것이 바로 디플레이션이다.

대표적인 예를 이웃 나라 일본에서 찾아볼 수 있다. 1980년대 말 버블 붕괴 후 이른바 '잃어버린 10년'으로 1990년대를 보낸 일본은 그 이후에도 계속해서 전형적인 디플레이션을 겪게 된다. 지속적인 경기침체와 반 토막 난 자산, 그리고 쌓이는 재고와 대량 실업이 일본의 경제를 짓누른 것이다. 문제를 해결하기 위해서는 시중에 돈이 돌아야 한다. 그래야 경기가 활성화되고 무엇보다 돈 가치가 떨어지면서 물가는 올라가게 된다. 따라서 일본정부는 통화량을 풀고 지속적인 금리인하 정책을 사용했다. 하지만 시장에는 여전히 돈이 돌지 않고 사람들은 더욱더 허리띠를 졸라매었다. 급기야 제로금리 정책 선언까지 했음에도 불구하고 시중에 돈이 돌거나 소비가 활성화되지 않았다. 이렇듯 아무리 돈을 풀어도 돈이 돌지 않는 것을 '유동성 함정 liquidity trap'에 빠졌다고 한다. 미래의 암울한 전망과 얼어붙은 투자심리로 이른바 '돈맥경화' 현상이 일어난 것이다.

최근 들어 우리나라도 디플레이션 상태로 진입한 게 아니냐는 우려가 여기저기서 나온다. 이에 대해서는 뒤에서 좀 더 이야기해 보겠다.

참고로 향후 한 나라 경제에 인플레이션이 나타날지 아니면 디플레이션이 나타날지를 가늠해 볼 수 있는 지표가 있다. 바로 'GDP갭률gap 率'이다. GDPGross Domestic Product란 잘 알고 있다시피 국내총생산을 말한다. 그런데 GDP는 다시 두 개로 나눠볼 수 있다. 하나는 실제 산출된 GDP다. 이를 '실질GDP'라고 한다. 나머지 하나가 '잠재GDP'다. 이것은 한 나라에 존재하는 노동과 자본 등 모든 생산요소를 정상적으로 고용했다고 가정할 경우 달성할 수 있는 GDP로 이론적인 개념이다. 'GDP갭률'이란 실질GDP와 잠재GDP의 차이를 비율로 나타낸 것으로 계산식은 다음과 같다.

$$GDP갭률 = (실질GDP - 잠재GDP)/잠재GDP \times 100$$

여기서 GDP갭률이 플러스(+)이면 그 경제에 인플레이션 압력이 존재한다는 것이며, 마이너스(-)이면 반대로 디플레이션 압력이 존재한다는 것을 의미한다. 즉 모든 생산요소를 다 들이부어 생산할 수 있는 이론적GDP(잠재GDP)보다 실제로 실현한 GDP(실질GDP)가 더 크다면 이는 물가상승을 초래할 가능성이 크다. 반면에 실제로 실현한 GDP가 더 작다면 이는 물가하락을 동반한 경기침체가 일어날 가능성이 크다는 것이다.

스태그플레이션Stagflation

설상가상雪上加霜이란 말이 있다. 이 말이 그대로 적용되는 것이 바로 '스태그플레이션Stagflation'이다. 경기불황Stagnation과 물가상승Inflation 의 합성어다. 다름 아닌 '저성장+고물가'의 늪에 빠진 경제 상황을 말한다. 경기는 불황인데 물가는 계속 오른다는 의미다. 척 봐도 갑갑하기 짝이 없다.

스태그플레이션이란 말이 우리 주변에서 가장 빈번하게 등장했을 때가 바로 2008년 중순이었다. 당시 경기를 나타내는 숫자를 보면 '과연, 그렇구나!'라는 말이 나올 만하다. 삼성경제연구소의 〈스태그플레이션 진단과 정책대응〉이라는 자료를 보면, 2008년 1/4분기 실질 경제성장률은 소비부진과 투자위축 등으로 0.8%였다. 이는 4년 만의 최대 낙폭을 기록한 것이다. 반면 고유가 등으로 인해 2008년 6월 소비자물가지수는 5.5%로 당시 한국은행의 물가안정 목표인 2.5~3.5%를 크게 벗어난 상황이었다. 참고로 소비자물가지수가 5%대 이상 상승한 것은 7년 만에 처음 있는 일이었다.

저성장(실질경제성장률 4년 만에 최대 낙폭) **+ 고물가**(소비자물가지수 7년 만에 최고치)

스태그플레이션이 나타나면 경제에 미치는 충격이 엄청나다. 극심한 경기침체로 원가부담이 늘어나 기업의 수익성은 떨어지고 부도율이 증가하며, 고용 사정은 악화되어 총체적인 경제난에 허덕이게 된다. 여기다 물가까지 치솟으니 경제주체 입장에선 그야말로 엎친 데 덮친 격이

■ 2008년 1/4분기 이후 주요 나라별 경제성장률과 물가상승률

구분	실질 경제성장률(전기비 연율)			소비자물가상승률(전년동기비)		
	2007년 4분기	2008년 1분기	변동폭	2008년 1분기	2008년 2분기	변동폭
한국	6.6	3.2	−3.4	3.8	4.8	1.0
미국	0.9	1.0	0.1	4.1	4.4	0.3
유로	1.2	3.2	2.0	3.4	3.7	0.3
일본	1.2	3.3	2.1	1.0	1.1	0.1

주: 1) 경제성장률은 국가 간 비교를 위해 전기 대비 경제성장률(계절조정)을 연율로 환산   (단위: %)
　　2) 변동폭은 경제성장률 및 소비자물가상승률의 전 분기 대비 변화분
출처: 한국은행, 일본은행, FRB 및 ECB의 각 경제통계DB / 〈CEO Information〉, 664호, 삼성경제연구소 재인용

다. 이러한 스태그플레이션은 유가 상승 등 원자재 가격의 급격한 상승으로 일어나는 경우가 많다. 원자재 가격이 올라가면 생산비용이 증가하고 물건 가격이 올라갈 수밖에 없다. 하지만 이렇게 오른 물건 가격(물가)은 결코 경제에 플러스 요인이 되지 못한다. 소비가 줄고 경기는 불황으로 치닫는다. 이는 과거 1970년대 두 차례나 겪었던 오일쇼크를 보면 잘 알 수 있다.

　스태그플레이션을 해결하기 위한 정책을 펴기란 결코 쉬운 일이 아니다. 경기침체를 막기 위해 금리를 인하해서 경기부양책을 쓰면 물가가 불안해지고 물가를 잡기 위해 금리를 인상하고 긴축정책을 쓰면 경기가 급속히 얼어붙기 때문에 어떤 쪽으로 더 비중을 두어 정책을 펼지 난감하기 이를 데 없다. 이는 마치 한여름에 감기 걸린 것이나 마찬가지 형국이다. 감기란 모름지기 따뜻한 음식을 먹고 이불을 푹 덮어쓰고 땀을 쫙

흘려야 낫는다. 하지만 무더운 여름날 더운 음식을 먹고 이불을 덮어쓰는 것 자체가 고역이 아닌가! 그만큼 다스리기가 어렵다는 말이다. 다만, 장기적으로는 생산성 향상이나 기술혁신 등을 통해 공급능력을 확대해서 물가상승 요인을 완화할 수 있도록 하는 것이 최선의 대응이라 할 수 있다. 아울러 단기적으로는 정부가 물가안정에 대한 강한 의지를 표명함으로써 인플레이션 기대심리를 잠재우도록 하는 것 역시 필요하다. 참! 말은 쉽지만 그리 만만한 것은 아닌 듯싶다.

GDP = '소득 in 영토', GNP = '소득 of 국민'

'국내총생산GDP: Gross Domestic Product'이란 한 나라의 영토 안에서 모든 경제 주체가 일정 기간 생산 활동에 참여해서 만들어낸 부가가치 또는 최종 생산물의 합계를 의미한다. 여기서 모든 경제주체란 내국인, 외국인을 막론한 가계, 기업, 정부 모두를 일컫는 것이다. GDP는 국민소득을 나타내는 가장 대표적인 지표다. "아니 총생산이라 해놓고 왜 소득을 나타내는 지표라고 하는가?" 모름지기 생산을 통해 만들어진 부가가치(생산물)는 돈으로 환산할 수 있다. 그리고 이 돈은 결국 생산 활동에 참여한 사람들이 가져가는 소득이다. 따라서 경제학에서는 '생산=소득'이라고 본다. 다시 말해 GDP란 한 나라의 영토 안에 사는 모든 사람의 소득 총합을 나타내는 것이다. 당연히 소득이 높으면 잘 사는 나라이므로 국가의 경제력을 나타내는 주요한 지표로 사용된다. 사실 예전에는 GDP보다 '국민총생산GNP: Gross National Product'이란 지표가 자주 사용되었다. 이는 한 나라의 영토가 아니라 해당 나라의 국민이 일정 기간 생산 활동에 참여하여 만들어낸 부가가치의 합계를 나타내는 지표다. 여기서 차이점은 GDP가 '영토'를 기준으로 한 것에 비해 GNP는 '국민'을 기준으로 했다는 것이다. 예를 들어 우리나라에 들어와 일하고 있는 동남아 근로자들이 벌어들인 소득은 '우리나라 안'에서 발생한 소득이므로 GDP에는 포함되지만, 동남아 근로자는 '우리나라 국민'이 아니므로 GNP에는 포함되지 않는다. 1980년대까지는 한나라의 국민소득을 나타내는 지표로 GNP를 자주 사용했다. 하지만 글로벌 기업이 늘면서 GNP는 이제 그 나라의 경제 상황을 제대로 나타내기 힘들게 되었다. 왜냐하면 중국처럼 글로벌 기업들이 현지 생산을 많이 하게 됨으로써 외국인의 영토 내 생산을 무시하면 그 나라의 경제 상황을 제대로 나타내기가 힘들기 때문이다. 따라서 1990년 중반부터는 GDP를 대표적인 국민소득 지표로 사용하고 있다.

- **명목GDP** Nominal GDP: 물가상승까지 포함하여 계산된 GDP다. 예를 들어 주택가격이 상승하면 명목GDP도 그만큼 상승하는 것이다.
- **실질GDP** Real GDP: 물가변동 효과를 제거한 GDP다. 명목GDP는 우리의 살림살이가 좀 더 나아졌다는 걸 정확하게 나타내주지는 못한다. 왜냐하면 명목GDP가 5% 상승했더라도 그 안에 물가상승률이 5%라고 한다면 경제주체의 구매력은 변한 게 없을 테니 말이다. 따라서 물가변동 효과를 제거한 실질GDP가 더 중요한 개념이다.
- **잠재GDP** Potential GDP: 한 나라에 존재하는 노동과 자본 등의 모든 생산 요소를 정상적을 고용할 경우 달성할 수 있는 GDP로 이론적 개념이다. 'GDP갭률'을 구할 때 사용된다.

물론, 최근 들어 GDP 역시 국민소득의 절대적인 지표로 사용할만한가에 대해 도전을 받고 있다. GDP는 생산물의 총합을 의미하므로 국민소득의 질quality에 대해서는 별다른 설명을 해주지 못하기 때문이다. 한 국가의 GDP가 높아도 그 소득이 특정 계층에 편중되어 있다거나 한다면 그게 한 나라의 국민소득 수준을 정확하게 설명해줄 수 없다는 견해가 늘어나고 있다.

한국 디플레이션일까?
아닐까?

앞서 나는 디플레이션에 대해 좀 더 이야기해보자 했다. 일본은 그렇다 치고, 과연 우리나라도 디플레이션 상황일까? 아닐까? 2014년 12월 11일 금융통화위원회에서 기준금리 동결을 결정한 직후 한국은행 총재는 "우리나라가 디플레이션 상황이라는 우려는 지나치다. 다만 저성장, 저물가 고착화에 대한 걱정은 이해하고 있다"라고 말했다. 하지만 이에 앞서 8~9월 사이, 경제부총리 겸 기획재정부 장관이 "우리 경제가 디플레이션 초기 단계에 와있다"라는 발언을 했다가, 한 달여 만에 "아니다, '디스인플레이션'에 해당한다"라고 번복 발언을 했다. 당연히 이에 대해 당시 시장에서는 설왕설래가 많았던 것으로 기억한다. 지금도 우리나라 경제가 디플레이션 상황이냐 아니면 인플레이션이 약해진 상태인 '디스인플레이션' 상황이냐, 또한 디플레이션이라면 이게 우려할 수준이냐 아니냐는 논쟁은 계속되고 있다. 여기에는 경제라는 게 결국은 심리적인 것인데 정부가 저금리 정책을 유지하기 위해 저물가 현상을 자주 언급하다 보니 오히려 디플레이션의 공포가 조장되어 경제의 활력을 더욱 떨어뜨리는 것 아니냐는 우려의 목소리도 섞여 있다. 그럼 우리나라의 디플레이션 여부에 대해 갑론을박하기 이전에 디플레이션의 대명사(?)인 일본의 경우는 과거 어떠했는지 알아보자.

1980년대까지 승승장구하던 일본경제는 90년대 초부터 부동산 거품붕괴를 시작으로 불황의 나락으로 떨어진다. 물론 사람들은 '이것은 일시적인 현상이다. 거품이 붕괴하고 나면 다시 기회가 찾아온다. 정점이 너무 높았기에 골도 깊을 뿐 이내 바닥을 치고 다시 경기는 상승할 것이다.'라고 스스로 위안을 했다.

하지만 사람들의 위안에도 불구하고 불황은 그 후로도 잔인하게 계속되었다. 1997년부터만 보더라도, 2011년까지인 15년간 일본의 명목 GDP는 11% 감소하였으며, 토지의 지가는 45%, 주식시장 시가총액은 10% 감소하는 등 디플레이션의 실상은 실로 비참했다. 아울러 디플레이션의 영향으로 그 기간 일본의 평균급여도 약 12% 감소했으며, 영업실적 악화로 파산한 기업의 비율도 3.2%에서 6.2%로 약 2배나 증가했다.

그런데도, 일본정부가 처음으로 디플레이션 조짐을 인정한 것은 2001년 3월이었고, 아울러 본격적인 디플레이션 상태를 선언한 것은 그로부터 무려 8년이나 지난 2009년 11월이었다고 한다(유로저널 2012.4.4.일 자 기사참고). 다시 말해 일본에서도 디플레이션의 논쟁에 대해 갑론을박이 있었고, 그 와중에도 디플레이션은 꾸준히 진행되었다. 둑이 터지고 나서야 물이 새고 있었다는 걸 인정한 셈이다.

물론, 우리가 일본과 똑같은 전철을 반드시 밟는다는 이야기는 아니다. 다만, 일본은 시장에서는 디플레이션이다, 정부는 아니다 하며 갑론을박만 하다 정작 구조적인 문제를 해결하지 못한 채 디플레이션의 늪에 빠졌다는 것이다.

우리도 이를 경계해야 한다. 우리나라 경제는 2%대 경제성장률에 0%대 물가상승률이 굳어지는 분위기다. 특히 2016년 들어 정부는 소비자물가가 1.5% 수준이 될 것으로 예상했지만, 연초 본격화된 저유가 기조로 1월 소비자물 상승률도 0.8%에 그쳤다. 저성장과 물가하락 그야말로 디플레이션의 전형적인 모습이 아니던가!

■ 소비자물가 상승률　　　　　　　　　　　　　　　(단위: 전년비, 전년동월비, %)

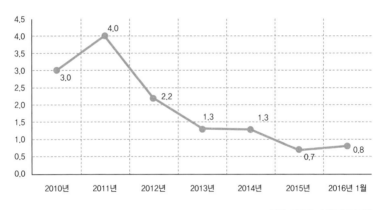

출처: 통계청, 소비자물가지수

따라서 '디플레이션이다, 아니다'하는 갑론을박에만 빠져있을 때가 아니란 것이다. 정부 차원에서 선제 대응이 필요하다. 디플레이션이란 자산가격이 내려가고 반대로 돈의 가격은 오르는 현상이다. 따라서 통상 디플레이션을 해결하기 위해서는 금리를 낮추고 시중에 돈을 풀어 돈의 가격을 내리면 될 듯싶다. 하지만 지난 몇 년 동안 정부가 계속해서 저금리 정책을 쓰고 있는데도 불구하고 소비자물가지수는 계속 하락하고 있다.

나의 개인적인 생각으로는 작금의 디플레이션 분위기는 돈을 푸는 것으로는 해결되지 않을 듯싶다. 지금껏 돈을 풀었지만, 시장에는 돈이 돌고 있지 않다. 사람들은 소비하지 않고 기업들은 투자하지 않는다. 정부가 재정적자 상태에 놓여있고 가계 빚이 1천200조에 달하는 상황에서 기업이나 가계나 미래가 불안한데 투자를 하고 소비를 하겠는가? 오히려 더욱더 지갑을 꽁꽁 닫지 않겠는가? 그렇다. 사람들이 심리적으로 위축되어 있는데 총 통화량이 늘어봤자 무슨 소용이란 말인가!

앞으로도 금리를 낮추고 돈을 풀면 풀수록 사람들은 불안해서 돈을 쓰지 않고 꽁꽁 쟁여둘 거라 생각된다. 이른바 '양적완화의 역습'이다. 현재 우리나라 경제의 이러한 상황을 무시하고 금리를 낮추고 돈을 푼다는 전통적인 경제정책을 고수하는 한 우리도 디플레이션의 늪에 더욱 깊게 빠질 수도 있음을 명심했으면 한다.

그럼 문제를 해결할 수 있을까? 그 실마리 중 하나가 구매력이다. 사람들의 주머니가 두둑해져서 물건을 살 수 있는 힘, 즉 구매력이 생기도록 만들어주어야 불안도 사라지고 소비도 늘어나게 된다. 예를 들면 주거비용과 교육비용을 줄여주는 정부의 정책 같은 것 말이다. 전셋값과 학원비로 매몰되는 비용부담만 조금 들어주더라도 서민들의 구매력은 상당 부분 회복되지 않겠는가! 정부는 무작정 통화량을 늘릴 게 아니라 서민들의 구매력을 늘리는 방안에 초점을 맞추었으면 한다.

$ 환율을 올리려면 금리를 내리면 된다

　　2016년 새해 벽두부터 세계경제는 환율전쟁으로 몸살을 앓고 있다. 전 세계가 너도나도 환율을 올리려고 온갖 노력을 다하고 있기 때문이다. 환율인상이란 자국 화폐의 평가절하, 즉 자기 나라 돈의 가치를 떨어뜨리는 것이다. 뭐든 가치가 떨어지는 것은 좋지 않을듯싶은데, 왜 최근 들어 세계 각국은 자국 화폐의 가치를 떨어뜨리지 못해 안달할까? 요점만 말하자면, 환율이 올라가면 자국 상품의 가격경쟁력이 생겨 수출이 잘된다. 따라서 기업의 수익성이 증대되어 경기침체에서 벗어날 수 있다. 또한, 환율이 올라가면 수입 물가가 덩달아 올라간다. 최근 들어 물가하락, 즉 디플레이션의 우려로 골머리를 앓고 있는 나라들 입장에서는 수입 물가가 올라가면 자연스레 물가하락 기조에서 벗어날 수 있게 된다. 그럼 환율을 올리려면 어떤 방법을 써야 할까? 한 가지 좋은 방법이 있긴 있다. 바로 금리를 내리는 것이다.

금리 인상 → 환율 하락

금리 인하 → 환율 상승

위에 표시한 관계에서 볼 수 있듯이 금리를 인상하면 환율이 하락하게 되고, 반대로 금리를 인하하면 환율이 상승하게 된다. 따라서 세계 각국이 환율을 상승시키려는 환율전쟁을 할 때는 금리를 내리면 되는 것이다. 그럼 왜 그런 관계가 성립하는지 한번 알아보자.

우선, 환율은 언제나 미국 돈 1달러를 기준으로 한 상대적인 개념임을 염두에 두자. 즉 '미국 돈 1달러를 우리나라 돈 얼마와 바꿀 수 있는가?'가 바로 환율이다. 원·달러 환율이 1,000원이면 미국 돈 1달러를 우리나라 돈 1,000원에 바꿀 수 있다는 의미다. 따라서 환율이 올라 1,200원이 되었다면 1달러를 우리 돈 1,200원을 줘야 바꿀 수 있다는 얘기다.

이 시점에서 우리는 몇 가지 개념을 정리해 볼 필요가 있다. '환율이 올랐다'는 것은 '우리나라 돈 가치가 떨어졌다'는 것인데, 이를 '원화 평가절하'라고 한다. 과거에는 1달러를 1,000원에 바꿀 수 있었는데 이제는 1,200원씩이나 줘야 바꿀 수 있으니까 그만큼 우리 돈의 가치가 떨어진 것이다. 반대로 환율이 하락한다는 것은 우리나라 돈의 가치가 올랐음을 의미하고 이를 '원화 평가절상'이라고 한다.

환율인상 = 원화 평가절하(우리 돈의 가치가 떨어짐)

환율인하 = 원화 평가절상(우리 돈의 가치가 올라감)

자! 그럼 이제 본격적으로 '금리와 환율의 관계'에 대해 알아보자. 예컨대 미국과 한국의 금리가 연 5%로 같았는데, 갑자기 한국의 금리가 연 30%로 올랐다고 치자.

'어라? 미국에서 5%로 돈을 빌려 한국에 가서 30%짜리 예금을 하면 바로 25%의 이자 차익을 먹을 수 있겠네.'

요즘처럼 글로벌화 시대에 이런 사실을 사람들이 모를 리 없다. 모두 이렇게 생각할 것이 분명하다(여기서 설명의 편의상, 예대금리의 차이나 자본 이동에 따르는 각종 비용은 고려하지 않았음을 밝힌다). 그리하여 사람들은 미국에서 달러를 한 보따리씩 빌려 예금을 하러 한국으로 몰려든다. 이렇게 몰려든 사람들은 한국의 은행창구로 가서 달러 뭉치를 풀어댄다. 그럼 한국의 은행창구 직원이 맨 먼저 무슨 말을 꺼낼까? 그것은 다름 아닌, "고객님, 번호표부터 뽑아오세요!" 아무리 급해도 질서는 지켜야 하는 법, 사람들은 번호표를 뽑아 자신의 차례를 기다린다. 이제 자신의 차례가 되었다. 그런데 은행창구 직원은 예금을 받아주지 않고 대신 이런 말을 한다.

"고객님, 우리나라 은행에서는 달러를 안 받습니다. 예금하시려면 한국 돈으로 바꿔오세요."

하는 수 없이 사람들은 달러 뭉치를 주섬주섬 챙겨 다시 어디론가 향한다. 어디겠는가? 다름 아닌 '외환시장'이다. 그곳에 가서 달러를 원화로 바꾸려 할 것이다. 외환시장에 가보니 사람들이 북적거린다. 다들 미국에서 달러를 빌려 한국에 예금하기 위해 원화로 바꾸려는 사람들이다. 가만히 앉아 25%의 이자 차익을 먹으려는 사람이 어디 한두 명이겠는가? 자! 너도나도 달러를 원화로 바꾼다. 이처럼 달러를 원화로 바꾼다는 것은 달리 말해 달러를 팔고 원화를 매수한다는 것이다. 그런데 매수세가 많아지면 가치(가격)가 오르게 되어 있다. 주식시장을 봐도 그렇지 않은가? 돈이라고 다를 바 없다. 수요·공급의 법칙은 여기서도 성립한다. 따라서 자연스레 원화의 가치(가격)가 올라가고 달러의 가치(가격)는 떨어진다.

그럼 잠시 앞서 개념 정리한 것을 다시 끄집어내 보자. 원화의 가치가 올라가는 것, 즉 '원화 평가절상'이 바로 '원·달러 환율하락'이라고 했다. 헷갈리는가? 그럼 아래에 정리한 박스의 내용을 한 번 살펴보기 바란다. 이처럼 사람들이 한국의 금리상승으로 돈을 벌기 위해 외환시장에서 달러를 원화로 바꾸려고 우르르 몰린 결과 원화의 평가절상이 일어나고 이것이 환율이 떨어지는 요인이 되는 것이다. 결과적으로 '금리가 올라가면 환율이 떨어지는 것'이다. 물론 금리가 내려가면 방금 설명한 상황과 반대 현상이 일어나 이번에는 환율이 올라가게 된다.

화살표 이미지로 기억하자!

되도록 독자들이 알기 쉽게 '물가와 금리', '금리와 환율'의 관계를 설명하려 했다. 따라서 이제부터는 경제뉴스를 접하거나 경제에 관한 대화를 나눌 때 한결 수월할 것이다. 하지만 내 경험상 비록 이들 변수의 움직임을 충분히 이해했음에도 불구하고 어떤 상황이 닥치면 즉각적인 반응이 나오기가 쉽지 않다. 머릿속으로 '이렇게, 이렇게 되어 금리가 이렇게 되면 환율도 이렇게 되는구나'하며 머리를 두세 바퀴 돌려야 하고, 그러다 보면 이미 뉴스는 지나가 버리고 경제에 관한 대화도 다른 방향으로 가버린 뒤다. 쉽게 말해 버스 지나가고 손 드는 경우가 종종 있다.

따라서 이 책의 설명대로 인과관계를 이해했다손 치더라도 매번 그렇게 인과관계를 따지기보다는 화살표 이미지를 기억해 두는 게 훨씬 수월하다. 아래 그림처럼 '물가-금리는 같은 방향 화살표' 그리고 '금리-환율은 반대 방향 화살표'하는 식으로 이미지를 기억하자. 그럼 누가 뭐라고 묻더라도 순발력 있게 대답할 수 있다. 물론 TV에 나오는 경제뉴스도 쉽게 이해할 수 있다.

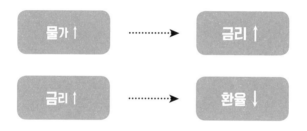

$ 환율이 오르는 게 좋을까?
내리는 게 좋을까?

　　이왕 내친김에 환율의 변동이 우리 경제와 실생활에 어떤 영향을 미치는지도 알아보자. 앞에서도 말했듯이 환율이 오르면 수출은 호황이다. 그도 그럴 것이 환율이 1,000원에서 1,200원으로 바뀌면 과거 1달러짜리 물건을 수출해 1,000원을 벌던 수출업체가 같은 물건을 팔아서 1,200원을 벌 수 있다. 가격을 85센트로 깎아도 1,020원을 벌 수 있다. 같은 물건을 싼 가격에 팔고 그래도 버는 돈이 많아지는데 수출이 안 될 리 없다. 반면, 수입업자는 힘들어진다. 무역은 싫든 좋든 대부분 달러로 결제한다. 과거에는 1달러짜리 물건을 수입하기 위해 1,000원으로 1달러를 바꿀 수 있었는데 이제는 1,200원으로 올랐다. 당연히 원가도 그만큼 오른다.

　　우리나라의 경우 내수보다는 수출로 먹고사는 나라다. 따라서 수출업체가 잘 되는 게 어찌 보면 더 좋을 수 있다. 그렇다면 환율이 올라야 한다. 그러나 여전히 세상은 말처럼 그리 간단하지 않다. 왜냐하면, 우리가 수입하는 물건들이 좀 많은가? 그중 석유나 철광석 같은 원자재나 정밀기계나 핵심부품들의 수입비율이 낮지 않다. 이것이 없으면 공장도 못 돌리고 수출품도 생산하지 못한다. 그런데 환율이 올라가면 이게 수입원가에 반영되어 가격이 올라가지 않을 수 없다. 따라서 우리나라처럼 자원의 대외의존도가 높은 나라는 환율인상이 오히려 부담스럽다.

이런 사실을 염두에 두고 질문을 해보겠다. '환율이 오르는 게 좋을까, 내리는 게 좋을까?' 우문愚問이 아닐 수 없다. 마치 '아빠가 좋으냐, 엄마가 좋으냐'와 비슷한 질문이다. 그럼 질문을 달리해 보자. '환율이 어떻게 변하는 게 우리에게 좋은가?' 정답은 한 방향으로만 계속 가지 않는 것. 완만하게 변하는 것. 예측할 수 있게 변하는 것. 따라서 그 변화에 미리 대비할 수 있도록 하는 것이 우리에게 좋은 것이다.

2008년 말, 당시에도 그것 때문에 엄청난 고생을 했다. 연초만 해도 대부분의 외환전문가, 금융기관, 기업들은 환율이 떨어질 것으로 예측했다. 그래서 모두 환율이 떨어지더라도 손해 안 보게끔 대비를 해두었다. 당시 대표적인 대비장치가 '키코KIKO'였다. 하지만 야속한 환율은 예측과 반대로 크게 올라버렸다. 그것도 엄청나게 빠른 속도로 말이다. 키코에 가입한 기업과 이 상품을 판매한 금융기관의 손실은 엄청났다.

물가와 금리도 예외는 아니다. 이 역시 오르는 게 좋다거나 내리는 게 좋다거나 하는 성질의 것이 아니다. 금리가 오르면 이자수익으로 생활하는 사람은 좋을지 몰라도 대출을 많이 받은 사람은 힘들다. 금리가 내리면 그 반대가 된다. 따라서 이처럼 좋은 측면과 나쁜 측면의 총합이 우리 경제 전체적으로 볼 때 플러스가 되는지 아니면 마이너스가 되는

지 아닌지는 경제 상황에 따라 다르게 마련이다. 다만 분명한 것은 이 역시 급격한 금리 변화를 미리 대비하지 못하면 치명적인 손실을 피할 수 없다는 것이다. 우리는 기억한다. 2006년 하반기 검단신도시 열풍으로 또 한 번 부동산 가격폭등이 일어났었다. 2000년 초반부터 불타기 시작한 부동산 열풍의 대미를 장식하는 마지막 폭등이었다고 해도 과언이 아니다. 그 당시엔 모두 집값이 계속 오를 것으로 생각했다. -참! 오해하지 마시길 바란다. 그렇다고 부동산 가격의 마지막 상승이라는 의미는 아니다. 자산가격이란 오르면 언젠가는 빠지고 또 빠지면 언젠가는 오르게 마련이다. 다만 검단신도시 열풍은 2000년대 상승시즌의 마지막 폭등이었다는 의미다 - 당시 사람들은 이번에 집을 장만하지 못하면 영원히 '내 집 마련'을 할 수 없을 거라는 불안감에 빠졌다. 그리고 너도나도 아파트시장으로 뛰어들었다. 부족한 돈은 무리해서라도 대출을 받았다. 당시 대부분의 은행 직원들은 이렇게 말했다.

"고객님, 앞으로 금리는 더 떨어질 것입니다. 전문가들도 다 그렇게 예측하고요. 그러니 고정금리 대출보다는 변동금리 대출이 더 유리할 것입니다."

이 말을 고스란히 믿은 사람들은 변동금리 주택담보대출을 받았다. 그러나 2006년 당시 은행에서 예측했던 것과는 반대로 2008년 글로벌 금융위기가 터지면서 금리는 오히려 올라버렸다. 이로 인해 당시 변동금리 대출을 받았던 사람들은 적지 않은 피해를 보았다.

금리로 조정할 수 있는 것들

　여기서 눈치가 빠른 독자라면 이미 파악했을 것이다. 환율과 금리, 물가와 금리가 결코 따로 노는 게 아니라는 사실을 말이다! 자, 환율이 오르면 수입원가가 높아지고 이게 물건 가격에도 반영된다. 그럼 물건 가격, 즉 물가가 올라간다. 즉 환율이 오르는 것은 물가상승의 요인이 된다.

　물가가 올라가면 금리를 올려서 물가를 잡는다. 어디까지? 이론적으로는 물가가 오른 만큼. - 라면값이 오른 만큼 이자를 준다는 사례를 기억하는가? - 게다가 금리가 오르면 어떻게 되나? 환율이 떨어진다. 얼마나? 금리 차이로 벌 수 있는 금액만큼. - 외환시장의 사례를 떠올려보라 - 따라서 금리정책으로 물가와 환율을 모두 통제할 수 있게 된다. 물론 기본적으로 그렇다는 것이다. 그러나 경제에는 고려해야 할 여러 변수가 있다. 따라서 금리를 무작정 올릴 수는 없다.

도쿄의 나비효과, 엔캐리 자금

2016년 1월에도 속을 썩였지만 2007년 초순에도 잘 나가던 상하이 증시가 갑작스레 폭락하면서 세계 증시에 큰 파장을 끼친 적이 있었다. 당시 우리나라 증시도 코스피지수 1,450선을 달리며 순항을 하다가 며칠 사이 100포인트 이상이 빠져버렸다. 그 당시에 시장에서는 이게 다 일본 때문이라는 말이 나왔었다. 아니, 상하이 증시가 폭락해서 세계 증시가 충격을 받았는데 애꿎은 일본 탓은 왜 했을까? 그야말로 종로에서 뺨 맞고 한강에서 화풀이하는 것 아닌가? 하지만 거기에는 다 이유가 있었다.

상하이 증시가 폭락한 가장 직접적인 이유가 바로 '엔캐리yen-carry 자금' 때문이라는 게 당시 증시 전문가들의 의견이었다. 그럼 엔캐리 자금이란 무엇인가? 이자가 싼 일본에서 빌려다 다른 나라의 수익률이 높은 사업이나 투자처에 투자하는 돈을 말한다. 참고로 이와 같은 행위를

'엔캐리 트레이드yen-carry trade'라고 한다. 일본의 금리는 다른 나라와는 비교도 안 될 만큼 낮다. 지금은 마이너스(-) 금리까지 갔지만 당시에도 금리는 연 0.25% 수준으로 엄청나게 낮았다. 따라서 일본으로부터 싼 이자로 돈을 빌려다가 중국이나 인도 등 이머징 마켓에 투자하려는 세력들이 많이 생겨났다. 비단 투자자들만이 그런 것은 아니다. 우리나라 기업도 설비자금을 마련하기 위해 자연스레 금리가 낮은 일본 엔화 자금을 많이 빌렸다. 일본 국민 역시 너무나도 낮은 자국의 금리에 환멸을 느꼈다.

일본에는 우스갯소리로 '전철을 타고 가야 하는 우체국에는 예금하지 말라'는 말이 있다. 일본사람들은 그나마 이자가 높고 안전하므로 우체국 예금을 많이 한다. 그런데 이것 역시 워낙 이자가 적어지다 보니 전철을 타고 왔다 갔다 하면서 예금을 하면 결국은 전철 비용이 이자보다 훨씬 많이 나온다는 데서 나온 그들의 자조 섞인 농담이다. 사정이 이렇다 보니 예금할 의욕이 생기지 않는다. 하지만 그들 역시 재테크에 대한 니즈needs는 있다. 그래서 적지 않은 일본사람들이 예금을 찾아서 해외 펀드에 투자했다. 이런저런 사연으로 인해 엔캐리 자금은 늘어만 갔다.

자! 여러분은 앞서 설명한 금리와 환율의 관계를 기억할 것이다. 여기서도 그 관계는 적용된다. 우선 낮은 금리를 활용하기 위해 일본에서 돈을 빌리면 일단 엔화로 돈을 빌리게 된다. 하지만 이를 가지고 외국에 투자하기 위해서는 우선은 달러 그리고 나서 각국의 통화로 바꿔야만 한다. 다시 말해 그동안 일본의 낮은 금리로 조달한 엔화들이 외환시장에 마구 쏟아진 것이다. 엔화를 팔고자 하는 사람들이 늘어나면 늘어날수록 엔화의 가치는 떨어질 수밖에 없다. 환율이든 물가든 계속 한 방향으로 가는 것은 불안한 일이다. 따라서 일본정부는 정책금리를 올려서 이러한 현상을 막고자 했다.

당시 신문을 보면 일본이 7개월 만에 또 금리인상을 했다는 기사가 있다. 2007년 2월 21일 자로 일본은행이 연 0.25%에서 0.5%로 기준금리를 올린 것이다. 물론, 이유는 이제 여러분도 다 알고 있듯이 엔캐리 자금으로 계속되는 엔화약세를 막아보겠다는 의도였다. 여기다 한술 더 떠서 추가적인 금리인상이 더 있을 것이라고 발표를 했다.

물론, 당시 엔캐리 자금의 상당 부분이 중국 등 이머징 마켓의 증시에 몰렸을 거라는 건 두말하면 잔소리다. 그런데 일본의 경기가 회복세를 보이고 금리 또한 인상하다 보니 엔캐리 자금을 이용해 중국 증시 등에 투자한 투자자들이 바짝 긴장한 것이다.

왜냐하면, 일본의 금리가 계속해서 인상되면 일본엔화의 가치를 상승시킬 것이고(일본금리상승→엔·달러 환율인하) 이는 나중에 빌린 엔화를 갚기 위해 마련해야 하는 달러나 자국통화의 금액이 늘어난다는 것을 의미하기 때문이다. 게다가 금리인상 자체만으로도 엔화 대출 이자가 올라갈 테니 엔캐리 자금을 빌린 투자자는 이중으로 부담되지 않을 수 없다. 특히 2007년 초에는 일본 경기가 확연한 회복세까지 보였다. 이 역시 엔화가치상승의 견인차 역할을 했다. 나라 경제가 부강해지면 그 나라 화폐가치도 따라 올라가게 마련이다.

사정이 이러하다 보니 엔캐리 자금을 빌려서 투자한 자금은 가급적 회수해서 갚는 게 더 이롭다는 판단을 했을 가능성이 크다. 2007년 초순 있었던 상하이 지수 폭락은 이러한 엔캐리 자금의 역전현상에 대비한 투자자금의 손절매 물량이 촉매작용을 했다고 보는 것이 일반적인 견해다. 실제로 2007년 2월 28일에만 국제 외환시장에서 달러와 비교한 엔화 가치는 2% 이상 상승했다. 그러니 당시 상하이 증시 급락의 원인을 일본에서 찾는다는 것도 틀린 말은 아닌 듯싶다.

'나비효과butterfly effect'란 말이 있다. 미국의 기상학자 에드워드 로렌츠E. Lorentz가 1961년 기상관측을 하다가 생각해낸 것으로 북경 나비의 자그마한 날갯짓이 뉴욕에서 토네이도를 발생시킬 수 있다는 것이다. 일본의 연 0.25%포인트의 금리인상은 일본 국민에게는 간에 기별도 안 가는 금리인상정책일 수도 있다. 하지만 어마어마한 자금을 엔캐리 자금으로 빌려서 투자하는 투자자들에게는 분명히 위협요인으로 작용했을 것이며 이 때문에 일어났던 상하이 증시 투매현상이 전반적인 불안심리를 자극해 세계증시가 폭락까지 이르게 된 것이다. 그러니 일본을 탓(?)할 만도 하다.

이처럼 세계경제가 점점 단일화하면서 기존의 금융현상들이 얽히고설켜서 더 많은 변수로 증폭이 되는 게 오늘날 금융시장의 추세다. 이제 제2, 제3의 나비효과가 미국에서 아니면 중국에서, 어디서 어떻게 발생할지 정말 예측하기 어려운 시대인 것이다.

07

기름값은 왜 계속 내려가고 있나?

국제유가가 계속 하락하고 있다. 2016년 1월 15일_(현지시간) 현재, 배럴당 30달러가 붕괴한 상태다. 2014년 배럴당 100달러대였던 것에 비하면 무려 70% 이상 빠졌다. 하지만 전문가들은 당분간 유가 하락은 지속할 것이라 보고 있어 더욱 문제다. 그런데 이렇듯 국제유가가 내려가는 것도 금융과 관계가 있다.

그럼 우선 국제유가가 왜 밑도 끝도 없이 내려가고 있는지에 대해 먼저 알아보자. 우선, 미국의 셰일가스 생산 증가가 원인이다. 셰일가스 증산에 자극받은 OPEC 국가들이 이에 맞서 점유율 경쟁을 하는 바람에 원유생산을 엄청나게 늘렸다. 공급이 늘어나면 가격이 내려가는 것은 기름이라고 예외는 아니다. 아울러 중국의 경기침체를 들 수 있다. 세계 최대 원유 수입국이었던 중국의 경기가 둔화하면서 원유 수요가 특히나 줄어들었으니 유가가 하락하는 것이다. 수요가 줄면 가격이 내려가는 것 역시 기름이라고 예외가 아니다. 마지막이 금융과 관계되는 것인데, 바로 미국의 금리인상을 들 수 있다. 여기서 잠시 의아해하는 독자가 있을 것 같다. 앞서 두 가지 이유는 원유의 수요와 공급에 직접 영향을 미치는 것이므로 이해하기가 비교적 간단하다. 그런데 금리인상이 유가와 무슨 상관이 있나 싶다. 생각해 보자. 금리는 돈의 가격(가치)이다. 미국이 금리를 올리면 미국 돈인 달러의 가격이 올라간다는 의미다. 다시 말해 1달러에 1,000원이면 살 수 있었던 미국 달러가 이제는 1달러에 1,200원을 주어야 살 수 있다는 것이다. 국제원유는 기본적으로 미국 돈으로 거래된다. 2차 대전 후 미국이 세계를 제패하기 시작하면서부터 그렇게 만들어 놓았다. 따라서 원유가격이 배럴당 100달러라면 산유국은 1배럴을 팔아서 미국 달러로 100달러를 받는다. 산유국은 이렇게 받은 달러를 당연히 자기네 화폐로 바꾸려 할 것이다. 우리나라가 산유국이란 가정하에 1달러 환율이 1,000원이라면, 100달러는 10만 원으로 바꿀 수 있게 된다.

그런데 미국 금리인상으로 미국 달러의 가격이 올라 1달러 환율이 1,200원이 되었다고 해보자. 그럼 100달러를 12만 원으로 바꿀 수 있게 될 것이다. 이 대목에서 원유를 사는 쪽에서 딴죽을 걸게 된다. 앞서도 말했듯이 최근 원유는 공급이 과잉이고 수요는 줄어들었다. 팔자는 쪽(산유국)보다 사자는 쪽(원유수입국)이 배짱을 부릴 수 있는 시장상황이 되었다는 것이다. 그렇다면 원유수입국 입장에서는 산유국에 당연히 다음과 같이 주장을 할 것이다.

"환율효과로 결국 너희 돈으로 바꾸면 10만 원이 아니라 12만 원이 되는 거 아니냐? 가만히 앉아서 2만 원을 더 벌다니, 그렇게 할 수는 없지. 배럴당 83달러(83달러×1,200원=10만 원)로 낮추자. 싫다면 난 너희 기름 안 살 거야!" 이렇게 말이다. 그렇지 않아도 공급이 남아돌아 원유가 안 팔리는 판국인데 산유국 입장에선 이 가격을 받아들일 수밖에 없게 된다. 그래서 미국 금리인상으로 유가 하락은 더더욱 가속화되는 것이다.

기름 한 방울 나지 않은 우리나라의 경우, 기름값이 싸지면 더 좋아지는 거 아니냐고 생각할 수도 있을 것이다. 하지만 유가 하락의 주요 원인이 세계 경기둔화와 생산 활동 위축에 따른 원유 수요급감과 공급의 과잉이라면 수출에 지나치게 의존하는 우리 경제도 만만찮은 시련이 있을 게 불 보듯 뻔하다. 게다가 미국 금리인상으로 우리나라에 들어온 외국자본이 유출되는 것도 적지 않은 부담이 된다. 다만 이번 시련을 헤쳐 나가면서 이를 계기로 외국에 의존도가 높은 우리 경제 체제를 일부라도 개선할 수 있기를 바란다. 이번에는 정말 그렇게 되기를 바란다.

08

키코KIKO, 야누스의 두 얼굴

지난 일이지만, 키코라는 녀석은 너무나도 재미⑵있어 여기서 소개를 해보고자 한다. 2008년 가을, 정부는 중소기업들의 자금난을 덜어주기 위해 무려 4조3천억 원 이상의 정책자금을 추가로 지원해주기로 했다. 통화파생상품인 '키코KIKO'로 인해 중소기업이 엄청난 손실을 보고 있었기 때문이다. 참고로 2008년 12월 말까지의 '키코' 피해사례는 중소기업 중앙회에 신고된 것만 해도 170여 건으로 그 피해액은 환율 1,300원 기준으로 약 1조8천억 원에 달했다. 모름지기 환율이 급등하면 수입업체는 손실을 많이 보겠지만, 수출업체는 이익을 봐서 경제 거시적으로는 나름대로 균형이 이루어져야 한다. 그런데 이 몹쓸 '키코' 때문에 수출업체까지 막대한 손실을 보고 있어 나라 경제가 양박으로 깨졌던 사건이었다.

이다지도 우리 수출기업들을 괴롭혔던 '키코'란 어떤 것일까? 이는 통화옵션상품의 한 종류로 수출기업들이 환율이 떨어질 때 입을 수 있는 환차손을 막아주기 위해 만들어진 파생상품이다.

원래 파생금융상품의 한 종류인 옵션상품에는 금융공학자들에 의해 만들어진 다양한 변종의 이색옵션들이 있다. 그중에는 장애물옵션 barrier option이 있는데, 이는 어떤 조건을 만족하면 효력이 발생하는 진입옵션Knock-In option과 어떤 조건을 만족하면 반대로 효력이 소멸하는 실격옵션Knock-Out option으로 나누어져 있다. '키코KIKO'란 영문이니셜에서도 알 수 있듯이 'Knock-In option(진입옵션)'과 'Knock-Out option(실격옵션)'이 함께 붙어 있는 야릇한 옵션이다.

그럼 구체적으로 예를 들어 이 상품을 설명해보겠다.

'억울해氏'는 수출기업이다. 매월 100만 달러의 매출을 순조롭게 올리고 있어 영업상으로는 걱정할 게 별로 없었다. 다만 환율이 앞으로 더 떨어질 것이 우려되었다. 현재 환율이 1,000원인데 만약 다음 달에 980원으로 떨어지면 같은 100만 달러 실적이라 해도 1달러당 20원(1,000원 - 980원), 총 2,000만 원의 환차손을 보기 때문이다.

그러던 어느 날 이런 고민을 해결해 주겠다며 주거래은행이던 '죄송해은행'의 부지점장이 찾아 왔다. 바로 '키코KIKO'라는 상품이 그 해결책이라며 말이다.

조건은 이렇다. 환율이 900원에서 1,100원 사이를 유지하면, 달러를 약정환율(1,100원)로 '죄송해은행'에다 팔 수 있다. 따라서 환율이 변동하더라도 일정 박스권(900~1,100원)만 유지하면 전혀 환율 때문에 고민할 필요가 없고 수출에만 힘쓰면 된다는 것이다. 정말 듣기만 해도 10년 묵은 체증이 확 내려가는 이야기가 아닐 수 없다.

그런데 여기에 추가적인 조건이 두 개 붙어 있다. 환율이 900원 아래로 내려가면 '키코KIKO' 계약은 없었던 것으로 하자는 것(실격옵션: Knock-Out)과 반대로 환율이 1,100원 이상 올라가면 약정한 금액의 2배에 달하는 달러를 1,100원에 '죄송해은행'에다 팔아야 한다는 것(진입옵션: Knock-In)이다.

'키코' 계약을 체결한 후 환율이 아래와 같이 변했다고 해보자.

환율이 900원~1,100원일 때

만약 환율이 970원으로 떨어졌다면 억울해㈜는 '죄송해은행'에 100만 달러를 약정환율(1,100원)에 팔 수 있다. 따라서 원화로 11억 원을 받게 된다. 다시 말해 억울해㈜가 '키코'에 가입하지 않았다면 100만 달러를 970원에 환전하여 9억7천만 원을 받았을 것인데 '키코'로 인해 무려 1억3천만 원의 이익을 보게 되는 것이다.

환율이 900원 아래로 떨어졌을 때

만약 환율이 800원이 되었다면 '키코' 계약은 소멸이 된다(실격옵션 'Knock-Out' 작동). 체결했던 '키코' 계약이 아예 없었던 일이 되므로 억울해㈜는 굳이 '죄송해은행'에 달러를 파는 거래를 할 필요가 없다. 물론 환율이 800원으로 떨어져 환차손을 보기는 하겠지만, 이는 분명 '키코'로 인한 손해는 아니다.

환율이 1,100원 위로 올랐을 때

만약 환율이 1,200원으로 올랐다고 해보자. 그럼 '키코'에서 진입옵션 'Knock-In'이 작동하게 된다. 억울해㈜는 '키코' 계약에 의해 어쩔 수 없이 달러를 '죄송해은행'에 1,100원에 팔아야 한다. 그것도 매출액 100만 달러가 아니라 계약금액의 2배인 200만 달러를 말이다.

이때가 가장 큰 문제다. '키코'에 가입하지 않았다면 억울해㈜의 입장에서 매출로 들어온 100만 달러를 시세인 1,200원에 원화로 바꿀 수 있었을 것이다. 하지만 계약에 따라 '죄송해은행'에 1,100원에 원화로 바꿔야 하므로 1달러당 100원만큼의 손실을 보게 된다.

하지만 그것보다 더 큰 것은 나머지 100만 달러를 생돈을 들여 외환시장에서 사다가 다시 '죄송해은행'에 팔아야 한다는 것이다. 그것도 외환시장에서는 시세인 1달러당 1,200원에 사서 '죄송해은행'에 팔 때는 계약 조건상 1달러당 1,100원에 팔아야 한다. 여기서 문제의 심각성은 단순한 환차손[총 2억 원의 손실: 200만 달러×(1100-1200)]에 거치지 않고 추가적인 달러를 구하는 생돈까지 필요하게 되었다는 데 있다. 중소기업은 '키코' 때문에 이러한 돈을 무리하게 구하려다 보니 대출까지 받아야 할 처지가 되고 이는 자연스레 유동성의 문제로 이어져 심할 경우 흑자도산에까지 이르기도 한다. 대표적인 예로 한때 연 매출 1조 원을 넘나들며 탄탄했던 기업 태산LCD가 파산절차를 밟게 된 사태를 들 수 있다.

사실 2008년 초만 해도 대부분 사람들(정부관계자들, 외환시장 전문가들, 게다가 이들의 말을 그대로 믿고 '키코'를 판매했던 은행 직원들)이 환율이 떨어질 것이라고 말했다. 그러다 보니 수출업체로서는 환차손을 걱정하지 않을 수 없었다. 바로 이때 은행들이 찾아와 위의 '환율이 900원~1,100원일 때'의 경우만을 강조하며 '키코'를 세일즈했다. 비록 환율이 비상식적으로 올랐을 때는 위험이 오픈open되어 있어 2~3배의 엄청난 환차손과

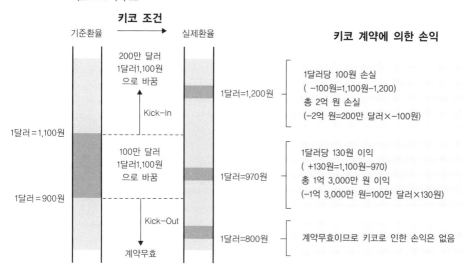

■ 키코KIKO의 구조

키코 조건

기준환율 → 실제환율

키코 계약에 의한 손익

200만 달러
1달러1,100원
으로 바꿈

Kick-In

1달러=1,200원

1달러당 100원 손실
(-100원=1,100원-1,200)
총 2억 원 손실
(-2억 원=200만 달러×-100원)

1달러=1,100원

100만 달러
1달러1,100원
으로 바꿈

1달러=970원

1달러당 130원 이익
(+130원=1,100원-970)
총 1억 3,000만 원 이익
(-1억 3,000만 원=100만 달러×130원)

1달러=900원

Kick-Out

계약무효

1달러=800원

계약무효이므로 키코로 인한 손익은 없음

유동성 압박에 직면할 수 있다는 맹점이 있음에도 불구하고 모든 관계
자가 그 점은 애써 축소하고 간과해왔다. 하지만 그렇게 무시하고 간과
하던 '비상식적인 환율 급등'이 현실이 되었고 '키코'는 재앙의 상품이
되어 버렸다.

당시 키코 사태를 보면 '위험이 거의 없고, 수익이 높은' 금융상품은
존재하지 않는다는 것을 다시 한 번 확인할 수 있다. 아무리 똑똑한(?) 금
융공학자들이 '무위험-고수익'의 금융파생상품을 개발했다고 해도 기
실은 상품 전체의 위험을 한곳에다 몰아서 숨겨놓았을 뿐 그것을 완전
히 제거한 것은 아니다. 따라서 만에 하나 위험을 숨겨놓은 쪽에서 문제
가 생기면 일반적인 위험의 2~3배 아니 수십~수천 배의 위험으로 폭발
할 수 있다. 이게 바로 인위적으로 만들어 낸 금융파생상품의 태생적 한

계다. 야누스가 태생적으로 두 개의 얼굴을 가졌듯이 말이다. 참고로 키코의 구조는 각 은행의 계약 내용마다 조금씩 다르다. 여기서는 키코에 대한 여러분의 이해를 돕기 위해 가장 기본적인 구조만을 설명했음을 밝혀둔다.

09

키코KIKO,
과거에도 있었다!

'키코'로 인해 피해를 본 몇몇 중소기업들이 환율이 오르면 발생할 수 있는 엄청난 손실에 대해 은행들이 제대로 알려주지 않았다며 소송을 제기했다. 이에 대해 법원은 일단 키코의 효력정지 가처분신청을 받아들였다. 이에 따라 해당 중소기업은 '키코는 불공정거래로 무효'라는 취지의 소송이 끝날 때까지 매달 은행에 내던 수십억 원의 돈을 내지 않아도 되었다. 하지만 이렇게 되면 기업들이 보게 될 손실을 은행들이 그대로 떠안게 된다. 솔직히 기업이든 은행이든 어느 쪽이 손실을 보더라도 우리 경제엔 타격이 아닐 수 없다.

이렇듯 자칫 잘못하면 걷잡을 수 없는 파국으로 치닫는 무서운 면을 가지고 있는 게 파생상품의 속성이다. 키코에 가입하기 전에 조금만이라도 관심을 가지고 과거 사례들을 찾아봤다면 파생상품의 위험성에 대해 충분히 알 수 있었을 것이라는 게 나의 생각이다. 왜냐하면, 파생상품을 둘러싼 이러한 위험과 분쟁은 어제오늘의 일이 아니기 때문이다. 이미 과거에도 수차례 이러한 일이 있었다.

특히 내 기억에 남는 대표적인 사례가 1998년 태국 바트화* 폭락으로 큰 피해를 본 SK증권 등의 사례이다. 사건의 발단은 1997년 초로 거슬러 올라간다. 당시 다이아몬드펀드는 8천650만 달러를 만기 1년짜리 인도네시아 루피아화 표시 연계채권에 투자하였다. 여기서 다이아몬드펀드란 JP모건의 계열사인 모건개런티와 SK증권 등 국내 3개사가 인도네시아 채권 투자를 목적으로 말레이시아 라부안에 설립한 투자관리 회사다.

당시 이 펀드에는 SK증권이 2백억 원, LG금속이 50억 원, 한남투자증권이 3백억 원을 각각 투자하였으며 여기다 모건개런티로부터 5천300만 달러를 차입하여 인도네시아 채권에 투자했다. 그러나 루피화의 가격 폭락에 따른 환차손과 채권가격 하락에 따른 평가손으로 순자산가치가 1천만 달러로 줄어들었다.

그런데 문제는 여기서 끝나지 않았다. 모건개런티로부터 차입한 5천300만 달러에 대한 원리금을 안전하게 회수하기 위해 1997년 2월 11일에 맺은 파생상품인 TRS계약이 있었다. 이 파생상품은 모건개런티가 만기인 1998년 2월 12일 투자금액과 보장수익금을 합한 금액을 회수하고 그 외에 투자로 발생한 이익 또는 손실은 모두 다이아몬드펀드가 부담하도록 하는 것이 주요 골자였다. 모건개런티로부터 5천300만 달

---

* '바트화'는 외래어 표기법상 '밧화'가 맞습니다. 하지만 본 책에서는 관용적으로 더 널리 쓰이는 '바트화'를 썼습니다.

러를 차입하면서 맺은 TRS는 다이아몬드 펀드가 차입금에 대한 담보로 펀드의 주식을 제공하고, 1년 후 만기 때 차입금을 상환하면 주식을 다시 받아 가게 되어 있었다.

이때 상환자금은 하필이면 태국 바트화와 엔화의 선물환으로 연결되어 있었는데 1998년 아시아 금융위기로 인해 바트화 역시 상상할 수 없는 수준으로 폭락했다. 이로 인해 지급해야 하는 금액이 1억9천만 달러로 늘어나게 되었다. 당시 SK증권은 "JP모건이 투자위험을 충분히 알리지 않고 상품을 팔았다"는 점을 들어 소송을 제기했지만, 소송에 이길 가능성은 그리 높지 않았다. 그뿐만 아니라 이 사건은 당시 국내뿐만 아니라 세계적으로도 큰 웃음거리가 되어 언론에 회자했다. 개인도 아닌 증권회사가 파생상품을 거래하면서 그 위험도 제대로 평가하지 못할 정도로 한심하다는 것을 스스로 인정한 것이기 때문이다.

이로써 SK증권뿐만 아니라 당시 한국의 금융 수준이 세계인의 도마에 오르내렸던 것으로 기억한다. 물론, 국내에서도 초등학생 수준의 금융을 하루빨리 발전시키고 리스크도 제대로 관리하고 분석할 수 있는 실력을 길러야 한다는 반성의 목소리도 적지 않았다.

그러나 그로부터 10년의 세월이 흐른 후 키코와 같은 사건이 또 터졌다. 2008년 말 하나은행의 경우 키코 때문에 은행 전체가 휘청거렸다. 키코로 인한 엄청난 손실을 견디다 못한 태산LCD가 기업회생 절차를 밟게 됨에 따라 키코의 손실을 기업이 해결하지 못하면 그 손실분을 떠안는 또 다른 파생상품 계약을 한 하나은행이 고스란히 그 손실액을 떠안아야 했기 때문이다. 또한, 리먼 브러더스의 파생상품인 ELS에 투자한 주가연계펀드에 대규모 손실이 발생하자 당시 이 펀드 판매사인 경남은행과 운용사인 우리CS자산운용을 상대로 한 소송이 제기되어 시끄러웠다.

이렇듯 아직도 우리나라 금융의 리스크 관리수준과 파생상품 이해 수준은 크게 발전하지 못한 것 같다. 지금까지도 여전히 글로벌 투자은행이 좋다고 소개하는 파생상품을 별 의심 없이 그냥 받아다 고객에게 파는 관행은 계속되고 있는 것 같아 안타깝다.

금리는 주가에 어떤 영향을 미칠까?

10

2015년 4월 24일 코스피지수가 장중 2189.54를 기록하며 기염을 토했다. 그해 초 1,880대까지 내려갔던 지수는 바이오, 제약, 화장품 등의 활황에 힘입어 줄기차게 상승을 한 것이다. 여기에는 1%대의 저금리 시대에 별다른 수익처를 찾지 못한 자금들이 톡톡히 한몫을 했다. 금리가 주가에 미치는 영향은 어떨까? 앞의 예에서 알 수 있듯이 금리가 내리면 주가가 오른다. 왜냐하면, 금리가 떨어질 경우, 여윳돈을 은행에 넣어봤자 쥐꼬리만 한 이자밖에 받지 못하니 이 자금들이 대거 주식시장으로 몰리기 때문이다. 이렇듯 저금리에 만족하지 못하는 자금이 주식시장으로 몰려 주가가 상승하는 장세를 우리는 유동성 장세라고 부른다.

2015년 상반기뿐만 아니라 2003년이나 2005년에도 우리는 저금리의 힘을 경험했다. 기업의 이익 개선에 대한 시그널이 없더라도 주가를 상승시키는 힘이 분명 저금리에는 있다. 하지만 경제현상이 그렇게 간단하시만은 않다. 금리가 내린다고 반드시 주가가 오르는 것은 아니다. 2016년 초는 여전히 저금리 시대인데도 중국 경기악화, 미국 금리 인상, 유가 하락, 북한 미사일 등의 이슈로 인해 주가가 폭락했으니까 말이다. 주가에는 수없이 많은 변수가 있다. 특히 그중에서 사람들의 심리가 가장 중요한 변수다. 어찌 보면 주가의 등락이란, 무수한 변수들을 사람들이 심리적으로 어떻게 받아들이느냐에 따라 좌우된다고 해도 과언이 아닐 성싶다. 따라서 좀 더 극단적으로 말하면 주가는 오로지 사람들의 심리에 영향을 받는다고 할 수 있을 것이다.

지금은 작고했지만, '미스터 주식'이라는 닉네임을 가지고 있었던 형가리 출신의 유명한 투자가 앙드레 코스톨라니Andre Kostolany 역시 "시장의 90%는 심리학이 지배한다"거나 "단위면적당 바보가 제일 많은 곳이 증권사 객장"이라고 했을 정도다. 사정이 이러하다 보니 금리인하로 주가가 오를 것이라고 믿는 사람들이 많아지면 주가가 오르고 금리인하가 되더라도 주식시장에 별로 영향을 미치지 못할 거라며 실망하는 사람이 많아지면 오히려 주가가 내리는 것이다.

이에 관한 대표적인 사례가 바로 일본에 있다. 일본의 장기 불황 동안 일본정부는 지속적인 금리인하 정책을 썼다. 내리다 못해 급기야는 마이너스금리 선언까지 했다. 금리를 낮추어 기업들이 쉽게 돈을 빌려다 생산과 투자활동을 하게 하고 개인들도 은행에 돈을 넣기보다는 소비를 하도록 유도해 경기를 활성화해보자는 심산이었다. 하지만 정반대의 현상이 일어났다. 그렇지 않아도 보수적이고 저축하는 게 습관이 든 일본사람들은 '불경기에 이자수익까지 줄어드니 노후에는 정말 살기 힘들어질 것 같아. 지금 소비를 하는 것보다 노후를 대비해서 더욱더 저축해야

겠어.'라고 생각했다. 따라서 더욱더 저축이 늘어났고 불황은 해결될 조짐을 보이지 않았다. 경기가 좋지 않은데 기업의 실적이 나아질 리가 없고 당연히 주가도 오르지 않았다. 일본의 사례를 통해 우리는 같은 정책을 쓰더라도 그것을 받아들이는 경제주체들의 성향이나 심리상황에 따라 의도하지 않은 결과가 나올 수도 있다는 것을 알 수 있다.

그러니 금리가 주가에 미치는 영향은 이렇게 정리해 볼 수 있겠다. 금리가 낮아져서 사람들의 투자심리가 살아나면 주가가 올라가고, 금리가 낮아졌음에도 사람들의 불안심리가 커지면 주가는 오히려 내려간다. 이렇듯 주식이 심리적인 영향을 가장 많이 받는 자산이지만 그래도 일정 정도의 룰은 있다. 사람들의 심리도 뭔가 기준과 기대치를 가지고 달아오르거나 식기 때문이다. 그렇다면 주가는 과연 어떤 기준과 기대치로 정해지는 것일까?

주가란 기업의 가격을 주식수로 나눈 것

누구나 다 알듯이 기업의 실적이 좋으면 그 기업의 주식도 가치가 올라간다. 그런데 여기서 기업의 실적이란 과거의 실적을 말하는 것은 아니다. 왕년에 잘나가면 무엇하겠는가? 뭐니 뭐니 해도 앞으로 실현할 예상 실적이 좋아야 한다. 따라서 기업의 미래 실적을 추정하여 이를 바탕으로 기업의 가치(얼마짜리 기업이냐?)를 구한다. 여기서 미래 실적은 현재의 실적과 기술수준 그리고 시장상황을 고려하여 타당한 범위에서 추정해야 하는 것은 두말하면 잔소리다. 그런 다음 이를 그 기업이 발행한 주식수로 나누어 주면 1주당 기업이 얼마를 벌 수 있냐를 알 수 있게 된다.[**] 예를 들어 기업의 미래 실적을 추정하여 계산한 기업의 가치가 총 100억 원인데 이 기업이 발행한 주식의 총수가 100만 주라면 해당 주식의 1주당 이론적인 주가는 1만 원이 되는 것이다. 물론, 이는 이론적 주가에 불과하다. 하지만 이를 바탕으로 사람들의 심리가 작용하고 이것이 수급에 반영되어 실제 주가가 된다. '아냐, 그 사업 분야는 생각보다 더 발전할 거야 그러니 2배 정도는 더 주고 주식을 사도 괜찮을 거야. 그러니 주가는 2만 원이 적당해.'라고 생각할 수 있을 것이다. 거기다 한 술 더 떠서 '나는 썩 내키지 않지만, 대부분의 사람이 5배 정도는 더 주고 그 기업의 주식을 사려고 하는 것 같아. 그러니 나는 3배 정도 더 주고 사서 5배에 팔면 돈을 벌 수 있을 거야.'라는 생각을 할 수도 있다. 이렇게 사람들의 심리에 따라서 주가는 1만 원을 기준으로 2배인 2만 원이 될 수도 있고 5배인 5만 원이 될 수도 있다.

자! 그럼 이러한 기준과 기대치로 주가가 결정될 때 금리는 과연 어떤 역할을 할까? 바로 앞서 말한 '미래 실적'을 추정하는 데 다름 아닌 '금리'가 필연적으로 사용된다. 만약 A기업이 미래에 100억을 번다고 해도 그게 100년 후라면 아무도 솔깃해하지 않을 것이다. 왜냐하면, 모든 사람은 가까운 시기에 얼마의 돈을 버느냐를 더 중시할 것이기 때문이다. 그러므로 지금의 100억과 5년 후의 100억 그리고 10년 후의 100억은 엄청난 차이가 날 수밖에 없다. 따라서 5년 후든 10년 후든 미

---

* 보다 정확하게 말하면 이렇게 구한 기업의 가치에서 부채를 빼준 후 주식수로 나누어 줘야 주가가 나온다.

래의 n년 후에 벌어들일 수익에 대해서는 현재 얼마인지를 환산해서 계산해야 일관성이 있다. 그럼 어떻게 환산을 하는 게 가장 합리적일까? 우리는 앞서 '현재가치 할인'에 대해서 배웠다. 미래 실적에 대한 기업의 현재가치를 구하는 데도 역시 이 계산방법을 쓰면 된다.

5년 후의 실적 100억에 대한 현재의 가치: $100억/(1+금리)^5$

10년 후의 실적 100억에 대한 현재의 가치: $100억/(1+금리)^{10}$

n년 후의 실적 100억에 대한 현재의 가치: $100억/(1+금리)^n$

=〉 기업의 현재가치(가격) = 각각의 미래 실적에 대한 현재가치의 총합

여기서 우리는 재미있는 사실을 발견할 수 있다. 모름지기 분모가 커지면 그 분수는 작아진다는 것이다. 따라서 위의 '현가(현재가치) 할인 수식'에서 같은 미래 실적 100억 원이라도 금리가 상승할수록 현가 할인한 기업의 현재가치는 작아진다. 그리고 앞에서도 말했듯이 기업의 현재가치를 주식수로 나눈 값이 바로 주가라고 했다. 따라서 주가 역시 금리가 상승할수록 작아질 것이고, 금리가 하락할수록 커질 것이다. 즉, 금리와 주가는 반비례 관계가 성립한다.

이 관계를 다르게 설명할 수도 있다. 금리가 낮으면 기업이 부담 없이 돈을 끌어다 신규 사업에 투자할 것이고 이러한 신규투자가 성공하면 기업의 미래 실적이 좋아질 것이므로 주가도 오른다. 아울러 무엇보다도 중요한 것은 주식에 투자하는 대부분의 사람이 이러한 메커니즘을 다 인지하고 있다는 것이다. 따라서 누구나 '금리가 내려가면 주가가 오를 거야' 하고 심리적으로 생각하기 때문에 주가가 오르는 것이다. 물론,

'금리가 내려도 다른 이유로 불황이 계속될 거야'라고 생각한다면 주가는 오르지 않을 것이다.

미래 실적이 아니라 과거 실적으로 주가를 구하는 방법도 있다

미래 실적을 추정하는 데는 어려움이 따른다. 왜냐하면, 미래에 어떤 일이 발생할지 아무도 장담할 수 없기 때문이다. 따라서 이렇게 구해진 이론적 주가에 대해서 이견이 생길 여지가 있다. 따라서 실무적으로는 주가를 구하는 방법을 다양화하여 서로 보완하는 방법을 쓰고 있다. 이론적 주가를 구하는 다른 방법으로는 과거 실적을 기준으로 주가를 구하는 방법이 있다.

우선, 바로 직전 연도의 실적(당기순이익)을 주식수로 나눈다. 이를 주당순이익EPS라고 한다. 이를 바탕으로 특정 배수를 곱해준다. 이 특정 배수를 'PER(주가순이익비율)'라고 하는데, 만약 동종업종의 PER가 10이면 10배를 곱해주는 방식이다. 예를 들어 A기업의 바로 직전 연도 EPS가 1,000원인데 동종업종 PER가 5배이면 A기업의 이론적 주가는 5,000원이 되는 것이다.

11

그렇다면, 금리가 부동산에 어떤 영향을 미칠까?

매년 초에는 전문가들을 모셔놓고 그해 부동산시장의 전망에 관한 기사가 실린다. 2016년 설 연휴 즈음에도 이런 종류의 기사가 눈에 띄었다. 내용인즉슨, 2월 1일부터 시행된 주택담보대출 규제와 미국의 금리인상 우려로 인해 주택시장이 침체기에 빠질 것이란 전망이 대부분이었다. 금리가 부동산에 어떤 영향을 미치는가를 짐작할 수 있는 대목이다. 이렇듯 금리와 부동산 시장의 관계는 부동산의 거래행태를 보면 쉽게 짐작할 수 있다. 내 집 마련을 하면서 100% 자기 돈으로 집을 사는 사람이 과연 얼마나 될까? 상당수의 사람이 일부라도 대출을 받아서 집을 산다. 집뿐만이 아니다. 토지를 살 때나 상가를 마련할 때도 적지 않은 사람들이 대출을 한다. 다시 말해 부동산은 대출과 관련이 있고 대출을 받을 때는 당연히 대출금리라는 비용을 따지지 않을 수 없다. 비용이 올라가면 대출을 받아 부동산을 사는 사람들도 줄어들 것이고 따라

서 부동산 가격도 내려갈 것이다. '금리↑ → 대출↓ → 부동산 가격↓'
의 연계 고리가 성립하는 것이다. 물론 반대로 금리가 떨어지면 부동산
가격은 올라갈 것이다. 아래 그래프를 보면 1997년 말 외환위기 당시
고금리 정책으로 인해 부동산 가격은 엄청나게 폭락을 했고 2001년 이
후부터 저금리 시대가 시작되면서 다시금 부동산 가격이 폭등한 사실을
알 수 있다.

■ 우리나라의 20년 간 주택 가격지수 변동

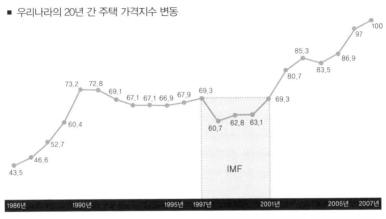

출처: 통계청, 국가통계포탈 / 자료: M경제연구소

　　그럼 부동산 가격과 금리는 항상 반대방향으로 움직이는 것일까? 이
또한 반드시 그런 것은 아니다. 위의 그래프에서도 알 수 있듯이 1987년
부터 1990년까지 약 4년 동안 주택가격의 연평균 상승률은 무려 30%
이상이었다. 하지만 이때의 은행 대출금리가 연 12% 이상의 고금리였다.
이때만 해도 금리와 부동산 가격이 큰 상관관계가 없는 듯 보였다.
　　그렇다면 1990년까지는 상대적으로 고금리였음에도 불구하고 주택

가격이 왜 그렇게 올랐을까? 여기서 우리가 주목해야 하는 것은 단순히 금리 자체가 부동산 가격과 반비례하는 게 아니라는 것이다. 그것보다는 부담해야 할 금리(부동산담보대출금리)와 이를 통해 얻을 수 있는 부동산 기대수익률(부동산 가격의 예상 상승률) 중 어느 쪽이 더 높으냐에 따라 실제 부동산 가격의 향방이 결정된다. 다시 말해 1990년대까지는 금리가 아무리 높더라도 대출을 받아 부동산을 구매해 놓으면 몇 년 후 더 높은 수익을 얻을 수 있을 것이라는 기대심리가 팽배해 있었다. 이 때문에 사람들은 기꺼이 높은 금리로 돈을 빌려 부동산에 투자했고 따라서 부동산 가격도 올라갔다.

반대의 경우도 있다. 2007년 9월 미국의 서브프라임모기지 부실사태가 발생하자 미국정부는 경기침체를 막기 위해 당시 5.25%였던 기준금리를 2.0% 수준으로 인하했다. 하지만 저금리 상황에서도 주택가격의 하락은 계속되었다. 이렇듯 위기상황에서는 아무리 저금리로 돈을 빌려서 부동산에 투자한다 해도 그만큼의 가격 상승을 기대할 수 없다고 예상하기에 부동산 가격은 하락하게 된다. 일본 역시 90년대 버블붕괴 아래 지속적인 저금리 기조를 유지했음에도 불구하고 부동산 가격은 침체의 늪에서 빠져나오지 못했다.

물론, 부동산 가격에 영향을 미치는 것이 '금리'뿐만은 아니다. 여기에도 예외 없이 '수요·공급의 법칙'이 영향을 미친다. 그리고 또 하나는 '정부의 정책'을 들 수 있다. 솔직히 부동산만큼 정부의 정책에 영향을 많이 받는 자산은 없다. 2001년부터의 폭발적인 부동산 가격 상승에 초기 견인차 역할을 했던 것이 분양권 전매허용 등 김대중 정부의 다양한 부동산시장 활성화 대책이었다는 것을 부인할 수 없다. 또한, 2016

년 초 시행된 주택담보대출 규제(주택담보대출 여신심사 선진화 가이드)가 주택 시장을 급랭시킬 것이라는 시각도 같은 맥락으로 볼 수 있다. 따라서 부동산 가격의 향방을 예측하기 위해서는 금리와 수급상황 그리고 정부의 정책 동향을 잘 파악해야 할 것이다. 그중에서도 금리의 경우, 다시 한번 부언하지만, 단순히 저금리인가 고금리인가가 아니라 시장의 부동산 기대수익률과 비교하여 낮은지 높은지를 살펴봐야 한다.

$ LTV · DTI, 그나마 너희들이 살린 것이다

"무슨 소리! 부동산만큼 정부의 정책에 영향을 많이 받는 자산이 없다니! 아니 그럼 노무현 정부 때 집값을 못 잡은 것은 어떻게 설명할 거냐?"라고 나를 비난할 수도 있으리라. 그렇다. 노무현 정부 당시, 집값을 잡으려고 내세운 부동산 안정화 정책은 결코 성공적이었다고 평가할 수 없다. 10여 차례의 연타성 정책에도 불구하고 주택가격은 오히려 파죽지세로 올랐다. 하지만 이는 정부정책이 성공적이지 못했던 것이지 정책 자체가 부동산에 영향을 주지 않았던 것은 아니다. 당시는 가계부실이나 경기불황 등 구조적인 이유로 금리인상정책을 펴기가 어려운 상황이었다. 그야말로 핵심정책이 빠진 상황에서 유동성이 풍부했고 달아오른 투자심리(투기에 가까운 면도 있었지만)가 워낙 강했기 때문에 이에 맞서 싸우기란 역부족이었을 것이다. 특히 은행들이 주택가격 상승에 부화뇌동하는 서민들의 심리를 이용해서 상환능력이나 경제 전체의 파급효과를 따지지 않고 대출금리마진 먹기에만 급급해 마구잡이로 대출해준 책임 역시 면할 길 없다.

하지만 노무현 정부의 부동산 정책이 완전한 낙제점은 아니었다고 본다. 부동산 가격을 잡지 못해 연일 언론과 국민으로부터 뭇매를 맞아 왔던 노무현 정부는 급기야 2006년에 마지막 카드를 꺼낸다. 바로 은행 대출규제다. 투기지역을 대상으로 시가가 6억 원 이상인 아파트에 대해 LTV(담보인정비율) 40%와 DTI(총부채상환비율) 40%로 대출을 직접 규제한 것이다. 그렇다. 겁 없이 빌려대는 거액의 주택담보대출을 막기 위해 금리를 올릴 수 없다면 아예 대출을 못 받게 하는 게 차선일 것이다. 물론, 이 정책은 다소 늦은 감이 없지 않았다. 본격적으로 집값을 잡겠다고 공약했던 2003년 5 · 23대책 때부터 점진적으로 도입을 해야 했다. 당시에는 이미 시중에 214조 원에 가까운 주택담보대출이 풀려있었기 때문이다. 하지만 뒤늦게라도 이러한 정책을 편 게 여간 다행이 아니다.

나는 그 효과가 몇 년 후 빛을 발했다고 생각한다. 미국발 글로벌 금융위기의 여파로 당시 우리나라 역시 주택가격을 위시한 부동산 가격이 상당히 하락했다. 2008년 말 급매가 기준으로 2006년 고점 대비 서울 강남의 고가아파트는 20% 정도, 송파 · 분당 · 용인의 경우 무려 50~60%까지 떨어졌다고 한다. 하지만 그나마 미국의 서브프라임모기지 부실과 같은 치명적인 부동산시장 붕괴를 막아주었던 것이 바로 대출규제 덕분이라는 시각이 적지 않다. 미국에서는 심할 경우 집값의 100% 이상을 대출해주었지만 우리는 LTV나 DTI 규제에 걸려 그래도 40% 선을 넘지 않았기 때문이다. 그럼 LTV나 DTI에 대해 좀 더 알아보자.

LTV란 담보인정비율Loan to Value로 주택담보대출을 받을 때, 집값의 얼마를 담보로 인정받아 대출을 받을 수 있느냐를 나타내는 비율이다. 다시 말해 LTV가 40%일 경우, 주택의 시가가 6억 원인 아파트를 살 때 6억 원의 40%인 2억4천만 원까지만 대출을 받을 수 있게 된다.

DTI는 부채상환비율Debt to Income로 주택담보대출을 받을 때, 돈을 얼마나 잘 갚을 수 있는지를 대출받는 사람의 소득으로 따져 대출 한도를 정하는 제도를 말한다. 다시 말해 집의 담보가치가 아무리 높더라도 대출받는 사람의 소득이 낮아 원금과 이자를 상환할 능력이 안 된다고 판단할 때는 많은 금액의 대출을 받지 못한다.

이렇듯 급등하던 부동산시장을 잡기 위해 나섰던 정부가 이번에는 얼어붙은 부동산시장을 활성화하기 위해 나섰다. MB 정부와 박근혜 정부를 거치면서 LTV 한도는 지역에 관계없이 70%이며, DTI의 경우 수도권은 60% 한도이고 지방으로도 확대될 전망이다. 그만큼 주택담보대출을 많이 받을 수 있게 규제를 완화한 것이다. 그러다 보니 주택시장은 어느 정도 안정되었지만 대신 전세시장이 폭등하게 되었다. 뭐든 적당히 내려가거나 올라가야 균형과 안정을 유지하는 법이다. 폭락도 머리가 아프지만, 폭등도 골칫거리가 아닐 수 없다. 게다가 대출의 문턱을 낮춰 놓았더니 가계대출이 급증하게 되었다. 참고로 2015년 말 우리나라 가계부채가 총 1천200조 원에 달하며 은행권 주택담보대출 잔액만 477조 원에 이르고 있다. 그야말로 가계부채가 우리나라 경제위기의 뇌관이 되어버린 셈이다. 이러다 보니 다시금 주택담보대출을 규제하겠다는 정부정책이 나왔다. 2016년 2월 1일부터 시행된 '주택담보대출 여신심사 선진화 가이드'가 바로 그것이다. 앞으로는 돈 갚을 능력이 있는 사람이 집을 살 때는 이자만 내는 것이 아니라 원금도 같이 갚아야 한다는 게 주요 골자이다. 주택담보대출 규모를 줄여보겠다는 정부의 고민이 엿보인다. 그러고 보면 부동산시장, 주택시장을 안정화하기 위한 정부의 노력이 눈물겹다. 하지만 정책은 또 다른 문제를 낳기를 반복하는 듯하다. 원래 정책 자체의 속성이 그런 것일까? 아니면 정책을 만드는 정부의 역량이 부족해서 그런 것일까?

13

친구야!
집을 사야 하니?
말아야 하니?

전셋값이 서민들의 삶을 옥죄기 시작하던 2014년 초의 일이다. 고교 동창인 친구로부터 연락이 왔다. 주택시장이 다시 살아나고 있다는데 이참에 빚을 내어 집을 살까 고민 중이라는 내용이었다. 그 친구 역시 턱없이 오르는 전셋값 때문에 전세 만기가 6개월 남았음에도 불구하고 벌써 걱정이라고 했다.

당시 친구가 주목했던 것은 부동산 관련 기사였다고 한다. 아니나 다를까 인터넷 기사를 검색해보니, 2014년 2월 3일 자 국민일보의 〈부동산 규제 완화 힘 받나… 집값 5개월 연속 상승〉이라는 기사가 내 눈에도 띄었다. 주택매매가격 상승이 2013년 9월부터 5개월째 계속해서 이어지고 있어 주택시장이 다시 살아나고 있다는 내용이었다. 이 기사의 내용에는 한국감정원이 전국 주택가격 동향을 조사했더니 2014년 1월 매매가격이 전달인 2013년 12월보다 0.24% 상승했다는 것이다. 지역별로는 대구가 1.20%로 가장 많이 올랐고 서울도 0.23% 상승했다고 한다. 내 친구뿐만 아니라 나 역시도 이러한 기사를 보면 '이제야 주택시장이 살아나고 있구나'라는 생각이 들기에 충분했다. 하지만 기사를 좀 더 검색해 보았다. 2014년 2월 6일 자 머니투데이의 〈주택시장 살아났다고? 거래는 왜 줄었지?〉라는 기사를 찾게 되었다. 이 기사를 보면 그와는 사뭇 다른 사실을 알 수 있다. 내용인즉슨, 서울의 아파트 거래량이 급감했다는 것이다. 2014년 1월 거래량은 4,758가구로, 전달인 2013년 12월의 6,531가구에 비해 27%나 급감했다고 한다. 참고로 당시 서울 아파트 거래량은 2013년 10월(7,471가구), 11월(6,573가구), 12월(6,531가구), 2014년 1월(4,758가구)로 계속적인 감소추세를 보였다. 결과적으로 그 당시에는 머니투데이 기사가 더 맞았는지도 모른다. 왜냐하면 정부가 부동산시장이 여전히 침체라고 보고 이 상황을 타계하기 위해 또 다시 부동산 규제완화 정책을 발표했기 때문이다. 2014년 8월 1일 시행된 이 정책으로 LTV와 DTI 비율이 각각 70%와 60%로 상향 조정되었으니까 말이다.

그런데 지금 와서 내가 구태여 지나간 주택시장 자료를 들먹이는 이유는 뭘까? 그 이유는 다른 데 있다. 자! 한번 보자. 위의 기사 내용을 따르면 서울의 주택매매가격은 2014년 1월이 전달보다 0.23% 상승을 했는데 서울의 아파트거래량을 오히려 27%나 급감을 했다는 것이다. 그렇다면 균형 있는 보도를 해야 할 언론의 입장에선 이 숫자를 둘 다 제시해야 옳다고 본다. 그럼 기사를 읽는 사람이 매매가격이 오른 것과 거래량이 줄어든 것 중 어느 것이 최근 주택시장의 향방을 파악하는 데 도움이 될지 생각이라도 해볼 수 있을 테니 말이다. 하지만 예전이나 지금이나 부동산 관련 기사 내용을 보면 한쪽만 부각하여 작성하는 듯한 인상을 준다. 우리 서민들은 대부분이 부동산시장에 전문적인 지식이 없고, 또한 발품을 팔아 주택시장 동향을 파악할 시간적 여유가 없다. 하지만 아이러니하게도 이러한 태생적 한계를 가진 우리 서민들 대부분이 또한 주택의 실수요자 대상군이다. 게다가 광란의 전셋값 상승까지 겹치고 있으니 이참에 다소 무리한 대출을 받아서라도 내 집을 마련해볼까 생각하는 게 어쩌면 당연할지도 모른다. 그렇다 보니, 서민들은 전문기관의 통계치 발표나 이를 보도하는 언론의 부동산 시장동향에 의존할 수밖에 없다. 하지만 언론에서 사실을 다양한 각도로 보도하지 않고 '혹시라도' 어떤 의도를 가지고 일방적인 보도를 한다면 전 재산을 걸고 의사결정을 내려야 하는 서민에게는 상당히 위험한 일이 아닐 수 없다. 몇몇 언론들은 무슨 이유에서인지 모르겠으나 부동산시장이 침체하면 아우성친다. 당장에라도 큰일이 날 정도로 보도하면서 정부에서 하루빨리 활성화 대책을 내놓으라고 말한다. 그러다 정부의 활성화 대책이 나오면 이 대책의 실질적 효과가 안착하기도 전에 부동산 시장이 꿈틀거린다고 사람들을 현혹한다. 지금이라도 당상 집을 사지 않으면 무슨 큰 일이 날 듯이 말이다. 따라서 언론에서도 책임감과 사명감을 가지고 다양한 관점에서의 부동산 기사를 다루어 주길 바란다. 또한, 서민들 역시 너무 한쪽으로 치우친 단편적인 기사 한두 개만 믿고 불안해하거나 기뻐하지 않기를 바란다.

나의 친구의 사례를 보듯이 지금 대한민국은 턱없이 오르는 전셋값에 지쳐있는 사람이 절반, 엄청난 대출을 끼고 마련한 집의 가격이 내려갈까 조마조마하고 있는 사람이 절반이다. 그리하여 사람들의 반은 집값이 내려가길 바라고 있고, 사람들의 반은 집값이 오르길 바라고 있다. 이 건 연말 대종상 여우주연상을 누가 받기를 바라는 것과 차원이 다른 문제다. 자신의 전 재산과 미래의 생존이 달린 바람이다. 그런 첨예한 상황에서 균형 잡힌 시각을 견지하기 위해서는 더욱 다양한 입장의 정보를 수집하고 발품을 팔며 알아보는 방법 이외에는 다른 방법이 없다. 아참! 내 친구의 연락에 나는 오히려 이렇게 되물었다. 요즘같이 엄청난 대외변수가 위협하는 경기침체 상황에서 대출받은 돈을 다 갚을 수 있겠냐고 말이다. 집을 사고 안 사고, 집값이 오르고 안 오르는 것이 중요한게 아니라 빚을 내어 집을 사면 너의 수입으로 그걸 다 갚을 수 있겠냐고 반문했다. 그럴 수 없다면 아무리 갑갑해도 집을 살 수는 없지 않겠는가 하고 말이다!

14

전세가격이 매매가격보다 비쌀 수 있는가?

'전셋값이 집값을 넘어설 수 있는가?'라고 묻는다면, 대답은 '넘어설 수 있음'이다. 주택이라는 자산을 구매하는 데 들어가는 비용보다 이를 이용만 하는 데 들어가는 비용이 더 높을 수 있다는 게 언뜻 이해 가지 않겠지만, 충분히 그럴 수 있다. 얼마 전에는 실제로 전셋값이 집값과 같거나 더 높은 주택이 생기고 있다는 보도까지 있었다. 과거에는 전셋값이 집값의 60~70% 수준을 육박하면 누구나 '남의 집에 사느니 차라리 내 집을 사겠다'는 생각을 했다. 그래서 많은 사람이 집을 사고 결국은 집값이 다시 올라갔다. 하지만 요즘은 그렇지가 않다. 그 이유를 설명하는 것은 그리 어렵지 않다. 전세의 경우 목돈이 전세 계약 기간 동안 이자 없이 묶이는 불편만 감수하면 되지만, 집을 구매하고 보유할 경우, 들어가는 취·등록세, 재산세 등 각종 세금을 고려해야 하고 무엇보다 가격 하락에 대한 위험을 고스란히 져야 하기 때문이다. 그러니 집값이 더는 과거처럼 오르지 않을 것이라는 전망이 우세할 경우라면 아무리 전셋값이 오른다 해도 사람들이 집 사겠다는 마음을 내기란 좀처럼 쉽지 않다.

　참고로 2015년 3분기 기준으로 서울지역 평균 전셋값은 3억 7,800만 원이다. 한 해 동안 무려 18%가 올랐다. 전국의 평균 전셋값을 따져봐도 2억 1,000만 원이 된다고 한다. 우리나라 도시근로자 가구 평균 연 소득이 5,300만 원 수준이므로 정말 숨만 쉬고 모아도 4년을 모아야 한다는 셈법이 나온다. 이러한 전셋값 상승 기조는 2016년에도 계속 이어질 듯싶다. 그 이유는 계속되는 저금리 때문에 전세금을 받아놓아도 별달리 운용할 곳이 마땅찮은 집주인들이 월세나 반전세로 전환하면서 전세물량 부족현상이 심해져서 전셋값 상승을 더욱 부채질하고 있기 때문이다. ‑ 그렇다. 전셋값이 고공행진을 하는 메커니즘에도 금리란 녀석이 짱 박혀 있다. 정말 금리란 우리 생활에서 떼려야 뗄 수가 없는 녀석이다 ‑ 상황이 이렇다 보니 전셋값이 집값의 80% 수준에 육박해도 구하기가 어렵다고 한다. 아울러 최근 전세상황을 보면 집주인이라고 행세(?)하기 민망한 경우도 더러 있다. 예를 들면, 집주인이 사는 본인 소유의 집은 이미 대출을 꽉꽉 채워 받은 상태이고 전세를 놓은 집은 추가 대출만으로는 전세금을 갚을 여력이 없는 경우가 그러하다. 이 경우, 만약 집값이나 전셋값이 내려가게 되거나, 전세 만기가 되었는데 다른 세입자가 들어오지 않을 경우, 집주인은 기존 전세금을 기한 내 내어주지 못하는 경우가 생길 수도 있다. 그야말로 깡통 전셋집이 되는 것이다. 따라서 이 경우를 미리 방지하기 위해 아래와 같은 주의가 필요하겠다.

❶ 전세 계약서에 확정일자를 받는 것은 물론이고

❷ 대출이 있는 집과는 전세계약을 피할 뿐만 아니라,

❸ 서울보증보험에서 하는 〈전세자금보장보험〉에 가입하는 것이다.

참고로 전세자금보장보험의 경우 전세계약 기간만료 이후 집주인이 전세금을 내어줄 수 없으면, 전세금을 보증보험회사가 대신 내어주는 보험이다. 물론, 기존에 대출이 끼어있는 집의 경우는 가입이 불가능할 수도 있고 아파트냐 연립주택이냐에 따라 보장해주는 금액 비율도 다르니 상세한 것은 보증보험회사에 문의해 보는 것이 좋을 듯싶다.

평가이론(난이도: 上)

평가이론이란 무엇인가?

지금까지 이야기한 물가와 금리, 그리고 환율의 상호관계를 정리한 것이 그 유명한 '평가이론'이다. 평가이론? '뭔가에 대해 점수를 매겨 좋고 나쁨을 평가評價한다는 이론인가?'라고 생각할 수도 있겠다. 물론 아니다. 나는 경제나 금융이 우리에게 친숙하지 않은 이유 중 하나가 바로 이런 식의 용어 때문이라고 생각한다. 서양의 문물을 받아들이던 초창기에 우리는 불행히도 일본을 통해 많은 것을 받아들였다. 따라서 일본인들이 자신들에게 익숙한 한자어로 번역한 것을 우리가 여과 없이 수용한 게 적지 않다. 대표적인 것이 재정거래다. '재정'이라니, 이게 무슨 뜻인가? 물론 영어로는 'arbitrage trade'다. 영어사전을 찾아보면 '차액을 바라고 하는 매매'라고 되어 있다. 우리가 굳이 이해하기 쉬우려면 '차익거래'로 번역해야 한다. – 최근에는 재정거래보다 차익거래라는 용어를 더 많이 쓰는 추세라 다행이라고 생각한다– 평가이론도 마찬가지다. 영어로는 'Parity Conditions'라고 한다. '균등'이라는 의미다. 따라서 평가平價이론이 아니라 '균형이론' 또는 '평형이론'이라고 번역하는 게 이해하기 더 쉽다. 허나 어쩌랴. 대부분의 경제학책을 보면 평가이론으로 되어 있는 것을. 여하튼 평가이론은, 그러니까 균형이론은 경제의 중요한 변수인 물가와 금리, 그리고 환율이 오르락내리락 하지만 결국 서로가 균등한 상태를 이루는 쪽으로 움직여나간다는 이론이다.

이는 물리적 법칙과도 많이 닮았다. 뜨거운 주전자를 밖에다 내놓으면 어느새 차갑게 식어버린다. 주전자 온도와 바깥 공기의 온도가 서로 균형을 이루려 하므로 뜨거운 주전자의 열이 차가운 공기 쪽으로 이동하면서 생기는 현상이다. 이렇듯 열은 높은 곳에서 낮은 곳으로 흘러 주변의 온도가 같아지도록 하는 습성이 있다. 식는다는 것은 서로 다른 온도 차이가 균형점을 찾아가는 과정이다. 만약 반대로 열이 낮은 곳에서 높은 곳으로 흘러간다면 어떻게 될까? 아마 뜨거운 주전자 쪽으로 모든 열이 몰릴 것이고 주전자는 용광로로 변할 것이며, 바깥세상은 주전자에 모든 열을 빼앗겨 꽁꽁 얼어붙을 것이다. 경제든 자연이든 균형을 이루는 것이 그만큼 중요하고 필연적이다. 자! 그럼 구체적으로 '평가이론平價理論 Parity Conditions'이 무엇인지 한번 알아보자.

평가이론平價理論 Parity Conditions

(1) 구매력평가이론Purchasing Power Parity: 환율의 변화율 = 양국의 물가 차이

(2) 피셔 효과Fisher Effect: 양국 명목금리 차이 = 양국의 물가 차이

(3) 국제피셔 효과International Fisher Effect: 환율의 변화율 = 양국의 금리 차이

(4) 이자율평가이론Interest Rate Parity: 선도환율 프리미엄 = 양국의 금리 차이

구매력평가이론 Purchasing Power Parity

평가이론은 크게 네 가지로 나눌 수 있다. 그 첫 번째가 '구매력평가이론'이다. 두 나라 사이 환율의 변화 정도(변화율)와 두 나라의 물가 차이는 평형을 이룬다는 이론이다. 전 세계적으로 완전히 개방된 시장이라면 국가 간 가격 차이는 없어질 것이다. 왜냐하면, 미국에서 판매하는 스타벅스 커피 한 잔이 한국보다 쌀 경우, 한국 사람들은 미국으로 가서 스타벅스 커피를 사다 먹을 것이다. 그럼 미국의 스타벅스 커피 수요가 늘어날 것이고 이는 미국 스타벅스 커피의 가격을 올려 결국에는 한국의 스타벅스 커피와 가격이 같아질 것이기 때문이다. 물론 이동 경비나 세금 등을 고려하지 않은 이론적으로 그렇다는 말이다.

자! 그럼 한국과 미국의 스타벅스 커피 가격은 같다는 것을 전제로 양국의 커피 가격을 알아봤더니, [한국 스타벅스 커피 = ₩1,000 / 미국 스타벅스 커피 = $1] 이라고 해보자. 이 말에서 우리는 [₩1,000 = $1]이라는 등식이 성립한다는 것을 알 수 있다. 조금 전에 한국과 미국의 커피값이 이론적으로 항상 같다고 했으니, 같을 때는 '='라는 등호를 쓰는 건 너무나 당연한 일이다. 따라서 1달러는 1,000원과 그 가치가 같으므로 원·달러 환율이 1,000원이라는 것을 의미하는 것이다. 이게 바로 환율의 이론적 의미이다.

자! 그런데 한국에서 물가가 상승해서 커피값이 1,200원이 되었다고 해보자. 그럼 어떤 현상이 벌어질까? 미국에서 1달러짜리 커피를 가져와 이를 한국에서 팔면 1,200원을 받을 수 있고 이를 외환시장에 가서 1달러로 다시 바꾸면 200원이 남게 된다(1달러에 1,000원이면 바꿀 수 있으므로). 따라서 이러한 거래는 계속 일어날 것이고 원화를 팔고 달러를 사려는 사람이 자꾸 늘어날 것이니 원화의 가치가 떨어지고 따라서 환율은 그 균형점인 1달러에 1,200원으로 올라가게 될 것이다. 즉 한국의 물가가 20% 오르면 환율도 20% 올라가게 되는 것이다. 이를 수식으로 나타내면 다음과 같다.

구매력평가이론: $[(et-eO) \div eO] = [iht-ift]$

eO = 현재 환율

et = 미래 특정 시점(t) 환율

$[(et-eO) \div eO]$ = 환율의 변화율

iht = 우리나라의 물가

ift = 외국의 물가

$[iht-ift]$ = 양국의 물가 차이

피셔 효과 Fisher Effect

두 번째가 '피셔 효과'다. 두 나라 사이의 명목상 금리 차이는 두 나라 사이의 물가 차이와 같다는 이론이다. 예를 들어 한국과 미국 사이에 물가 차이는 전혀 없는데, 한국의 금리가 미국 금리보다 유난히 높아졌다고 해보자. 그럼 한국의 높은 금리를 따먹기 위해 미국에서 대출을 받은 자금이 한국으로 들어오게 된다. 그렇게 되면 한국 내의 자금 유동성이 좋아진다. – 쉽게 말해 한국 내에 돈이 흔해진다는 말이다 – 돈이 흔해지면 사람들은 흥청망청 돈을 쓸 것이고 따라서 늘어나는 수요로 인해 물건의 가격은 오르게 마련이다. 즉 물가상승이 일어난다. 물가상승이 심해지면 명목금리가 제아무리 높아도 실질금리는 낮아질 수밖에 없다.

여기서 명목금리란 우리가 예금에 가입할 때 몇%의 이자를 주겠다고 명시되어있는 약정 금리를 말한다. 반면 실질금리는 명목금리에서 물가상승분을 차감한 실제 가치로서의 금리를 말한다. 이는 다음과 같은 수식으로 설명할 수 있다.

$$[(1+명목금리) = (1+실질금리) \times (1+물가상승률)]$$

예를 들어 물가상승률이 연 5%인 경우, 금융기관에서 연 15%^(명목금리)의 이자를 준다고 해도 실질적으로는 9.52%^(실질금리)의 이자를 받는 결과밖에 되지 않는다. 왜냐하면, 물가상승으로 인해 그만큼 돈의 가치가 떨어지기 때문이다.

결론적으로 한국과 미국 간의 명목금리 차이만큼 한국의 물가는 자연스럽게 올라가게 된다. 물론, 물가는 금리 차이 이상 올라가지는 않는다. 왜냐하면, 그 이상 물가가 올라가면 실질금리가 마이너스 금리가 될 수도 있으니 별 재미를 못 느끼는 미국 자금이 이번에는 대거 빠져나갈 것이고 시중에는 돈이 줄어들어 물가는 다시 내려갈 것이기 때문이다. 이런 과정을 거쳐 양국의 명목금리 차이와 물가 차이는 균형을 이루게 된다.

피셔 효과: $[rht-rft] = [iht-ift]$

rht = 우리나라의 금리

rft = 외국의 금리

iht = 우리나라의 물가

ift = 외국의 물가

국제피셔 효과 International Fisher Effect

그다음이 '국제피셔 효과'다. 두 나라 사이의 명목금리 차이가 환율 변화를 좌우한다는 이론이다. 이는 앞의 두 이론을 합쳐보면 간단히 이해가 될 것이다.

'환율변화율=물가 차이'이고, '물가 차이=명목금리 차이'이므로 '명목금리 차이 = 환율변화율'이다. 다시 말해 두 나라 사이의 명목금리가 차이 나면 물가가 올라가서(피셔 효과) 균형을 맞추려고 하고 물가가 올라가면 다시 환율이 올라가서(구매력평가이론) 균형을 맞추게 된다.

국제피셔 효과: $[(et-e0) \div e0] = [rht-rft]$

e0 = 현재 환율

et = 미래 특정 시점(t) 환율

$[(et-e0) \div e0]$ = 환율의 변화율

rht = 미래 특정 시점(t)의 한국 명목금리

rft = 미래 특정 시점(t)의 외국 명목금리

$[rht-rft]$ = 양국의 명목금리 차이

이자율평가이론 Interest Rate Parity

마지막으로 이자율평가이론에 대해 알아보자. 이는 선도환율의 프리미엄은 양국의 금리 차이와 같아야 한다는 것이다. 물론, 그 이유는 금리와 환율이 균형을 이루려 하기 때문이다. 여기서 선도환율(forward 환율)

은 선물과 비슷한 개념이라 생각하면 된다. 예를 들어 1년 후 1달러를 1,100원에 바꿀 수 있는 계약을 현재 시점에서 미리 해놓는 것이다.

이자율평가이론: $[(ft-e0) \div e0] = [rht-rft]$

$e0$ = 현재 환율

ft = 미래 특정시점(t)의 선도환율

$[(ft-e0) \div e0]$ = 선도환율 프리미엄

rht = 우리나라의 금리

rft = 외국의 금리

$[rht-rft]$ = 양국의 금리 차이

이상으로 설명한 평가이론을 그림으로 나타내 보면 다음과 같다.

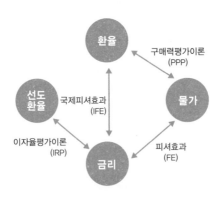

환율변화율과 양국의 물가차이가 균형을 이루려 하고(구매력평가이론), 양국의 물가차이는 금리 차이와 균형을 이루려 한다(피셔 효과). 아울러 양국의 금리 차이와 환율의 변화율도 균형을 이루려 하며(국제피셔 효과), 또

한 선도환율 프리미엄도 양국의 금리 차이와 균형을 이루려 한다(이자율 평가이론)는 것이다.

지금까지의 설명에는 몇 개의 수식들이 나와 읽는 이에 따라서는 다소 생소하게 느껴질 수도 있을 것이다. 하지만 앞서 물가와 금리, 금리와 환율의 관계 등을 설명하면서 미리 언급된 부분이 일부 있었기에 이를 이해하는 데 그리 어렵지는 않을 것이라 믿고 싶다. 더군다나 이 이론을 100% 이해할 필요는 없다. 내가 이 이론을 굳이 이 자리에서 설명한 이유는 사실은 다른 데 있다. 경제의 가장 중요한 이들 변수는 어느 한쪽에서 밸런스가 깨어졌다고 하더라도 서로 꾸물꾸물 움직여 균형과 평형을 유지하려는 속성이 있다. 그러므로 우리의 실제 생활에서 물가나 금리의 급격한 상승이나 환율폭등이 있다 하더라도 각각의 변수는 서로 얽히고 설켜 다시금 균형을 이루기 위해 움직인다는 확신으로 그 방향을 가늠에 보자는 것이다. 그렇게 한다면 경제를 이해하고 한 걸음 더 나아가 투자의 기회를 포착하는 데 도움이 될 수 있을 것이라는 점을 강조하고 싶은 것이다.

금리와
각종 통화정책

물에 빠진 사람 건져주었더니 보따리 내놓으라는 속담이 있다.
이와 비슷한 일이 금융에서도 벌어졌다.
은행에 돈을 맡겼더니 예금이자를 주기는커녕 보관료를 내놓으라 한다.

01

이상한 한국은행

만약 여러분이 서울특별시 중구 남대문로 3가에 본점을 두고 있는 한국은행에 찾아가 예금을 들겠다고 한다면 아마 한국은행의 직원은 아주 난처한 표정을 지으며 이렇게 말할 것이다.

"저희 은행은 예금 안 받는데요. 바로 길 건너면 두나은행이 있는데 그리로 가시죠."

분명 버젓이 은행 간판을 내걸고 있음에도 불구하고 여러분의 예금을 받기보다는 오히려 근처 다른 은행을 안내해 줄 것이다. 금액이 적어서 그런가 하고 10억 원을 구해다 예금을 하려 해도 개인예금 사절이라며 손사래를 칠뿐이다. 이거 참 이상하다. 분명 '은행'인데 말이다.

이렇듯 한국은행은 일반 기업이나 개인들을 상대로 예금을 받지 않는다. 이들로부터 예금을 받아 영업자금을 조달할 필요가 없기 때문이다. 아무리 돈을 써대도 그 즉시 돈을 찍어서 이를 충당하면 그만인데 구차하게 무엇하러 우리들의 예금을 받겠는가?

그렇다. 한국은행은 원화KRW를 찍어 낼 수 있는 세계에서 유일한 곳이다. 이런 무소불위의 전지전능한 능력을 갖추고 있는 곳이 바로 한국은행이다. 그렇다고 무작정 돈을 찍어 내지는 않는다. 그만큼 검소해서 그럴까? 물론, 아니다. 필요 이상의 돈을 찍어내면 시장에 엄청난 혼란이 오기 때문이다. 시장에 돈의 양이 엄청나게 많아지면 돈의 가치는 떨어지고 물가는 천정부지로 오른다. 아마도 라면 한 박스를 사기 위해 오만 원짜리 지폐를 한 트럭 가득 내야 할지도 모른다.

솔직히 한국은행은 은행이 아니다. 일반은행이라면 예대마진을 주된 수익으로 해서 이윤을 많이 내어야 살아남는다. 하지만 한국은행은 이윤을 내는 데는 관심이 없다. 화폐를 발행할 수 있는 중앙은행법에 따라 설립된 국가기관이기 때문이다. 따라서 돈을 벌 필요가 없다.

그럼 한국은행은 단순히 돈을 찍어내는 곳인가? 그렇지 않다. 한국은행의 실질적인 존재 의의는 '물가안정'에 있다. 한국은행은 자신의 지상 최대의 목표인 물가안정을 유지하기 위해 오늘도 대한민국의 돈줄을 꽉 잡고 좌지우지하는 것이다. 이러한 한국은행이 물가안정을 유지하겠다는 일념으로 그동안 여러 가지 방법을 써왔다. 1997년 외환위기 이전에는 통화지표를 중간목표로 하는 '통화 목표제'를 운용했었다. 그러다가 1998년부터는 '물가안정 목표제inflation targeting'를 통화정책의 근간으로 삼아 금리를 조절하고 통화량을 조절하여 물가안정을 꾀하고 있다.

한국은행의 주된 고객은 은행을 비롯한 금융기관이다. 결코, 기업이나 개인을 대상으로 업무를 하지 않는다. 모름지기 양떼를 몰 때도 우두머리 몇 마리만 원하는 방향으로 제어하면 나머지 무리는 그에 따라 움직인다. 돈 역시 마찬가지다. 돈이 움직일 때 그 창구가 되는 것은 은행을 위시한 금융기관들이다. 우리나라에 하나밖에 없는 한국은행(물론, 지점은 몇 군데 있지만)이 모든 경제주체를 대상으로 돈줄을 쥐락펴락하는 것은 비효율적이다. 따라서 돈의 창구가 되는 금융기관들만을 대상으로 운영하는 것이다.

한국은행의 또 다른 고객은 바로 정부다. 서슬 퍼런(?) 정부에 돈을 빌려주고 누가 감히 마음 놓고 이자를 받겠는가? 하지만 한국은행은 가능하다. 정부가 국가재정을 운영할 때 돈이 모자라면 돈을 빌려주고 꼬박꼬박 이자를 받는다.

이제 이상하던 한국은행의 실체가 명백해졌다. 일반은행이 아닌 중앙은행으로서의 한국은행은 물가를 안정시키고 돈을 찍어내는 일을 하는 국가기관이다. 물가안정을 위해서라면 태평양을 지나 대서양까지도 달려갈 수 있다. 따라서 한국은행은 이를 위해 금융기관을 상대로 금리를 조절하고 통화량을 조절하여 물가를 적정수준으로 유지하는 것을 천직으로 삼고 있다.

물가안정 목표제inflation targeting란?

한국은행의 지상 최대의 목표이자 존재 이유는 바로 '물가안정'이다. 그리고 이를 실현하기 위해 '물가안정 목표제'를 시행하고 있다. 이는 '물가상승률'을 안정적으로 유지하기 위해 물가상승률 목표를 명시적으로 제시하고 이를 달성하기 위해 통화정책을 운용하는 것을 말한다. 그럼 최근 한국은행이 명시적으로 제시하고 있는 물가상승률은 얼마일까? 소비자물가 상승률(전년 동기대비) 기준으로 2%이다. 2016년부터 한국은행은 매년 소비자물가가 더도 말고 덜도 말고 2%의 상승률을 유지하는 것을 물가안정의 목표로 삼고 있다. 그리고 이를 달성할 수 있도록 통화정책을 운용하여 그 운용성과를 평가하고 시장의 기대와 반응을 반영하여 정책 방향을 수정해 나간다.

여기서 물가상승률 목표를 달성하기 위해 통화정책을 운용하는 이유는 물가가 통화량과 밀접한 관계가 있기 때문이다. 통화량이 늘어나면 시장에 돈이 흔해져 돈 가치는 떨어지고 물가(물건의 가격)는 올라간다. 반대로 통화량이 줄어들면 시장에 돈이 귀해져 돈 가치가 올라가고 물가는 반대로 내려가는 것이다.

통화량은 또다시 금리와 엄청난 관계가 있다. 금리를 내리면 돈의 사용료가 낮으니 자연스레 시장에서 돈을 많이 사용하게 될 것이고 그럼 통화량은 늘어난다. 반대로 금리를 올리면 돈의 사용료가 높아지니 시장에서 통화량이 줄어든다. 결국, 한국은행이 매월 기준금리를 조절(필요에 따라서는 현상유지)하여 이를 발표하는 이유는 통화량을 조절하여 물가안정 목표를 달성하기 위한 것이다.

한국은행과 기획재정부는 옥신각신?

돈에 관해서는 무소불위의 권력을 가진 한국은행도 가끔 기획재정부와 옥신각신한다. 과거 재정경제부와 기획예산처가 통합된 기획재정부는 물가안정만이 목표가 아니다. 경제의 발전과 분배를 통해 더욱더 경

출처: 한국은행 홈페이지

쟁력 있고 행복한 나라를 만드는 게 목표다. 그러다 보면 한국은행의 목표와 상충할 때가 있다. "아니? 물가가 안정되면 행복한 나라가 되지 않는가?" 반드시 그렇지만은 않다. 물가상승(인플레이션)이 심해져서 위험수위에 올라있다고 해보자. 그래서 한국은행이 금리를 올려 통화량을 줄이고 이를 통해 물가를 잡아보려고 한다. 앞서도 설명했듯이 '물가↑'일 경우, '금리↑'해서 물가안정을 시킬 수 있다. 하지만 금리가 올라가면 환율이 내려간다. '금리↑'일 때, '환율↓'이 된다는 것도 앞에서 설명했다. 그런데 환율이 내려가면 수출기업이 울상이 된다. 또한, 금리가 올라가면 가계대출이자 부담이 늘어나 서민들 호주머니가 비게 된다. 소비가 위축되고 내수시장이 얼어붙는다. 경제에 적신호가 올 수도 있다.

"그렇다면 물가란 걸 애써 잡을 필요가 뭐가 있나요?" 이 책을 읽는 독자라면 이런 의문은 제기하지 않을 것이다. 앞 장에서도 언급했듯이 급격한 물가상승은 우리가 열심히 일해서 벌어 놓은 돈을 빼앗아 가는 도적떼나 진배없다. 도적떼가 설치는 한 불안해서 누구도 열심히 일하려 않을 것이다. 그럼 생산성은 떨어지고 국가는 삼류로 전락할 수밖에 없다. 그래서 정부와 각 경제주체는 물가안정과 경제성장이라는 두 마리 토끼를 잡기 위해 부단히 노력하는 것이다. 물론, 두 마리 토끼를 다 잡을 수는 없다. 급한 놈부터 먼저 잡아야 한다. 어떤 놈이 급한지는 매번 바뀌는 게 문제라면 문제다.

그런고로 물가안정이 더 시급하냐 아니면 경제성장이 더 시급하냐에 따라 한국은행과 기획재정부와의 의견 대립이 자주 일어날 수밖에 없다. 하지만 둘 다 나라경제를 걱정하는 정부조직이다. 결국은 적절한 조율을 통해 정책방향을 결정한다. 물론, 그러는 와중에 두 조직이 신경전을 벌이는 경우도 가끔은 있다.

02

어디까지가 돈인 거야? 통화·유동성지표

아무리 퍼내도 줄어들지 않는 항아리를 '화수분'이라고 한다면 한국 은행은 화수분과 다를 바 없다. 왜냐하면, 정해진 특수 종이와 잉크만 있으면 언제든지 돈을 찍어 낼 수 있기 때문이다. - 물론, 실제로 돈을 찍어내는 곳은 한국조폐공사이지만 이때는 돈이 아니라 그냥 제품일 뿐이다. 한국은행의 정해진 경로를 통해 시장에 유포되어야 그때부터 돈이 되는 것이다 -

그럼 돈이란 과연 무엇인가? 여기서 내가 무슨 철학적인 이야기를 하려고 하는 것은 아니다. 돈이 우리 삶에서 도덕적으로나 윤리적으로 어떤 존재인가에 대해 답변을 얻고자 질문을 던진 것은 더더욱 아니다. 경제학적으로 한국은행이 찍어내는 돈과 또한 한국은행이 물가안정을 위해 줄이고 늘이고 하는 통화(錢)의 범위가 과연 어디까지 포함되는가를 알고자 하는 것이다. 앞에서도 언급했지만, 한국은행의 지상 최대목표인 물가를 안정시키기 위해서는 통화량을 조절해야 한다. 그러기 위해서 우선 한국은행은 시장에 통화가 얼마나 풀려 있는지를 알아야 하기 때문이다.

"허 참! 그건 한국은행이 바보가 아니라면 아주 쉽게 알 수 있지 않나요?"

어떤 분은 이렇게 말할 것이다. 그리고 아마도 다음과 같은 이유를 댈 것이다.

"아니 한국은행이 유일하게 돈을 찍어 낼 수 있는 곳이니까, 돈을 찍어 낼 때마다 장부에 기록해 놓으면 금방 돈이 얼마나 풀려 있는지 알 수 있잖아요."

얼핏 들으면 그럴듯하다. 하지만 이는 틀린 말이다. 시장에 풀려있는 통화량은 한국은행이 찍어낸 돈보다 훨씬 많다.

그 이유는 한국은행이 찍어내는 것은 -앞에서 내가 편의상 돈이라고 언급했지만- 실제로는 동전(주화)과 지폐다. 물론, 동전과 지폐는 돈이다. 하지만 돈은 그 이외에도 여러 가지가 있다. 예를 들어 여러분이 급여일에 월급이 들어오면 너무나 기뻐한다. 당연히 돈이 자신의 수중으로 들어왔기 때문이다. 그렇지만 여러분은 회사로부터 월급이랍시고 지폐는 고사하고 동전 한 푼 받은 것이 없다. 다만 인터넷뱅킹을 통해 여러분 급여통장에 숫자가 찍혔을 뿐이다. 그럼 그게 돈이 아니면 무엇이겠는가?

그것 역시 돈이다.

이렇듯 한국은행은 돈의 가장 근원이 되는 동전과 지폐를 찍어내지만, 이것이 시장을 돌면서 예금이나 증권 등의 형태로 모습을 변화해 가면서 그 양을 늘려나간다. 따라서 한국은행이 제대로 된 통화정책을 펴기 위해서는 우선 통화를 어디까지로 규정하고 그 양이 얼마나 되는지를 파악해야 하는 것이다.

그럼 어디까지를 통화(돈)라고 봐야 하는가?

이를 위해서 한국은행에서는 통화지표와 유동성지표를 만들어 돈의 범위를 규정하고 있다. 통화지표란 시중에 통화(돈)가 얼마나 나돌아다니는지 파악하기 위해 작성한 통계 숫자를 말한다. 과거에는 M1(통화), M2(총통화), M3(총유동성) 등 크게 3종류로 나누어 사용해 왔다. 하지만 그동안 사용해 오던 통화지표는 금융자산 중심이 아닌 금융기관 중심으로 되어 있어 실제 유동성 수준을 정확히 반영하는 데 한계를 지니고 있었을 뿐만 아니라 국제통화기금(IMF)에서도 금융자산 중심으로 통화지표를 정의하라고 각국에 적극적으로 권장해 왔다. 그래서 2002년 3월과 2006년 6월부터 IMF가 새롭게 작성한 통화금융통계 매뉴얼의 권고에 따라 우리나라의 통화지표도 개편되었다. 여기에는 통화지표와 유동성지표 이렇게 크게 두 가지로 나뉘며 통화지표의 경우 M1(협의의 통화)과 M2(광의의 통화)로 유동성지표의 경우 Lf(금융기관 유동성)와 L(광의의 유동성)로 다시 나누어진다. 각 지표의 구성내용은 다음 표와 같다.

구분		구성내용
통화지표*	M1	= 현금통화 + 요구불예금 + 수시입출식 저축성예금
	M2	= M1 + 정기 예 · 적금 및 부금(*) + 시장형 상품 + 실적배당상품(*) + 금융채(*) + 기타(투신증권저축, 종금사 발행어음) (*) 만기 2년 이상 제외
유동성 지 표	Lf	= M1 + M2 포함 금융상품 중 만기 2년 이상 정기 예 · 적금 및 금융채 등 + 한국증권금융㈜의 예수금 + 생명보험회사(우체국보험 포함)의 보험계약준비금 + 농협 국민생명공제의 예수금 등
	L	= Lf + 정부 및 기업 등이 발행한 유동성 시장금융상품(증권회사 RP, 여신전문기관의 채권, 예금보험공사채, 자산관리공사채, 자산유동화전문회사의 자산유동화증권, 국채, 지방채, 기업어음, 회사채 등)

* 예금취급기관 대상: 중앙은행, 예금은행, 종합금융회사, 투자신탁, 신탁회사, 상호저축은행, 신용협동기구, 우체국예금 등

출처: 한국은행

위의 표에서 알 수 있듯이 유동성지표가 통화지표보다 큰 개념이다. (유동성지표⊃통화지표) 아울러 두 지표를 한 번에 말할 때는 별 다른 용어 없이 한국은행에서도 '통화 및 유동성 지표'라고 말하며 '통화 및 유동성 지표 증가율 추이' 등의 그래프를 발표하고 있다.

자! 그럼 각 지표를 구성하는 내용에 대해 몇 가지만 알아보자. 통화 지표 중 M1의 경우 '현금통화 + 요구불예금 + 수시입출식 저축성예금' 으로 구성되어 있다. 여기서 한국은행이 찍어낸다는 돈은 현금통화에 해당한다. 그 외에도 요구불예금과 입출금이 자유로운 저축성예금의 액수를 합한 것이 M1(협의의 통화)이다. 요구불예금이란 앞서도 언급했듯이 예금한 사람이 '요구'하면 금융기관이 언제라도 '지불'해야 하는 예금을 가

리킨다. 우리가 흔히 사용하는 이자가 거의 붙지 않은 보통예금통장(급여 통장으로 많이 쓰는)과 기업이 당좌수표를 발행하여 필요할 때 찾아 쓰는 이자가 붙지 않는 당좌예금 등이 여기에 해당한다.

M2(광의의 통화)의 경우는 M1을 포함하고 거기다 만기가 2년을 넘지 않는 정기 예·적금이나 부금 등으로 구성된다. 수시로 찾을 수 있는 예금 이외에도 만기가 그리 길지는 않지만 그래도 만기에 묶여 있는 예금까지 포함된 개념이다. 여기서 알 수 있듯이 통화(유동성)지표는 그 범위가 점점 넓어질수록 현금으로 찾을 수 있는 가능성이 다소 낮아지고 있음을 알 수 있을 것이다. 물론 원한다면 언젠가는 현금으로 바꿀 수 있는 가치가 있으므로 다 통화(돈)라고 봐야 하지만 말이다.

$ 할수록 점점 늘어나는 통화량

자! 이렇게 통화_(유동성)지표를 나누어 보니 어디까지가 돈인지 구분하는 것은 어렵지 않은 것 같다. 하지만 여전히 이러한 구분이 실제로 금융시장에서 무슨 의미가 있는지 감이 잘 오지 않을 수 있으리라. 이에 대해 예를 하나 들어 설명해 보겠다.

만약 한국은행이 물가안정을 위한 통화정책의 일환으로 총 100억 원의 돈을 시장에 풀었다고 하자. 그럼 M1은 100억 원이 된다. 처음엔 이 돈이 몽땅 '왕서방'이라는 사람의 손에 들어갔다고 가정해 보자. 그러던 어느 날 왕서방은 '알찬은행'에 정기예금으로 25억 원을 넣고, 금융채를 40억 원어치 매입했다. 그리고 알찬은행은 왕서방이 예치한 정기예금과 금융채 매매로 들어온 돈 65억 원_(25억+40억) 중 45억 원을 '성실기업'에게 대출해 주었다. 한편, 성실기업은 대출받은 45억 원 중에서 30억 원으로 국채를 매입했다. 이를 정리해 보면 다음과 같다.

구분	금융거래	항목별 정리
왕서방	애초에 있던 100억 중 알찬은행에 정기예금 25억 예치, 금융채 40억 매입 ☞100억 = 현금 35억 + 정기예금 25억 + 금융채 40억	*현금 70억 (=35+20+15) *정기예금 25억 *금융채 40억 *국채 30억
알찬은행	왕서방으로부터 들어온 현금 65억(25억+40억) 중 45억을 성실기업에 대출해줌 ☞65억 = 현금 20억 + 대출 45억	
성실기업	알찬은행으로부터 대출받은 45억 중 30억을 국채매입 ☞45억 = 현금15억 + 국채 30억	

∴ 금융거래 전: M1 = M2 = Lf = L = 100억 원

∴ 금융거래 후: M1 = 70억 원(현금 70억), M2 = 135억(M1+정기예금+ 금융채)

Lf = 135억(추가사항 없음), L = 165억(M1+M2+Lf+국채)

자. 여기서 통화를 관리하는 한국은행이 산출한 여러 종류의 통화(유동성)지표를 다시 한번 떠올려 보자. 왕서방이 현금 100억 원을 가진 채 아무런 금융거래를 하지 않으면 M1, M2, Lf, L 등 각 통화(유동성)지표는 100억 원으로 똑같다. 하지만 왕서방이 알찬은행에, 알찬은행이 성실 기업에 다시 성실기업이 알찬은행으로 여러 형태의 금융거래를 하고 난 후 통화(유동성)지표는 엄청나게 변했다. 실제로 계산을 해보면 대부분이 증가했음을 알 수 있다.

이렇듯 한국은행이 돈을 찍어내면 그 통화량만큼만 시장에 풀리는 게 아니라 각 경제주체의 자유로운 금융거래를 통해 통화량은 점점 더 증가함을 알 수 있다. 따라서 한국은행은 적절한 통화량을 조절하기 위

해 금융거래로 일어날 수 있는 통화량의 증가분을 미리 가늠하고 이를 전제로 하여 돈을 시장에 풀어야 한다. 따라서 여러 통화(유동성)지표 중에서 어떤 지표를 중심지표로 삼고 어떻게 예측하여 통화량을 조절할지에 대해서 한국은행의 고도의 노하우와 전문지식이 필요한 것이다.

한국은행의
통화정책을 알아보자

이제 우리는 어디까지가 통화인지 그리고 그것이 각종 금융거래를
통해 시장에서 어떻게 증감해 가는지를 알아보았다. 그럼 이제는 한국은
행이 물가안정을 위해 통화량의 수위를 조절하는 방법에 대해 알아보자.
모름지기 시장은 상명하복하는 군대조직이 아니다. 따라서 한국은행이
'지금부터 금리를 몇%로 하라'라고 명령[2]을 내린다고 해서 시장이 토
하나 달지 않고 일사분란하게 움직여 즉시 금리를 몇%로 맞추는 것은
아니다. 만약 그렇게 된다면 세상일이 얼마나 수월할까? 하지만 시장은
수많은 이해관계자가 자신들의 이득을 위해 움직이고 있는 살아있는 유
기체다. 따라서 한국은행이 물가안정을 위해 금리를 몇%로 하겠다고 정
했다면 이게 시장에 반영이 되도록 어떤 행동을 해야 한다. 그럼 어떤 행
동을 해야 할까? 아주 쉽게 말하면 이렇다.

우선 기준금리를 정한다. 예를 들어 기존의 기준금리가 2%였는데

경기가 침체하고 물가도 자꾸 하락하는 추세여서 한국은행은 금리를 좀 더 내려야겠다는 판단을 했다고 하자. 그래서 '기준금리를 1.5%로 한다'고 발표를 했다. 하지만 시장이 이를 무작정 따를 리는 없다. 하지만 한국은행은 돈이 많다. 아울러 물가안정이 목표이지 영리가 목적인 곳이 아니다. 손해를 보는 것은 두렵지가 않다. 그래서 시중은행에 있는 채권을 비싸게 사주겠다고 이야기한다. 시중은행이야 나쁠 게 없다. 한국은행이 비싸게 사주니 채권가격은 자연스레 올라간다. 그런데 앞서도 설명했듯이 채권가격과 금리는 반비례 관계라고 했다. 즉, 채권가격이 올라가는 만큼 금리는 내려간다. 한국은행은 이런 금융법칙을 이용하는 것이다. 물론 금리가 한국은행이 원하는 1.5%로 내려갈 때까지만 채권을 비싸게 사주는 것이다. 결과적으로 시장에서 한국은행이 원하는 만큼 금리를 내릴 수 있으며 그만큼 시장에 통화량이 풀리게 되는 것이다.

이게 바로 한국은행의 통화정책이다. 물론, 이 방법 이외에도 몇 가지 방법으로 통화량을 조절한다. 한국은행의 통화정책에는 크게 세 가지가 있다. '공개시장조작정책', '지급준비정책', '대출정책'이 바로 그것이다. 그럼 우선 가장 대표적인 통화정책인 '공개시장조작정책'부터 알아보자.

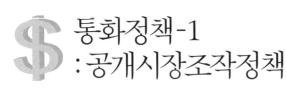

통화정책-1
: 공개시장조작정책

    공개시장이란 'open market'을 말한다. 단어만 봐도 알 수 있듯이 이것은 단기금융시장이나 채권시장과 같이 누구나 공개적으로 금융상품을 거래할 수 있는 시장을 의미한다. 한국은행이 이러한 공개시장에서 금융기관들을 상대로 국공채 등의 유가증권을 사고팔아서 통화나 금리를 조절하고 유동성을 관리하는 것이 바로 '공개시장조작정책'이다.

일반적으로 금융기관은 사람들로부터 받은 예금을 운용하기 위해 채권을 매입하여 보유하게 된다. 따라서 시장에 자금이 부족할 때 한국은행이 이러한 채권을 매입해주면 새로운 자금이 금융기관에 풀리는 효과가 생기는 것이다. 반대로, 시장에 자금이 남아돌 때는 한국은행이 과거 매입해놓았던 채권을 금융기관에 다시 팔면 그만큼 자금이 한국은행으로 빨려 들어가므로 시장의 자금을 줄일 수가 있다. 참고로, 통화정책을 설명할 때는 '시장=시중=금융기관'을 항상 같은 개념으로 보면 된다. 물론, 그 반대편에는 '한국은행'이 있다. 돈이 한국은행으로 들어오면 시장 또는 시중 그리고 (일반)금융기관에 돈이 줄어드는 것이고 그 반대로 돈이 한국은행에서 흘러나오게 되면 시중에 돈이 늘어나는 것이다. 아울러 '유동성=통화량=자금=돈'도 이음동의어, 즉 같은 의미로 사용된다고 이해하면 된다.

공개시장조작정책은 1830년대 영란은행(영국의 중앙은행)에서 콘솔 Consol공채를 매각한 것에서 그 유래를 찾고 있다. 당시 영국은 급속한 경제성장과 무역흑자로 시중에 여유 자금이 넘쳐나고 있었다. 돈이 남아돌면 돈값이 똥값이 되어 자연스레 물가상승의 압박에 시달리게 된다. 따라서 영란은행이 보유하고 있던 콘솔공채*를 매각해서 시장의 남아도는 유동성 자금을 흡수했다. 공개시장조작정책은 '공개'라는 단어와 '국공채를 시장에서 자유롭게 매매'라는 표현에서도 알 수 있듯이 그 실시 시기나 조작규모와 조건 등을 필요에 따라 수시로 조정할 수 있다. 따라서 신축적이고 능동적인 정책운용이 가능하므로 최근 들어 공개시장조작이 통화정책의 대세로 자리 잡고 있다. 그럼 공개시장조작정책의 장점을 몇 개로 정리해보자.

① 필요한 규모만큼 채권매매를 하면 되기 때문에 자금조절 규모가 아무리 작더라도 섬세하게 유동성을 조절할 수 있다.
② 또한 금융기관들과 직접 채권을 사고팔아서 조절하는 방식이기 때문에 한국은행이 능동적이고 직접 시중유동성을 조절할 수 있다.

---

* 콘솔공채: 1752년부터 영국정부가 전쟁비용을 마련할 목적으로 발행한 공채公債다.

③ 게다가 타 정책보다 신속하다. 지급준비정책의 경우 지준율을 변경하기 위해 상당한 행정적 절차가 뒤따라야 하지만 공개시장조작정책은 매매를 통해서 조절하는 것이므로 매매절차만 수행하면 되기 때문이다.

그렇다면 이 정책에서 매매의 대상이 되는 유가증권에는 어떤 것이 있을까? 우선, 단순증권매매 대상인 국채, 정부보증채, 토지개발채권이 있다. 주로 장기자금조절에 사용된다. 다음으로, 국채, 정부보증채, 토지개발채권, 통화안정증권을 환매조건부 증권RP으로 만들어 거래하는 RP 매매가 있다. 주로 단기자금조절에 사용된다. 여기서 여러분들 중 몇몇 분들은 환매조건부 증권RP에 대해 들어본 적이 있을 것이다. 증권회사에서 판매하는 단기금융상품 중에 RP가 있기 때문이다. 물론, 증권회사 RP와 공개시장조작정책에서 나오는 RP는 그 종류와 용도에 다소 차이가 있다. 당연히 증권회사 RP는 금융상품으로 재테크를 위한 것이고 공개시장조작정책의 RP는 통화량 조절을 위한 것이다. 하지만 장기채권을 단기채권화 시켰다는 측면에서 기본적인 개념은 비슷하다.

공개시장조작정책에서 RP는 주로 공개경쟁입찰을 통해 매매한다. 우선 한국은행이 내정금리(내정가격)를 미리 정한다. 당연히 내정금리는 한국은행이 발표하는 '기준금리'로 한다. ①RP 매각 시에는 각 금융기관이 응찰가격을 써내면 가장 높은 가격부터 내정가격 이상까지를 잘라서 낙찰금융기관을 선정한다. 이것은 한국은행이 내정가격 아래로는 RP를 팔지 않겠다는 의도다. 일단 선정이 된 후에는 낙찰자가 제시했던 가격 중 가장 낮은 가격을 일률적으로 적용하여 낙찰자에게 편의를 제공하는 것이다. ②반면, RP 매입 시에는 각 금융기관이 응찰가격을 써내면 가장 낮은 가격부터 내정가격 이하까지 잘라서 낙찰금융기관을 선정한다. 이 것은 한국은행이 내정가격 이상으로는 RP를 사지 않겠다는 의도다. 그런 후 낙찰자 각자가 써낸 가격으로 매입해줌으로써 낙찰자에게 편의를 제공해 주는 것이다.

RP란 무엇일까?

RP Repurchase Agreements란 일단 매각하고 나서 일정 시간이 지나면 다시 되사주겠다는 조건이 붙어 있는(환매조건부) 채권을 말한다. 공개시장조작 정책의 매매 대상이 되는 국공채는 일반적으로 만기기간이 길다. 따라서 이를 대상으로 단기자금조절을 하기란 쉽지가 않다. 그래서 이 채권을 그냥 팔지 않고 7일, 15일 등 짧은 기간이 지나면 다시 환매하겠다는 조건 RP을 붙여서 파는 것이다. 이렇게 되면 채권 자체는 국공채인 적격증권인데 만기는 짧아지는 단기채권의 효과가 있으므로 단기로 자금을 조절하기가 쉬운 것이다.

물론, 증권회사의 단기금융상품인 RP도 그 개념은 같은 것이다. 일반적인 채권은 만기가 길어 장기금융상품에 속한다. 하지만 고객이 해당 채권을 사고는 싶지만, 만기가 길어 꺼려질 경우가 있다. 이 경우 증권회사에서 3개월 등 상대적으로 짧은 기간 후에 되사주기로 한다면 고객은 만기가 짧아지는 효과가 있다. 이렇듯 장기금융상품의 대명사인 일반 채권이 RP로 바뀌면서 단기금융상품으로 재탄생하게 되는 것이다.

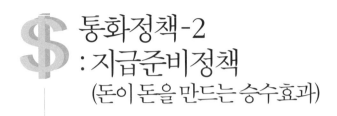

통화정책-2
: 지급준비정책
(돈이 돈을 만드는 승수효과)

　일반은행은 고객으로부터 예금을 받아 이를 여러 형태의 자산으로 운용해서 그 마진을 먹는장사를 하는 곳이다. 여러 형태의 자산 중에는 산업시설자금대출, 주택담보대출, 장기채권투자 등 한번 돈이 나가면 회수하는 데 오랜 기간이 걸리는 것들도 있다. 그러다 보니 어느 날 갑자기 고객들이 찾아와 예금인출을 요구했을 때 여기에 응할 수 있는 돈을 얼마만큼은 준비해 놓고 있어야 한다. 만약 이러한 돈을 준비해 놓지 않는다면 갑작스러운 예금인출에 은행은 당황하게 되고 따라서 시중에서 높은 금리를 주고서라도 돈을 빌려야 할 처지가 될 것이다. 이렇게 되면 예금자들도 불안해할 것이고 금리도 급격히 뛰게 되어 이래저래 금융시장이 혼란스러워질 것이 뻔하다.

　다시 말해 은행이 일정한 금액의 돈을 준비해 두지 않는 것은 개별은행만의 문제가 아니라 금융시장 전체에 있어서 위험요인이 될 수 있다는 것이다. 그러다 보니 이러한 돈을 준비해놓는 것을 정부가 은행 자율에만 맡길 수는 없다. 따라서 은행들이 갑작스러운 예금인출에 대비해 준비해두어야 할 일정 금액의 돈을 중앙은행(우리나라의 경우 한국은행)에서 강제적으로 맡아두도록 하는 제도가 생겨났는데 이를 바로 '지급준비제도reserve requirement system'라고 한다. 중앙은행이 은행들의 예금금액에 대해 일정 비율(지급준비율)의 돈(지급준비금)을 강제적으로 맡아두었다가 필요한 경우 이를 다시 내어 주는 방식으로 운영하는 것이다. 이 제도는 1863년 제정된 미국 국법은행법National Bank Act에서 그 효시를 찾아볼 수 있다.

그런데 이러한 제도를 운용하던 중, 중앙은행이 지급준비율 즉, 지준율을 변경하여 본원통화를 조절하게 되면 시중의 전체통화량을 조절할 수 있다는 것을 알게 되었다. 여기서 '본원통화'란 중앙은행에서 발행한 화폐발행액과 지준예치금(지급준비금으로 중앙은행에 예치된 돈)의 합계를 말한다. 즉, 지준율을 높이면 은행들은 더 많은 돈을 중앙은행에 예치해야 하므로 시중에 돈은 줄어들게 되고 반대로 지준율을 낮추면 상대적으로 적은 돈을 중앙은행에 예치하면 되니까 시중의 돈은 늘어나게 되는 것이다. 특히나 이러한 본원통화의 조절은 '승수효과'까지 더해져 전체통화량 조절에 더욱더 효과적이라는 사실이 밝혀지면서 중앙은행의 유동성 조절 수단으로 각광받기 시작했다.

여기서 '승수乘數효과'란 또 무엇이더냐? 중앙은행이 본원통화를 공급하면 통화는 승수money multiplier배만큼 늘어난다는 이론이다. 이는 은행의 신용창출능력에 의해 그렇게 되는 것이다. 예를 한번 들어보자. 한국은행이 100만 원의 본원통화를 공급하면 은행은 이 중 10만 원(지순율이 10%라고 가정할 경우)을 지준(지급준비금)으로 한국은행에 예치하고 나머지 90만 원은 대출하게 된다. 그런데 대출받은 사람이 이 돈을 다시 은행에 예치하게 될 경우, 은행은 다시 이 중에서 9만 원(지준율이 10%라 가정하였으므로)을 지준으로 예치하고 나머지 81만 원을 대출하게 된다. 이것이 다시 은행의 예금으로 들어오게 되면 또다시 지준으로 예치하고 나머지 금액이 대출된다. 이러한 무한정한 반복을 통해 결국 통화는 1,000만 원만큼 늘어나게 된다는 이론이다. 이때 승수는 10이다. 이를 간단한 계산식으로 나타내면 다음과 같다.

> 통화량(M) = 통화승수(m) × 본원통화(MB)
>
> 이때, 통화승수(m) = 1/지준율(r)
>
> ∴ 위의 예를 적용해 보면, 본원통화(MB) 100만 원, 지준율(r) 10%이므로
>
> 통화량(M): 1/10% × 100만 원 = 1,000만 원

이러한 승수효과는 앞서 통화(유동성)지표를 설명할 때 예를 든 '왕서방'의 사례와 같은 맥락이라 보면 된다. 물론, 여기서 은행이 지준 외의 돈을 모두 대출해 준다거나 이 돈을 대출받은 사람이 그 금액을 모두 예금한다는 것은 가정에 지나지 않는다. 대출받은 사람이 그 돈을 다른 곳에 사용하게 된다면 그만큼 통화량은 줄어들 것이다. 하지만 큰 맥락에서 이 이론은 상당히 일리가 있다고 할 것이다.

하지만 승수효과 때문에 지준율을 조금만 변화시키더라도 금융시장에 너무 강력한 영향을 미친다는 사실은 지급준비제도의 장점인 동시에 단점이다. 자칫 잘못 예측하여 지준율을 너무 많이 변경했다가 통화가

기하급수적으로 늘어나 금융시장에 엄청난 충격을 줄 수 있기 때문이다. 또한, 지준율을 바꾸기가 제도적으로 쉽지 않다는 단점도 있다. 따라서 최근 들어 각국에서는 중앙은행의 유동성 조절수단으로 이를 자제하는 경향이 있다. 대신 '공개시장조작정책'이 더 많이 이용되고 있다.

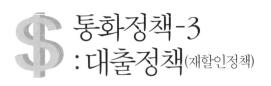

통화정책-3
: 대출정책(재할인정책)

07

한국은행의 3대 통화정책 중 마지막 하나가 바로 '대출정책'이다. 일반은행이 기업이나 가계에 대출을 해주는 것처럼 한국은행은 금융기관에 대출해준다. 물론, 이러한 대출은 예대마진을 챙겨 돈을 벌자는 심산은 아니다. 앞서도 말했지만, 한국은행은 수익을 창출해야 하는 사기업이 아니니까 말이다. 한국은행의 대출 역시 통화량을 적절하게 조정하기 위한 통화정책의 일환인 것이다.

한국은행이 대출을 통해 '시장'에 통화를 많이 풀면 돈 가격이 내려가 물가상승(인플레이션)이 일어나고 반대로 한국은행이 대출을 회수해 시장에 통화량이 줄어들면 반대로 돈 가격이 올라 물가가 내려가게 되어 적정 물가를 조절해 나간다. 여기서 '시장'은 앞서도 설명했듯이 한국은행 밖의 모든 곳(은행, 증권회사, 보험회사, 기타 금융기관, 기업, 가계 등)이다. 그러니까 시장의 경계선은 한국은행을 기준으로 나누면 된다.

모름지기 대출할 때는 담보를 잡거나 대출약정서를 쓰거나 해서 나중에 상환받을 수 있는 근거를 만들어 놓는 게 일반적이다. 여기엔 한국은행의 대출도 예외는 아니다. 가장 먼저 대출정책을 시작했던 곳 역시 영란은행(영국의 중앙은행)이다. 영란은행은 20세기 초까지 돈을 빌려줄 때 주로 금융기관이 보유하고 있는 어음을 할인·매입하는 방식을 사용했다. 금융기관은 기업이 가지고 있는 어음을 할인해서 기업에 자금을 공급한다. 이렇게 해서 금융기관이 보유하게 된 어음을 영란은행이 다시 할인해서 자금을 공급했기 때문에 '대출정책'을 흔히 '재할인제도'라고 부르기도 한다.

여기서 '할인'이란 앞서도 언급했듯이 선이자를 차감하는 방식을 말한다. 예를 들어 A기업이 거래처로부터 액면 10억 원짜리 어음을 물품대금으로 받았다. 만기는 6개월 이후지만 당장 돈이 필요하다. 그럼 은행에 찾아가 6개월 미리 당겨 돈을 달라고 요청할 것이다. 은행에서는 해당 어음의 위험도나 기간 이자를 생각해 적정이율만큼 미리 차감하고 돈을 지급한다. 하지만 시장에 돈이 부족해서 은행에서 어음을 할인해서 내어줄 돈이 없어진다면 기업들은 자금을 확보하는 데 차질이 생길 것이고 심해지면 유동성 위기를 겪을 수도 있다. 이럴 때 한국은행이 은행이 보유하고 있던 어음을 재할인방식으로 대출해서 돈을 공급하게 되면 은행은 그 돈으로 다시 기업의 어음을 할인하게 될 것이고 마침내 시장에 돈이 돌게 되는 시스템이다.

이후 각 나라 중앙은행에서는 어음 재할인방식뿐만 아니라 증권을 담보로 해서 금융기관에 대출을 해주게 되었는데 이때 대상이 되는 담보증권은 국채나 안전성이 높은 적격증권에 한정되어 있다. 왜냐하면,

이들 담보증권이 부실화되면 중앙은행 대출 자체가 부실화되어 경제 전반에 악영향을 끼치기 때문이다. 대출정책을 실행할 때는 대출금리를 변경하거나 대출규모를 직접 조절함으로써 금융기관의 유동성과 자금조달비용에 영향을 주게 되고 이것이 나아가 기업이나 가계에도 영향을 미치도록 하고 있다.

하지만 우리나라를 포함하여 금융시장이 개방되고 발달한 나라에서는 이러한 대출정책은 한계가 있다. 은행뿐만 아니라 비은행금융기관 및 기업 등 다양한 경제주체가 직접 참여를 하는 금융시장에서 한국은행의 다소 인위적인 대출조정이 자칫 잘못하면 시장메커니즘에 어긋나는 뜻하지 않는 방향의 결과를 초래할 수도 있기 때문이다. 따라서 대출정책은 지급준비정책과 함께 금융시장이 아직 덜 성숙한 경제개발 초기 단계에서 주로 사용되는 통화정책이며 금융경제가 어느 정도 발전한 단계에서는 공개시장조작정책을 주로 활용하고 있다.

$ 콜금리는 어디 가고, 정책금리가?

08

어느덧 금리가 우리들의 일상생활에서 피부로 느껴지는 경제변수가 되었다. 특히나 최근 들어 우리나라의 통화정책도 세계 주요국가와 마찬가지로 앞서 설명한 기존 3대 통화정책에서 '금리중시' 통화정책으로 바뀌면서 정책금리 자체를 인상 또는 인하하여 통화량을 조절하고 물가를 안정화하는 데 중점을 두고 있다. 그러다 보니 일반서민들도 과거와 달리 한국은행(금융통화위원회)에서 결정되는 정책금리에 대해 적잖은 관심을 끌게 된 것 같다.

그런데 신문기사를 보면 2007년까지만 해도 한국은행 금리발표는 '콜금리'를 인상·인하했다는 것이었는데, 2008년부터는 웬일인지 콜금리가 아닌 '정책금리' 또는 '기준금리'를 인상·인하했다고 한다. 그 이유는 뭘까? 용어가 바뀐 것일까? 기실은 한국은행이 2008년 3월부터 정책금리를 '콜금리'에서 '환매조건부채권RP금리'로 바꾸었기 때문이다. 다시 말해 이제 콜금리는 더 이상 정책금리가 아니다.

콜금리란 금융기관 간의 초단기대출과 차입을 하는 거래인 콜거래의 금리로서 1999년부터 통화량을 조절하는 통화정책금리로 활용됐다. 금융기관끼리의 거래이다 보니 일반 국공채금리보다 영향을 미치는 변수가 적어 조절하기도 쉽고 '콜금리 → 단기시장금리 → 장기시장금리'로의 파급효과도 적지 않았기 때문이다.

하지만 언제부터인지 이러한 파급경로에 문제가 생겼다. 그 이유를 한국은행이 콜금리를 발표하고 이를 금융시장에 적용하는 과정에서 찾을 수 있다. 일단 시장에 통화가 많이 풀려 인플레이션이 발생하면 한국은행은 금리를 올려서 통화량을 줄이려 할 것이다. 이때 한국은행이 콜금리 인상을 발표한다. 예를 들면 기존 콜금리 14.40%에서 14.65%로 인상한다는 식이다. 하지만 발표는 발표일 뿐 이게 시장에 적용되려면 어떤 조치를 해야 한다. 이때 한국은행은 보유하고 있던 환매조건부채권RP을 시장에다 매각한다. 그럼 그만큼의 자금이 한국은행으로 들어와서 시장엔 통화량이 줄어들게 된다. 통화량이 줄어들면 콜금리가 올라갈 것이고 - 시장에 돈이 귀해지면 금리가 치솟을 테니까 - 이렇게 해서 기존 콜금리 14.40%에서 발표한 목표치인 14.65% 수준을 맞추도록 하는 것이다. 반대로 콜금리가 목표치보다 훨씬 더 올라가면 한국은행은 RP를 시장에서 매수하고 그만큼 돈을 지급해 시장에 통화를 푼다. 그럼 콜금리는 자연스레 내려가게 되어 목표치인 14.65%를 맞추게 된다.

콜거래는 대부분이 만기가 하루짜리다. 다시 말해 한국은행은 그동안 발표한 목표치 콜금리를 맞추기 위해 매일매일 이런 조치를 취했다. 그런데 이렇게 되니 누구나 한국은행이 발표한 목표치 콜금리만큼 한국은행이 알아서 맞춰 줄 거라는 생각을 하게 되었고, 콜시장에서 수급에 의해 오르고 내려야 하는 변동금리인 콜금리가 거의 '고정금리화' 되어 가기 시작했다. 이쯤 되면 이재理財에 밝은 금융기관들이 가만있을 리없다. 실제로 그동안 외국계 은행이나 일부 금융기관들은 이점을 이용해 콜금리를 빌려다가 채권 등에 대거 투자했다. 통상 단기금리(콜금리)보다 장기금리(채권)가 높으니까 그만큼의 금리 차이를 먹을 수 있기 때문이다. 물론, 콜거래로 돈을 빌려 채권에 투자하는 게 불법은 아니다. 하지만 어차피 콜금리가 고정되어 있는 것이나 마찬가지니 수급에 따른금리예측도 없이 무작정 돈을 빌려 채권에 투자한 것이다. 마치 패를 보고 고스톱을 치는 거나 다름이 없는 투자행위였다. 이런 거래가 빈번하니 채권시장에는 오히려 불필요한 투자가 늘어 채권가격은 올라가고 그에 따라 채권금리가 떨어지는 기현상이 일어났고 이로 인해 통화정책과금리정책에 오류가 생기게 된 것이다. 한국은행으로서는 이런 얌체거래를 빤히 보면서도 매일매일 콜금리를 목표치 수준으로 맞추는 것은 분명 문제가 있다고 판단했다.

그래서 2008년 3월부터 정책금리를 1일짜리 콜금리에서 7일짜리환매조건부채권RP금리로 바꾸게 된 것이다. 이로써 콜금리는 다시금 콜시장에서 수요와 공급에 의해 적절히 변동하는 변동금리로서의 위상을찾게 된 것이다. 다만 이렇게 했을 때 콜금리가 너무 큰 폭으로 움직여시장의 불안정성을 조장하는 일이 없게 하려고 '대기성 여수신제도'를마련하였다. 이는 은행들이 금액이나 횟수에 상관없이 자금을 하루 동안한국은행에 예치하거나 대출을 받을 수 있는 제도로 미국식 재할인제도와 비슷한 형태다. 은행이 빌릴 때는 기준금리보다 1%포인트 금리를 더 내고, 맡길 때는 1%포인트 금리를 낮게 받게 되어 있다. (지준 마감일에는 기준금리의 ±0.05%포인트) 따라서 콜금리가 아무리 많이 움직여도 일정 범위에서 벗어나지 않도록 하는 것이다. 참고로 이 제도의 도입으로 유사한 기능을 했던 일시부족자금대출 및 유동성조절대출제도는 폐지가 되었다.

이렇듯 정책금리를 'RP'금리로 변경하면서 콜금리는 시장 친화적인 살아있는 금리가 된 것이다. 그리고 변동금리인데도 불구하고 고정금리화 된 콜금리를 이용해 양체 같은 운용을 했던 일도 더는 못하게 되었다.

이리하여 우리는 이제 기사에서 한국은행의 '콜금리 인하'가 아니라 '정책금리(또는 기준금리) 인하'라는 기사를 보게 된 것이다.

기준금리 조정폭은 왜 0.25%포인트 단위로 하는가?

한국은행이 통화정책에서 금리중시 정책을 쓰기 시작하면서부터 적절한 통화량(유동성)유지를 위해 적정한 기준금리를 얼마로 해야 하는지를 지속해서 고민하고 있다. 일단 기준금리를 조정하겠다고 결정하게 되면 그다음은 그 폭을 어느 정도로 할 것인지를 정해야 한다. 그리고 매월 첫 번째 목요일 한국은행의 금융통화위원회에서 이를 발표하는 것이다.

기준금리의 조정폭은 계량경제모델을 이용하여 구체적으로 산정할 수도 있지만 최근에는 금리를 0.25%포인트 단위로 조금씩 조정하는 방식을 주로 사용하고 있다. 이 방식은 이른바 '그린스펀의 아기걸음마Greenspan's babystep'라고 하는데 과거 미 연방준비위원회의 그린스펀 의장이 정형화시킨 방식이다. 조정폭을 작게 할 필요가 있을 때는 0.25%포인트, 크게 할 필요가 있을 때는 0.5%포인트 또는 0.75%포인트씩 조정한다. 현재는 우리나라뿐만 아니라 금리중시 통화정책을 사용하는 각국의 중앙은행에 전파되어 금리 조정폭을 정하는 하나의 규칙으로 널리 사용되고 있다.

■ 한국은행 기준금리(정책금리)

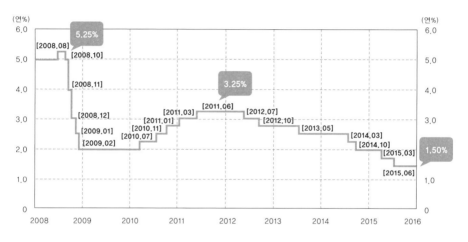

· 2008년 2월까지는 콜금리 목표, 이후부터는 RP금리 목표

출처: 한국은행 홈페이지

09

아무리 뿌려대도 돈이 돌지 않는 '유동성 함정'

지난 2015년 말 급기야 미국이 금리인상을 단행했다. 미국이 위기를 일으켜 전 세계가 고통을 받았는데 신기하게도 그동안 미국만 경기가 회복되었다. 그러다 보니 그동안 뿌려댄 돈을 거둬들일 심산으로 금리를 인상했나 보다. 물론, 그로 인한 혼란이 전 세계에 다시 퍼지고 있는 것 같다. 미국 금리가 올라가니 돈들은 미국으로 몰리고 특히 신흥국가들이 죽을 쑤고 있다. 여하튼 지금이야 미국이 금리를 올렸지만, 2008년 당시에는 미국부터 금리를 내리고 돈을 뿌려댔다. 글로벌 경제위기가 터지자 줄기차게 말이다. 여기에 전 세계가 동참했다. 그 정도가 너무 심해 이를 '헬리콥터 머니'라고 부를 정도다. 미국 8,000억 달러 추가 자금지원! 미국 사실상 제로금리시대 도래! 중국 사상 최대 금리인하 단행! 한국은행 기준금리 1%포인트 전격 인하! 당시 신문지상을 장식했던 제목들이다. 여하튼 글로벌 금융위기 이후 헬리콥터가 공중에서 살포하듯이 경쟁적으로 돈을 뿌려댔지만, 초기에는 약발이 먹히질 않았다. 전 세계가 돈은 뿌려대는데 시중에 제대로 돈이 돌지 않는 전형적인 '유동성 함정'에 걸려들었다. 경기가 악화되고 시중에 돈이 돌지 않을 때 정부는 금리를 내리거나 통화량을 늘리는 정책을 쓴다. 그래서 풍부한 유동성 자금이 낮은 금리로 기업이나 가계 곳곳에 흘러들어가 투자가 늘어나고 내수가 늘어야 경제에 활력이 생기기 때문이다. 하지만 아무리 돈을 뿌려대도 이러한 곳으로 돈이 흘러가지 않고 단기자금에 몰려 있다면 그야말로 낭패가 아닐 수 없다.

당시 우리나라도 별반 다를 바 없었다. 2008년 말, MMF나 CMA, 증권사 RP 그리고 은행의 요구불예금 등 단기금융상품에는 자금이 무려 204조 원이나 몰려 있었다. 정작 돈이 필요한 곳은 돈 가뭄에 시달려 고사枯死 직전의 위기에 봉착하고 있었는데도 말이다. MMF나 증권사RP 등이 뭐겠는가? 아직 투자처를 찾지 못한 자금들이 몰리는 임시대기소 아닌가? 돈 가진 기업이나 사람들이 돈을 마냥 쥐고만 있지 쓰지는 못하고 있다는 것은 그만큼 그들이 미래에 대해 불안해하고 있다는 방증이다.

그래서 전문가들은 유동성이 돈을 얼마나 많이 뿌렸느냐 하는 총통화량의 크기뿐만 아니라 심리적 요인에 의해서도 크게 좌우된다고 한다. 따라서 다음과 같은 공식을 쓸 수 있다.

유동성 ＝ 총통화량 × 심리적 요인

다들 짐작이 가겠지만 2008년 당시 유동성 위기가 그렇게 심각했던 것은 총통화량이 적어서 그런 게 아니었다. 문제는 바로 심리적 요인이 급격히 얼어붙어 있기 때문이다. 쉽게 말해서 과거 '1'이었던 심리적 요인이 '0.5'나 '0.2'로 줄었다는 것이다. 곱셈을 조금이라도 할 수 있다면 이것이 뭘 의미하는지 알 것이다. 총통화량을 100에서 200으로 늘려봤자 정작 곱하는 숫자가 '1'에서 0.5나 0.2로 줄면 오히려 그 결과 값인 유동성도 줄어든다. 즉 돈이 제대로 안 돌아간다는 의미다. 여기서 재미있는 점을 하나 발견할 수 있다. 위기도 사이클을 탄다. 영원히 지속하지는 않는다는 것이다. 이는 실제로 위기의 요인이 사라지기도 하지만 사람들이 불안에 둔감해지기도 한다는 의미다. 따라서 심리적 요인은 언젠가는 '1' 이상으로 다시 회복할 가능성이 크다. 그럼 다시금 엄청난 재앙(또는 사람에 따라서는 기회)이 찾아올 수 있다. 그동안 각국 정부는 금리인하와 통화공급으로 총통화량을 엄청나게 늘려놓았다. 여기다 곱하기 값인 심리적 요인이 '2'나 '4'로 바뀐다면 어떻게 되겠는가? 유동성은 그야말로 기하급수적으로 늘게 될 것이 분명하다. 그렇게 되면 시장에 돈이 차고 넘친다. 시장에 돈이 차고 넘치면 반대로 자산가격이 급상승하게 된다. 어마어마한 메가톤급 인플레이션이 찾아올 수도 있다는 소리다. 로마가 망한 직접적 원인이 게르만족의 이동보다는 당시의 엄청난 인플레이션 때문이라는 설도 있다. 위정자들이 자신의 치적을 세우고자 엄청난 양의 화폐를 찍어댔던 것이다.

그래서 2015년 말 미국이 금리를 인상했는지도 모른다. 이러한 위험을 미리 방지하려고 말이다. 하지만 좀 섣부른 행동이었을까? 미국의 금리인상 발표가 있은 지 얼마 안 되어 전 세계가 요동치고 있으니 말이다. 중국의 경기 침체와 유가 하락 등과 맞물려 다시금 전 세계가 불안에 빠진 듯하다. 이렇듯 위기를 이겨내기 위해 뿌려댔던 유동성이 이제는 어떤 방향으로 튈지 모르는 상황까지 이른 듯하여 착잡하다. 저금리를 계속 유지하자니 메가톤급 인플레이션이 두렵고 그렇다고 금리를 올리자니 사람들의 불안심리로 경기 악화가 가속될까 두렵고… 과연 어느 장단에 맞추어야 할까?

tip

■ **기업의 유동성 위기**

한 기업의 영업성과 능력, 수익성, 보유자산, 가치와 전혀 상관없이 이루어지는 위기를 말한다. 대부분 단기채무가 많은 기업들에 나타나는데, 한마디로 말하자면 능력은 있으나 현금이 부족한 기업을 두고 유동성 위기에 직면했다고 표현한다.

미국의 금리인상
: 급격한 양적 완화 정책의 빛과 그림자

빰을 때리지는 않고 자꾸 때리겠다는 말만 반복한다면, 정작 맞아야 할 사람은 불안할까? 차라리 한 대 맞고 말지 말이다. 미국의 금리인상이 바로 그랬다. 우리나라에 한국은행이 있듯이 미국에는 연방준비제도(연준)가 있다. 여기서 미국의 정책금리를 조정한다. 그런데 미 연준은 2015년 연초부터 금리를 올린다 했었다. 글로벌 금융위기 이후 지나치게 많이 풀린 돈을 이제 거둬들일 때가 되었다면서 말이다. 돈을 풀어 금융위기를 극복했지만 이 돈을 그냥 두면 결국 시중에 돈이 흔해져 돈값은 내려가고 물가(물건값)가 치솟아 자칫 자산가격 버블로 이어질 수 있기 때문이다. 하지만 매번 올린다는 말만 반복할 뿐 실행에는 옮기지 않았고 그래서 시장은 미 연준의 눈치만 보며 불안해했다. 그러한 불안감이 반영되었는지 결국 2015년 9월에는 미국 다우지수가 312P나 폭락하는 지경에 이르렀다. 그러다 보니 올릴 테면 빨리 금리를 올려라, 차라리 뺨을 한 대 맞고 말겠다는 말까지 나온 것이다. 물론, 미 연준은 2015년 12월에 드디어 금리를 인상했다.

그럼 왜 미국은 2015년 내내 금리를 올리는 데 신중을 기할 수밖에 없었을까? 그 이유는 엄청난 양적 완화 정책의 후폭풍을 누구도 장담할 수 없기 때문이다. 양적 완화 정책이 무엇인가? 그동안 금융위기 극복을 위해 엄청나게 돈을 풀었다는 것이다. 따라서 이 돈을 금리인상을 통해 거둬들이기는 해야 하는데 자칫 잘못하면 어떤 예기치 못한 문제가 발생할지 고민을 하지 않을 수 없었다. 역사가 이를 말해주고 있다.

우선 아베노믹스로 유명한⁽?⁾ 일본의 아베 수상의 말을 들어보자. 나 역시 그의 우경화와 군국주의적 정치 행보를 상당히 싫어한다. 하지만 어쨌거나 경기침체와 디플레이션이라면 이골이 난 일본경제의 최고 책임자가 아니던가! 그가 2013년 6월 19일 영국의 금융중심가 런던 '더 시티The City'에서 했던 경제정책에 관한 강연 일부를 인용해 보겠다.

"디플레이션이란 것은 점차 체온이 내려가는 것과 같은 현상입니다. 방치하면, 소비자는 물건을 사고 싶어 하는 마음이 사라지게 됩니다. 올해보다, 내년에 가격이 더욱 내려가기 때문에, 최적의 행동은 '현금을 그대로 보유하는 것'이 됩니다. 필경 이와 비슷한 상황에 다카하시高橋는 직면했습니다. 1931년 대장성 대신에 복귀하자, '그날 안으로(날이 저물기 전에)' 금의 수출을 정지시켰습니다. 여기서 '그날 안으로'라고 하는 부분이 중요한 대목입니다. 좀처럼 떨어지지 않는 디플레이션 심리는 단숨에 불어서 날려버리지 않은 한, 집을 수 없기 때문입니다."**

여기서 다카하시高橋란 1930년대 초반 일본의 대장성 대신을 지낸 인물인 '다카하시 코레키요高橋是清'를 지칭한다. 당시 일본은 쇼와昭和 공황이라 불릴 만큼 엄청난 디플레이션을 겪고 있었다. 이때 대장성 대신이었던 다카하시 코레키요는 대대적인 통화정책을 펴서 디플레이션을 극복했다. 그의 디플레이션 극복정책은 엄청나게 급진적이었다. 마치 2008년 이후 미국의 양적 완화 정책처럼 말이다. 특히 다카하시가 구사했던 정책 중의 하나가 바로 정부가 발행한 국채를 일본은행이 직접 매입하는 것이었다. 이는 유통시장을 거치지 않고 발행시장에서 직접 채권을 매입하기 때문에 시중에 돈이 풀리면서도 금리에는 영향을 주지 않는 장점이 있다. 하지만 재정부담이 너무 커져 초인플레이션이 올 수도 있으며 추후 금리라도 오르게 되면 중앙은행의 이자 부담이 급증한다는 단점도 있어 대부분의 나라에서 사용하지 않는 방법이다. 그러나 다카하시는 과감하게 이 방식을 도입해 디플레이션을 잡아낸다. 그로 인해 당시 대공황을 겪고 있던 미국보다 훨씬 빨리 디플레이션을 벗어나게 된다. 하지만 다카하시의 디플레이션 극복은 그 정책목표를 달성한 후에 자산시장의 거품과 붕괴를 막을 수 있는 출구전략을 제대로 시행하지 못했다는 점에서 절반의 성공이 아니냐며 지금까지 역사의 판단이 엇갈리고 있다. 과감하고 급진적인 정책으로 경기침체에서 탈출한 이후, 그

** 《그럼에도 일본버블은 끝나지 않았다(それでも日本バブルは終わらない), 하라다 타케오(原田 武夫) 지음》에서 발췌 및 번역함.

는 이른바 양적 완화 정책을 축소하는 작업에 들어간다. 양적 완화 정책 축소는 지금의 미국 금리인상과 같은 맥락이라 볼 수 있다. 특히 당시 군비축소 위주의 재정긴축정책에 초점을 맞춘 다카하시는 이를 밀어붙이다 군부의 반발까지 사게 된다. 결국, 1936년 2월 26일, 다카하시는 군부에 의해 암살 —이게 일본 근대사에서 유명한 2.26 사건이다 — 되고 재정긴축 정책이 제대로 이행되지 못하면서 일본은 초 인플레이션을 경험한 후, 거품붕괴와 더불어 장기불황에 빠지게 된다. 물론 이때 일본은 광적인 군국주의로 치닫고 결국은 중일전쟁과 태평양전쟁을 일으키며 씻을 수 없는 죄악을 짓게 된다. 다카하시 대신의 정책은 출구전략을 미리 마련해 놓지 않고 과격하게 실시하는 양적 완화 정책이 어떤 반발과 어떤 결과를 초래하는지 여실하게 보여주는 역사적 교훈인지도 모른다. 미국 역시 비슷한 경험이 있었다. 1994년 2월 미 연준이 급격하게 기준금리를 올리면서 엄청난 채권가격 폭락을 경험한 것이다. 당시 폭락의 수준이 얼마나 심했는지 사람들은 이를 '대학살bloodbath'이라고까지 부른다. 모름지기 채권금리와 채권가격은 반대방향으로 움직이므로 금리인상이 채권가격 하락을 불러일으키는데, 여기에 공포심까지 더해지면 결국 대폭락으로 이어졌기 때문이다.

어쩌면 미 연준은 이러한 무서운 역사의 교훈을 너무 잘 알고 있기에 2015년 금리인상에 신중을 기했는지도 모른다. 또한, 내 눈에는 이러한 교훈을 잘 알고 있을 법한 아베정부가 아베노믹스로 날뛰는 것은 아이러니하게 보인다. 오히려 심할 정도로 신중에 신중을 기하는 미국의 출구정책이 그나마 일리가 있어 보인다. 이렇듯 한 국가가 경기를 부양하기 위해 돈을 풀었으면 이를 거둬들여야 하는 것은 필요하다. 하지만 제대로 하지 않으면 큰 혼란이 올 수 있다. 우리 역시 마찬가지다. 그동안 저금리 정책으로 시중에 돈이 많이 풀렸다. 하지만 이를 거둬들일 때도 신중하게 해야 할 것이다. 이렇듯 어떠한 정책이든 급격하게 진행한 것을 정상으로 돌려놓을 때는 알 수 없는 수많은 복병을 조심해야 한다. 그 복병들이 어떤 문제를 일으킬지 제대로 고민하면서 말이다. 양적 완화 정책을 펼 때도 그렇고 이를 제자리로 돌려놓을 때도 마찬가지다. 그러고 보면 정부의 금리정책이나 통화조절정책은 결코 쉬운 일이 아닌 종합예술인 것 같다.

세상에나 마이너스 금리가 실제로 있다니!

: 거꾸로 가는 일본

물에 빠진 사람 건져주었더니 보따리 내놓으라는 속담이 있다. 이와 비슷한 일이 금융에서도 벌어졌다. 은행에 돈을 맡겼더니 예금이자를 주기는커녕 보관료를 내놓으라 한다. 바로 일본의 마이너스 금리 이야기다. 이렇듯 이론적으로만 존재할 것으로 생각했던 마이너스 금리가 일본에서도 현실화되었다. 2016년 2월 9일, 일본 국채 시장에서는 10년 만기 국채 수익률이 마이너스(-) 0.025%로 마감했다. 일본의 장기금리가 유사 이래 처음으로 마이너스(-)로 떨어진 순간이었다. 물론 이에 앞서 일본은행(중앙은행)이 1월 29일 자로 정책금리를 마이너스로 떨어뜨린 바 있지만, 이는 어디까지나 시중은행이 중앙은행에 돈을 예치하지 말고 시중에 풀라는 의미였다. 그 여파가 당연히 시장의 금리에도 영향을 미칠 것이라 예상은 했었지만 막상 현실화되다 보니 우려의 목소리가 곳곳에서 나오고 있다. 그동안 일본은 아베노믹스를 내세우며 경제에 활력을 불어넣으려고 애썼다. 실제로 몇 년간 주가도 오르고 경제성장 지표들도 상승하는 모습을 보였던 것이 사실이다. 하지만 일본의 엔화강세와 이에 따른 수출부진 등 다시 일본경제가 삐거덕거리기 시작하자 일본정부가 초강수⑦를 꺼내 든 것이 바로 마이너스 금리정책이다.

이에 대해 마이너스 금리 반대론자들의 목소리도 높았다. 그들은 문제를 해결하기는커녕 위기를 부추기고 있다고 주장한다. 우선, 예대마진(=대출금리-예금금리)이 줄어들어 시중은행의 수익이 악화할 것이며, 금융중개 기능이 약화하여 오히려 위험이 증가할 것이라며 마이너스 금리정책에 대해 비판을 하고 있다. 게다가 향후 불황이나 디플레이션이 가속화될 경우 금리를 내려 이에 대응해야 할 텐데 약발이 먹히지 않을 수 있다는 것이다. 마이너스 금리를 계속 인하하는 데는 한계가 있을 테니 말이다.

아니나 다를까 마이너스 금리정책을 시행한 이후 한 달 만의 성적표는 과히 좋지가 않았다. 금리를 낮추면 돈이 돌고 소비와 투자가 늘어난다는 경제 법칙을 노리고 초강수를 두었던 마이너스 금리정책이 아니었던가! 하지만 초반에 약발이 좀 먹히는가 싶더니 일본정부의 기대와는 정반대로만 흘러갔다. 일본 국민은 상당히 혼란스러워한다. 사람들이 은행에 돈을 넣기가 부담스럽게 되었기 때문이다. 한달 만에 시중은행의 보통예금 금리가 0.02%에서 0.001%로 떨어졌다. 예금할 때 드는 송금수수료가 더 나가게 생겼다. 그렇다면 사람들은 저축하느니 차라리 소비해야 한다. 일본정부가 노린 것도 바로 이것일 것이다. 물론, 특정 품목의 소비는 늘었다고 한다. 바로 '금고金庫'다. 사람들이 은행에서 돈을 찾아서 금고에 넣어두려 하기 때문이다. 즉, 소비가 늘기는커녕 돈이 집안으로 꼭꼭 숨어버리는 기현상이 벌어지기 시작한 것이다.

외환시장도 거꾸로 반응했다. 금리를 내리면 환율이 오른다는 말이 무색하게 엔화강세(환율하·락)가 이어졌다. 2월 11일 외환시장 엔·달러 환율이 110엔대로 하락을 했다. 엔화의 가치가 올라간 것이다. 원래 일본정부의 의도는 이랬을 것이다. 금리를 내리면 낮은 금리에 실망한 외국의 자금들이 빠져나가게 될 것이다. 자금이 빠져나간다는 것은 그동안 가지고 있던 엔화를 팔고 달러를 사서 가져나간다는 뜻이고 그럼 파는 엔화의 가치는 떨어진다는 경제 법칙을 노렸을 것이다. 엔화가치가 떨어지면, 다시 말해 엔·달러 환율이 올라가게 되면 수출에서 가격경쟁력이 생기기 때문에 기업 실적도 좋아질 것으로 생각했을 것이다. 그런데 결과는 반대였다.

마이너스 금리정책 시행 한 달 만에 주식시장도 휘청거렸다. 일본정부는 낮은 금리에 갈 곳 없는 자금이 우선 증시로 몰려 유동성 장세를 만들기를 원했을 것이다. 하지만 주식시장 역시 반대 방향으로 갔다. 닛케이225지수를 보면 마이너스 금리 도입 당일 17,518 하던 것이 2월 12일에는 14,952로 급락했다. 엔화강세로 수출에 차질이 생기면 기업 실적이 나빠질 것이라는 우려가 작용했을 것으로 보인다.

왜 이런 현상이 벌어졌을까? 왜 일본정부가 노렸던 경제 법칙대로 되지 않았을까? 이 역시 불안심리 때문이다. 일본뿐만 아니라 전 세계가 불안하므로 경제 법칙이 제대로 작용하지 않는 것이다. 금리를 낮추면 저축보다 소비할 거라고 생각하지만, 은행 이자로 살아가는 일본의 고령자들은 불안했다. 모아놓은 목돈에 비해 살아야 할 날들이 더 많은 이들이 의지할 곳은 은행의 이자가 고작일 것이다. 그런데 그게 떨어졌다. 지금 펑펑 소비하느니 돈을 금고에 넣어두고 혹시 아플 때 병원비로 써야 겠다고 생각하지 않겠는가? 세계도 경기침체로 불안하다. 그러다 보니 상대적으로 안전하다 생각되는 국가인 일본에 계속 투자를 했다. 그러니 일본으로 돈이 몰리고 엔화로 바꾸려는 자금이 늘어나니 엔화가치는 오히려 올라가게 된 것이다.

여기서 "일본이 왜 안전하냐?"고 물을 수 있겠으나 전 세계가 그렇게 생각하고 있다는 게 중요하다. 우선 일본은 인플레이션이 거의 없는 나라다. 돈 값이 떨어질 위험이 거의 없다. 게다가 외환보유액도 빵빵하다. 2015년 기준 1조2,600억 달러 수준으로 중국에 이어 세계 2위였다. 다시 말해 비록 이자는 거의 주지 않지만 망하지는 않을 그래서 안전한 나라가 일본이라고 세계는 생각하고 있다. 일본 국민이나 세계의 사람들이나 개별적으로 이러한 생각들이 모이다 보니, 경제 법칙에는 맞지 않은 현상들이 일본에서 마구 벌어지고 있다. 물론 이런 일들이 계속 벌어지다 보면 일본은 성장하지도 않고 이제는 안전하지도 않은 나라가 될 수도 있을 것이다. 다시 말해 마이너스 금리정책을 시행한 일본에서 경제 법칙이 적용되지 않은 이유는 모두의 '불안' 때문이고 이 불안을 회피하려고 하는 모습들이 아이러니하게도 일본을 더욱더 불안으로 몰고 갈 것 같다. 벗어나려고 발버둥 칠수록 더욱더 조여드는 올가미처럼 말이다.

하지만 세계 주요국가들의 마이너스 금리정책의 입장은 생각보다는 부정적이지 않은 것 같다. 일본 역시 계속해서 마이너스 금리정책을 고수할 뜻을 비쳤고 유럽과 미국도 이에 대해 재검토하겠다는 태도다. 특히 미국의 경우, 불과 몇 개월 전만 해도 정책금리를 인상했고 2016년에도 몇 차례 금리인상을 단행하겠다고 밝힌 바 있다. 하지만 전 세계가 불황의 새로운 국면을 맞이하고 있는 지금, 미국 역시 금리인상 의지를 슬그머니 내려놓는 듯 보인다. 게다가 마이너스 금리정책을 재검토하겠다는 말까지 하고 있다. 그러고 보면 정말 세계경제가 한 치 앞을 내다보기 어려운 상황인 건 분명한 듯싶다. 이런 시기에 우리나라는 또 어떤 금리정책을 펼까? 아울러 마이너스로까지 치닫는 저금리 정책이 또 한 번 유동성 장세와 자산가격 폭등으로 이어질까? 아니면 유동성 함정에 빠져 돈만 낭비하고 비판론자의 말대로 문제만 더 일으킬까? 나는 단기적으로는 전자前者에 무게를 싣고 있지만, 여하튼 2016년 한해는 정말 두 눈 똑바로 뜨고 지켜봐야 할 것 같다. 위기에서 살아남기 위해서 말이다.

금리와 자산가격의 메커니즘

사실 투자의 핵심은 얼마나 오랫동안 손실을 보지 않고 지속하느냐에 있다.
당장 몇 배의 수익을 실현했다 해도 결국 한방에 크게 날린다면 아니함만 못하지 않겠는가!

$ 금리와 자산가격의 관계를 알면 돈이 보인다

금리는 자산가격과 서로 반대 방향으로 움직인다. 다시 말해 언제 부동산, 채권, 주식 등과 같은 자산에 투자해야 할지 고민이라면 금리가 꼭지일 때 투자하면 된다는 의미다. 금리가 꼭지일 때 자산가격이 바닥이 되기 때문이다. 10여 년 전 외환위기 때를 생각해보자. 당시 금리가 연 30%를 육박했다. 그리고 지금의 금리는 고작 연 1%대이다. 그때 집값이 어땠으며 주가가 어떠했는가를 지금과 비교해서 잠깐만 생각해본다면, 그 이치를 쉽게 수긍할 수 있을 것이다. 그렇다면 내친김에 금리와 관련된 자산가격 변화의 속성에 대해 좀 더 자세히 알아보자.

다람쥐 쳇바퀴 돌 듯 도는 자산가격

약간은 긴 호흡을 가지고, 변화하는 자산가격을 잘 살펴보라. 다람쥐 쳇바퀴 돌듯이 항상 똑같은 패턴으로 반복하고 있다는 것을 어렵지 않게 발견할 수 있을 것이다. '가격상승 → 거품 발생 → 거품붕괴 → 휴지기 → 가격상승 → 거품발생 → 거품붕괴…'의 패턴을 거듭하고 있다.

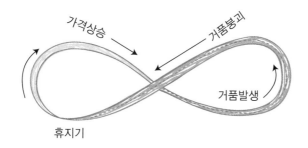

당장 우리나라의 상황만 보더라도 외환위기로 1998년 6월 중 270선까지 빠졌던 코스피지수는 인터넷 벤처붐으로 치솟아 1999년 12월에는 코스피지수 1,000을 돌파했다. 당시 인터넷이라는 신기술로 영원히 불황이 없는 '신경제'가 도래했다고 사람들은 호들갑을 떨었고 '닷컴'이나 '인터넷'이라는 꼬리표가 붙어 있는 회사라면 앞뒤 따지지 않고 투자를 했었다. 하지만 인터넷 벤처붐은 갑작스레 꺼졌고 주가는 폭락하여 2001년 9월에는 급기야 460선까지 떨어졌다. 하지만 주가는 다시 상승하여 2007년 10월에는 2,000선을 돌파하기에 이른다. 그 후 다시 글로벌 금융위기 여파로 2008년 10월에는 최저 890선까지 빠지게 되었지만 말이다. 물론, 주가는 다시 상승했다. 2015년 바이오, 화장품, 제약

업종이 기염을 토하면서 주가는 다시금 상승해 그해 4월 2,150선을 넘어섰다. 하지만 2016년 연초부터 중국 경기침체, 미국 금리인상, 북한발 악재 등이 겹쳐 코스피지수는 다시금 1,800대로 하락을 하게 되었다. 비단 주식만 그런 것이 아니다. 부동산도 마찬가지다. 외환위기 때 폭락을 했던 집값은 2003년부터 폭등을 한다. 그러다 2006년 검단신도시 열풍을 기점으로 주택시장이 다시 하락하지 않았던가! 이러한 자산가격의 변화패턴은 쉽게 달아오르다 쉽게 식어버리는 우리나라 사람들의 냄비근성 때문이 아니냐고 말할 수도 있을 것이다. 하지만 그렇지 않다. 이는 그야말로 동서고금을 막론하고 어디서나 볼 수 있는 패턴이다.

반복되는 버블형성과 붕괴의 역사를 재미있게 다룬 '에드워드 챈슬러'의 《금융투기의 역사》라는 책에서도 나오듯이, 고작 식물에 지나지 않는 튤립에 목숨을 걸었던 17세기 네덜란드의 튤립투기나 1720년대 대서양 무역 독점권을 가지고 있었던 회사인 영국의 사우스 시^{South Sea}의 몰락이 이를 잘 설명해 준다. 사우스 시의 주식에 투자하여 버블과 폭락을 맛봤던 이들 중에 우리가 잘 아는 물리학자 뉴턴도 있었다. 그는 전 재산을 다 날리고 런던을 떠나면서 "나는 천체의 움직임을 계산할 수는 있지만, 인간의 광기는 계산할 수 없었다."라는 유명한 말을 남겼다. 이로부터 100년 후인 1840년대 미국의 철도버블 역시 너무나도 똑같이 이러한 양상을 보였다. 여기서 그치지 않는다. 역사는 반복된다는 말이 자본시장에서는 그대로 적용된다. 자동차와 라디오라는 획기적인 신기술의 발명으로 주가폭등의 불을 지폈던 미국의 광란의 20년대^{roaring twenties}가 결국은 몰락했고 이는 곧 대공황으로 이어졌다. 당시 미국인들은 자동차와 라디오로 세계는 하나의 경제권으로 묶어져 영원히 번영

할 것이라는 환상에 빠졌고 엄청난 돈을 빌려 주식에 투자했었다. 조심성 많고 알뜰하다고 소문난 일본인들도 이 패턴에서 예외는 아니었다. 1980년대 일본의 버블경제와 뒤이은 잃어버린 20년이 이를 잘 말해준다. 결코, 우리나라만이 냄비근성이 있어 자본시장이 폭등과 폭락을 거듭하는 것이 아니란 것이다.

자본시장은 언제나 희망과 기대감을 바탕으로 가격이 상승하다가 그 수위가 한계치에 올라 근거 없는 낙관으로 변하면서 거품으로 발전한다. 그러다 어느 날 갑자기 밑도 끝도 없이 믿었던 낙관론이 사실은 그다지 근거가 없었다는 것을 깨닫는 순간 붕괴의 파국을 맞이하는 것이다. 하지만 다시금 성장과 기대감으로 인해 자산가격 상승으로 이어지는 역사를 반복해 왔다. 그럼 왜 이러한 반복을 계속해 온 것일까? 그렇게 당해 놓고도 왜 다시 가격상승과 거품발생 그리고 거품붕괴의 패턴을 반복하는 것일까? 물론, 앞의 설명에서 눈치를 챘겠지만 사람들의 탐욕과 공포에 그 원인이 있다. 따라서 반복의 속성을 이해하고 이를 잘 활용한다면 우리는 거품붕괴의 피해자가 아닌 붕괴 후 성장과 상승의 주역이 될 수도 있을 것이다.

자산가격의 형성과 이에 영향을 미치는 요인

우선 자산가격이란 어떻게 결정되는가? 자산가격은 해당 자산의 '본질가치(그 자산의 내재된 가치)'를 그대로 반영하는 선에서 결정된다. 그럼 본질가치란 무엇인가? '펀드멘탈 밸류fundamental value'라고도 하는데, 이는 어떤 자산을 가지고 있으면 앞으로 이 자산이 나에게 얼마의 돈을 가져다줄 것인가를 나타내는 것이라 할 수 있다. 따라서 본질가치는 해당 자산이 미래에 가져다줄 현금흐름을 현재가치로 할인한 값의 총합을 말한다. 그리고 그 할인에는 할인율 즉, 금리가 사용된다. 쉽게 설명을 해보자. 예를 들어 1년 후 만기가 되면 110만 원의 원리금(원금+이자)을 현금으로 받을 수 있는 예금통장이 있다고 하자. 그런데 이 예금통장의 금리는 10%이다. 그럼 현재 시점에서 이 예금통장에는 얼마의 원금을 예치해야 할까? 더도 말고 덜도 말고 딱 100만 원만 예치하면 된다. 그래야 100만 원의 10%를 계산해서 1년 후 이자가 10만 원 붙게 되고 결론적으로 110만 원을 가져갈 수 있다. 그런데 예금통장에 100만 원을 예치한다는 것은 달리 표현하면 100만 원을 내고 은행에서 예금통장을 사는 것과 같다고 볼 수 있다. 즉, 예금통장 가격이 100만 원이라는 말이다. 예금통장 역시 자산資産이다. '당신의 자산이 얼마냐?'라고 할 때 집이나 자동차뿐만 아니라 예금통장에 얼마가 있는지 까지 다 포함해서 '얼마가 있다'라고 말하지 않던가!

결론적으로 금리가 10%일 때 100만 원을 예치하면 1년 후 110만 원을 가져갈 수 있는 '자산'의 현재 가격은 100만 원인 것이다. 어떤 사람이 이 자산(예금통장)을 150만 원에 사겠다고 하면 비싸게 사는 꼴이 되어 손해를 보게 될 것이며, 50만 원에 사겠다고 하면 싸게 사는 꼴이 되어 이득을 보게 된다. 다시 말해 100만 원이란 가격이 이 자산의 적정한 가격이며 이를 이 자산의 '본질가치'라고 한다.

본질가치는 금리의 변화와 반비례한다

앞에서 예를 든 예금통장의 경우 지금 100만 원을 주고 이 자산을 사면 10%의 금리(수익률)가 적용되어 1년 후 110만 원의 돈이 나에게로 들어온다. 이를 거꾸로 이야기하면 1년 후 110만 원의 돈이 나에게로 들어오는 자산을 10%의 금리(할인율)로 현재가치 할인을 하면 100만 원이 적정한 가격이라는 의미다. 즉, 미래에 들어오는 현금을 금리로 할인하여 계산된 값이 해당 자산의 적정한 가격 즉 본질가치인 것이다. 현재가치와 관련된 내용은 이 책의 첫째마당에 설명되어 있으니 다시 한 번 읽어보길 바란다.

여기서 우리는 두 가지 중요한 사실을 발견하게 된다. 그 첫째가 해당 자산이 미래에 가져다줄 현금흐름의 전체 크기가 커질수록, 자산가격이 높아진다는 것이다. 1년 후 받을 원리금이 110만 원이 아니라 220만 원이라면 같은 10% 금리의 예금통장이라고 해도 적정한 가격은 100만 원이 아닌 200만 원이 되어야 하기 때문이다.

둘째로는 금리가 낮아질수록 자산가격은 높아진다는 것이다. 다시 말해 자산에 적용되는 금리가 10%가 아니라 5%임에도 불구하고 1년 후 받게 될 원리금이 여전히 110만 원이라면 현재 시점에서 가격은 100만 원이 아니라 105만 원으로 올라가야 한다. 왜냐하면 '105만 원×5%'의 이자가 5만 원이고 따라서 1년 후 원금과 이자의 합계가 110만 원이 되기 때문이다. 물론, 금리가 20%인 경우에는 반대로 해당 자산의 현재 시점 가격은 92만 원으로 오히려 내려가게 된다. 그래야 1년 후 이자(92만 원×20%)인 18만 원을 합산하면 110만 원이 되기 때문이다.

우리는 이러한 계산방식을 통해 금리와 자산가격이 서로 반비례 관계에 있다는 것을 다시 한 번 확인할 수 있다. 그렇기 때문에 자산에 투자할 때는 무엇보다도 금리의 움직임에 유념해야 한다는 것이다. 물론, 자산의 가격이 전적으로 금리에 의존하지는 않겠지만 – 어차피 이 세상에는 엄청난 변수들이 도사리고 있으므로 어떤 결과가 한 가지 원인에 의해서만 초래되는 경우는 없다 – 그래도 상당 부분이 금리의 변화에 영향을 받는다. 금리의 오르내림을 가늠하지 않고 자산투자에 임하는 것은 마치 손전등 하나 없이 어두운 산길을 가는 것과 다름없다고 하겠다. 따라서 언제 자산을 사야 할지가 고민이라면 금리가 꼭지일 때 사야 한다. 그때의 자산가격이 가장 싸기 때문이다. 지금이 금리가 꼭지인가? 당연히 아니다. 그렇다면 지금이 주식이나 부동산을 사야 할 가장 적당한 시기인지 고민해봐야 할 것이다.

02

미래의 장밋빛 환상이 자산의 가격 상승을 부른다

자산가격이 금리의 오르내림에 의해서만 영향을 받고 그친다면 세상은 좀 더 단순하고 무미건조했을지도 모른다. 하지만 자산가격은 또 다른 것으로부터 영향을 받는다. 경제가 발전하고 사람들이 미래에 대해 막연한 장밋빛 희망을 품기 시작하면서 자산가격은 본질가치를 넘어서서 그 이상으로 올라가기 시작한다. 앞서 언급한 예금통장의 경우라면, 100만 원을 주고 사야 할 예금통장을 130만 원이나 주고 사는 경우가 생기는 것이다. 실제로 1년 후 110만 원밖에 받을 수 없음에도 불구하고 말이다. 이러한 현상은 자산 고유의 기능인 미래 현금흐름 창출과는 상관없이 해당 자산을 언제든지 다른 사람에게 팔어넘길 수 있으며 이를 통해 단시간에 큰돈을 벌 수 있다는 강력한 믿음을 가지기 시작하면서부터 나타난다.

원래 자산을 소유하는 이유는 그 자산으로부터 안정적인 현금흐름을 기대하기 때문인 것이 일반적이다. 주식을 소유했다면 1년마다 배당금을 기대하고, 건물을 소유했다면 매달 임대료를 기대하는 것 말이다. 하지만 경제가 나아질 것이라는 희망과 미래에 대한 막연한 기대감은 사람들로 하여금 다른 생각을 하게 만든다. 다름 아닌, 자산을 보유하지 않고 남들에게 바로 매각을 하면 단기간 내에 큰돈을 받을 수 있다는 것이다. 물론, 이러한 생각은 해당 자산을 매수할 제삼자가 나타나야 가능하다. 하지만 제삼자들 역시 장밋빛 미래에 취해 있어, 언제든지 동일한 자산을 더 높은 가격으로 또 다른 삼자에게 매각할 수 있을 것이란 막연한 믿음을 가지고 이러한 거래에 동참하게 된다. 이렇게 되면 원래 자산의 본질가치인 미래의 현금흐름의 총합(더 정확하게 말하면 총합을 현재가치로 할인한 가격)보다도 훨씬 더 높은 가격으로 거래에 거래가 거듭되는 것이다. 이것이 바로 항상 반복되는 자산가격 변동 패턴 중 첫 번째 단계인 '가격상승'의 단계이다.

솔직히 여기까지도 문제가 있다고는 할 수 없다. 이렇게 수익을 올리는 것을 금융에서는 '캐피털 게인capital gain'이라고 하는데 이것 역시 투자의 일부분이기 때문이다. 다른 시대에 다른 이데올로기가 지배하는 경우라면 몰라도 자본주의 사회에서는 이러한 캐피털 게인을 상당 부분 인정하는 분위기다. 가까운 예로 주식에서 몇 년 째 배당금이 거의 지급되지 않은 경우를 우리는 자주 보게 된다. 엄격하게 말한다면 이러한 주식은 배당을 통해 현금을 창출하는 자산의 기능을 제대로 하지 못한 것이다. 따라서 본질가치 측면에서 자산가격을 따지고 든다면 제로(0)에 가깝다고 할 수 있다. 하지만 실상은 그렇지 않음을 우리는 잘 안다. 미래에 이 주식을 발행한 회사의 실적이 높아질 것으로 생각한다면 이를 좀 더 높은 가격을 주고라도 사겠다는 사람이 나타날 것이고 그에게 팔아서 캐피털 게인을 얻을 수 있을 것으로 생각하며 일정한 가격을 치르고 이 주식을 사는 것이다. 어느 정도까지가 합리적 적정선이냐는 데 이견은 있겠지만, 여하튼 이런 방식으로 매매를 통해 형성되는 자산가격 또한 문제 될 것은 없다. 이를 공인하고 인정한 것이 주식시장이며 부동산시장 아니던가!

따라서 비록 미래의 장밋빛 환상에 의해 특정 자산시장에 사람들이 몰려들고 거래가 빈번해져서 자산가격이 본질가치 이상을 뛰어넘는다고 해도 그것이 이해할 수 있는 수준이라면 투자자는 이 시장에 뛰어들어 캐피털 게인을 적극적으로 취해야 한다고 생각한다. 2001년~2003년의 사이의 주택시장이 바로 그랬다. 이때 아파트의 본질가치만을 운운하며 가격상승을 비난한 사람보다는 시장의 폭발적인 상승 분위기에 동참했던 사람이 더 현명했다고 생각한다.

대출을 통한 자산매입에서 버블은 시작된다

문제는 그다음부터다. 여기서 다시금 금리가 자산가격에 지대한 영향을 미치게 된다. 경기호황에 대한 장밋빛 환상이 자산가격의 상승으로 이어지게 되면서 시장에는 돈이 넘쳐나게 된다. 이제 여러분도 감을 잡았을 것이다. 돈이 넘쳐나면 금리는 떨어진다. 발에 차이는 게 돈이라면 그 돈의 사용료는 싸질 수밖에 없을 테니 말이다. 이는 누가 먼저랄 것도 없고 누가 계획한 것도 아니다. 아주 자연스러운 현상이다.

한편, 사람들은 오르기만 하는 자산가격을 보며 빚을 내어서라도 그 자산을 사고 싶어 하는 욕구에 허덕인다. 아무리 비싸더라도 또 다른 누군가가 나타나 더 비싼 가격에 그 자산을 다시 사 줄 것이란 근거 없는 낙관론에 서서히 빠져들기 때문이다. 이는 〈보다 심한 바보 이론The Bigger Fool Theory〉의 전형적인 모습이다. 사람들의 이런 욕구를 간파한 금융기관은 더 많은 수익을 내기 위해 이들에게 돈을 빌려주기 시작한다. 이제부터 사람들은 자신의 돈이 아닌 남의 돈을 빌려 자산시장으로 뛰어들기 시작하는 것이다. 본질가치는 잊은 지 오래다. 적정한 수준의 캐피털 게인도 염두에 두지 않는다. 자산가격은 계속 오를 것이라는 터무니없는 믿음이 수많은 사람을 최면상태에 빠져들게 한다. 어쨌든 자산을 사놓으면 또 다른 사람이 나타나 자신의 자산을 더욱 높은 가격에 '반드시' 다시 사줄 것이란 망상에 빠지는 것이다. 이제 금융기관은 아예 대놓고 대출세일을 하기 시작한다. 더욱더 금리를 낮추어가며 피 튀기는 대출경쟁 체제로 뛰어드는 것이다. 그야말로 악순환의 늪에 빠지는 것이다.

낮은 금리에 현혹된 사람들은 더욱더 레버리지leverage를 일으켜 – 대출을 한다는 의미이다 – 자산매수에 뛰어들고 따라서 자산가격은 천정부지로 오른다. 각종 언론에서 대서특필을 한다. 모두 흥분된 어조로 자산시장의 승승장구를 찬양하기만 한다. 거리에는 자산가격 상승으로 성공한 사람들의 무용담이 흘러넘친다. 이른바 '거품(버블)발생'의 시기가 도래한 것이다.

자산에 투자하고 싶은 사람이라면 이때를 조심해야 한다. 시장에서 '주택담보대출'이나 '주식담보대출' 등의 용어가 나돌기 시작하면 그때부터 자산매입은 잠시 중단해야 한다. 쉬는 것도 주요한 투자의 기술이라는 투자 격언이 딱 들어맞는 시기이다. 하지만 불행히도 대부분의 사람이 이 시점에서 오히려 자산매수에 적극적으로 참여한다는 게 문제다. 절대 하지 말아야 할 일을 해버리는 것이다. 과거 2007년 중순경, 모두 떠들어대던 중국펀드에 대출까지 받아서 몽땅 지른 사람들이 여기에 해당된다. 앞으로 금리는 계속 떨어지고 펀드는 계속 올라갈 것이니 부담 없이 돈 빌려서 펀드에 가입하라는 위험천만의 이야기를 재테크 전문가들의 조언이랍시고 곧이곧대로 믿고 중국펀드로 뛰어들었던 것이다. 물론, 결과는 처참했다. 다음은 당시 상황을 다룬 기사의 일부다.

2007년. 펀드는 '화수분'이었다. 국내 주식형은 40.41%, 중국펀드는 60.80%의 평균 수익률을 냈다. 두드리면 그냥 금은보화를 쏟아내는 이런 도깨비방망이가 세상에 또 있었을까 싶었다.

2008년. 펀드는 돌연 악마의 얼굴이 됐다. 26일 기준 국내 주식형은 -39.39%, 해외 주식형 -48.97%(중국은 -55.19%)로 고꾸라졌다. 차곡차곡 모은 재산을 하루아침에 증발시켜버리는, 그렇다고 던져버릴 수도 없는 저주의 물건이 돼버렸다. 오죽하면 "펀두통보다도 심한 게 펀드통痛"이란 말까지 나왔을까.

출처: 〈한국일보〉, 2008. 12. 30.

하지만 불과 6개월 전인 2007년 6월 말 기사는 이랬다.

"중국펀드 수익률 기지개 펴나 - 외인투자 확대에 H지수 탄력…지난주 8%대 고수익까지"

중국펀드가 다시 기지개를 켜고 있다. 6월 초만 해도 마이너스의 주간 수익률을 기록한 펀드가 심심찮게 등장했지만 최근 우호적인 환경이 조성되면서 수익률 상승에 시동을 걸고 있다.

출처: 〈머니투데이〉, 2007. 06. 25.

지난 2015년 초에도 비슷한 일이 있었다. 정부의 금리 인하로 '주택담보대출 금리 2% 시대'를 개막했다는 언론 기사가 보였는가 하면, 당시 국토교통부장관이 "기준금리에 맞춰 주택기금 대출금리 인하를 검토하겠다"는 발표도 있었다. 개인 빚이 1,000조를 넘어선 상황에서 이렇듯 빚내서 집을 사라는 분위기를 조성할 때, 반복되는 역사를 조금이라도 알고 있다면 이때를 조심해야 한다.

버블은 반드시 붕괴한다

빌린 돈으로 시장에는 돈이 넘쳐난다. 자산가격은 엄청나게 올라있다. 갈 데까지 간 것이다. 자산가격이 오르면서 인플레이션(물가상승)도 심각해진다. 자산가격이 바로 물가이기 때문이다. 인플레이션이 가속화되면 서민경제가 어려워진다. 물가를 잡기 위해서 급기야 정부가 개입한다. 바로 금리인상 정책이다. 앞서 말했듯이 금리의 방향과 자산가격(물가)의 방향은 반대로 움직이기 때문이다. 노무현 정부 당시 부동산값 폭등을 잠재우기 위해 금리를 올려 대출을 규제해야 한다고 그토록 주장했던 이유가 바로 여기에 있다. 정부의 금리인상 정책이 제대로 시장에 작용하면 그나마 자산가격이 안정을 찾게 되기 때문이다. 하지만 이미 이성을 잃고 부풀어 오른 거품이라면 그렇게 쉽게 안정되지 않는다. 오히려 자칫 잘못 건드렸다가는 더 큰 재앙이 찾아온다. 일본도 그랬다. 안으로 곪아가던 버블경제가 결국은 밖으로 터져버린 계기가 된 것 역시 일본 대장성의 금리인상 정책이었다.

물가를 잡기 위해 도입되는 금리인상 정책으로 뒤늦게 대출을 받아 자산매입에 뛰어든 사람들은 대출이자상환에 엄청난 부담을 느끼기 시작한다. 특히나 자산가격이 하향 안정되면서 담보가치 또한 떨어지므로 쌍방의 부담을 겪게 된다. 여기서 악순환은 계속된다. 이제는 대출을 해대는 사람도 없고 돈이 있는 사람도 불안심리로 돈을 풀지 않기 시작한다. 돈 구하기가 힘들어지고 따라서 금리는 더욱더 오른다.

여기서 못 견딘 사람들이 자산을 급매로 내놓기 시작한다. 처음엔 이러다 말겠지 하는 눈치다. 하지만 이런 식의 매도가 늘어나면서 사람들은 그동안 꾸었던 근거 없는 망상에서 깨어나기 시작한다. 이제는 높은 가격에 자산을 사줄 사람이 나타나지 않을 것이란 불안감과 해당 자산에 내재된 미래 현금흐름이 기실은 얼마 되지 않는다는 사실을 깨닫는 그 순간, 사람들은 극도의 불안감으로 공황상태에 빠져든다. 욕망과 망상이 사라진 자산시장에다 사람들은 보유하고 있는 자산을 모두 팔려고 내놓는다. 하지만 불행히도 그것을 사줄 사람은 아무도 없다. '버블붕괴'다. 마치 한여름 밤의 꿈처럼 사람들은 손쓸 겨를조차 없이 폭락의 나락으로 빠져들게 되는 것이다.

사실 버블형성기에 상당수의 사람이 이런 생각을 한다고 한다. '그래 자산가격이 너무 오른 것은 나도 알아. 하지만 거품이 꺼지기 전에 좀 더 높은 가격으로 팔고 빠져나가면 되는 것 아냐?' 일견 옳은 생각인 것 같다. 하지만 문제는 사람들이 버블시기에 꾸었던 근거 없는 장밋빛 망상에서 깨어나는 속도가 너무 순식간이란 데 있다. 그 찰나의 순간을 미리 간파하고 대처를 할 사람은 거의 없다. 버블파티의 연회장에는 귀가할 시간을 알려줄 자명종이 없다. 결국은 폭탄 돌리기에 걸려들어 자폭하게 되는 것이다. 따라서 이미 버블형성기부터 자산투자는 잠시 중단을 해야 한다. 왜냐하면, 거품이 꺼지고 폭락의 시기가 지나가면 또다시 어김없이 자산가격 상승시기가 찾아오기 때문이다. 버블이란 다음 기회를 잡기 위한 동면의 시기란 것을 명심해야 할 것이다.

보다 심한 바보 이론The Bigger Fool Theory

여기 같은 업종의 주식 2개가 있다.

(1) PER가 10배의 주식
(2) PER가 100배의 주식

어느 쪽에 투자하는 게 효과적이라고 생각하는가?

만약 (1)번이라고 대답했다면 그것은 어쩌면 큰 실책이 될 수도 있다. 물론 '저PER 주식'에 투자하는 게 정석이라고 항변할 수도 있을 것이다. 하지만 상대적으로 비싸더라도 그것보다 더 비싼 가격에 사주는 누군가가 나타난다면 오히려 (2)번이 더 효과적인 투자일 수도 있다. 반면 (1)번과 같이 상대적으로 저렴한 주식일지라도 자신이 매수한 가격보다 더 높은 가격에 사줄 사람이 아무도 나타나지 않는다면 오히려 이 투자는 실패할 것이다.

모름지기 투자라는 것은 누구든지 손해를 보려고 하는 것이 아니라 돈을 벌기 위해 하는 것이다. 따라서 아무리 싼 가격일지라도 거래가 없어 주가가 상승하지 않는 주식보다는 설령 비싼 가격일지라도 그것보다 더 비싼 가격에 매수를 해주는 '보다 심한 바보'가 나타나는 주식이 좋은 주식이라고 할 수 있다. 따라서 어찌 보면 현명한 투자란 해당 주식의 실질가치보다 가격이 싸게 형성되어 있는 것을 고르는 게 아니라 비록 실질가치보다 비싸더라도 이러한 '보다 심한 바보'가 많이 나타날 것으로 예상되는 주식을 고르는 게 정답일 수 있다. 이를 '보다 심한 바보 이론The Bigger Fool Theory'이라 한다.

그러나 이 이론은 필연적으로 버블을 낳게 된다는 경고의 메시지를 담고 있다. 누구든지 "나만큼은 마지막 바보가 되지 않겠지."하는 지극히 낙관적인 생각 때문에 시대에 관계없이 버블이 발생하고 붕괴하는 반복을 계속하고 있기 때문이다. 일본의 부동산버블, 미국의 IT버블, 한국의 코스닥 벤처버블 그리고 최근 미국의 서브프라임 모기지와 연관된 부채담보부증권CDO 부실에 이르기까지 마지막 단계에선 대부분의 투자자들의 심리가 이 이론에 빠져 있었다. 굳이 이와 비슷한 의미의 표현을 든다면 '폭탄 돌리기'나 'Devil Take The Hindmost(악마는 마지막 사람을 데려간다)' 등이 있을 것이다.

$ 진짜 기회는
버블 붕괴 후에 찾아온다

지난 2015년 4월 22일, 코스닥 상장사인 '내츄럴엔도텍'의 가짜 백수오 사태가 터졌다. 그 이후 일주일 사이 이 회사 시가총액 1조가 허공으로 사라져 버렸다. 이 사건은 그동안 미친 듯이 오르던 코스닥지수에 찬물을 끼얹는 결과를 초래했다. 사건 당일 오전 최고 720.56까지 오르며 기염을 토하던 코스닥지수가 그 여파로 장중 한때 675.95까지 폭락을 했다. 하지만 상당수의 사람이 백수오 사태는 내츄럴엔도텍 단일 종목에 해당할 뿐이며, 일시적인 충격일 뿐이라고 믿었다. 그리고 여전히 주가상승에 무게를 두었다. 장안에 내놓으라는 투자 전문가들 역시 "그동안 저금리에 갈 곳 없어 방황하던 돈들이 허기진 배를 채우고자 증시로 계속 몰려들 것이다"라고 보았고 실제로 그 이후로 코스닥지수는 다시 상승하여 그해 중순에는 최고 788.13을 기록했다. 증시는 심리전이라 했던가? 많은 사람이 그렇게 보고 있다면 실제로 그렇게 될 가능성이 크다는 것이다.

그렇다고 경기가 확연히 좋아지고 기업실적이 월등히 개선된 것은 아니다. 2015년 3월말 업무상 알고 지내는 회계사의 이야기로는 여러 업체를 돌면서 외부감사를 한 결과, 상당수 기업들의 2014년 실적이 저조했다는 것이 피부로 느껴졌다고 했다. 경제지표가 아닌 이런 현장의 이야기를 감안해서 보더라도 분명 실적호전으로 급상승하는 증시는 아니었다. 2015년의 증시는 말 그대로 유동성 장세의 전형이었다. 이렇듯 경기가 하락하고 기업의 실적이 좋지 않아도 유동성 장세가 찾아오면 서로 부어라 마셔라 하는 분위기가 조성된다. 내츄럴엔도텍 사태가 터져 잠시 폭락을 하더라도 아랑곳하지 않고 다시금 일어선다. 모두가 비이성적인 시장이라고 하면서도 서로 이 장에서 한몫을 챙겨보려는 심산으로 증시에 뛰어들어 주가상승을 부추기는 것이다. '올 상반기까지 오르다 폭락할거다.' '아니다, 올해 말까지는 미친 듯이 갈 것이다'라며 많은 호언장담이 난무하는 것이다. 모두가 말한다. '물 들어올 때 배 띄우고, 파티가 끝나기 직전에 빠져나가자'라고 말이다. 물론, 이왕지사 열린 파티를 즐기지 않고 있는 것도 바보일 수 있다.

하지만 명심해야 하는 것은 언제 이 파티가 끝날지 아무도 모른다는 것이다. 과거 외환위기 때를 생각해보자. 당시 위기가 다소 안정되면서 상승하기 시작하던 우리나라 증시는 1999년 4월 이후 급등을 하게 된다. 상황이 이렇게 되자, 가정주부, 대학생, 농촌의 어르신들까지 주식투자에 뛰어들기 시작했다. 물론, 당시에도 대부분의 사람은 국내 주가가 버블이고 자신들은 투기하고 있다고 인정했다. 그들은 폭락 직전에 털고 나가려고 했다. 하지만 대부분의 사람은 2000년 초 주가폭락의 희생양이 되었다. 신데렐라는 12시 시계종이 칠 때 황급하게라도 빠져나왔지만, 현실에서의 파티장에는 12시를 알려줄 시계가 없다는 것이 문제다.

2015년의 주식시장은 코스닥지수가 무려 25.67%나 상승하는 기록을 냈다. 제약, 바이오, 화장품, 중국증시 상승을 핑계⑦ 삼아 유동성 잔치가 극에 달했다고 해도 과언이 아니다. 하지만 이 역시 2016년 2월 들어 크게 하락했다. 미처 빠져나가지 못한 투자자들은 그동안 벌었던 돈을 모두 게워내야 했었다. 물론, 주가가 다시 상승할 수도 있으리라. 그런데도 누차 말하지만 자산시장에서의 버블형성과 붕괴는 반복되는 필연적인 현상이다. 그렇다고 물 들어올 때 아무것도 하지 말라는 말은 아니다. 다만 누구도 언제 물이 빠져나갈지 모른다는 점을 명심해야 한다. 아울러 차후에도 2015년과 같이 급등하는 증시가 다시 찾아온다면 절대로 모든 걸 배팅하지는 말아야 한다. 다소 냉엄한 사실이지만, 진짜 기회는 버블이 붕괴된 이후에 곡소리가 날 때 찾아오기 때문이다.

$ 레버리지 투자의
빛과 그림자

이처럼 금리와 자산가격이 반비례 관계에 있다 보니, 사람들은 금리가 떨어지기 시작하면 어떤 유혹에 빠진다. 그 유혹은 다름 아닌 '레버리지를 이용한 투자'다. '레버리지 투자leverage investment'란 남의 돈을 빌려서 투자하는 것을 말한다. 이 용어는 '지렛대lever'에서 유래된 것이다. 자신이 가진 힘이 적더라도 지렛대를 이용하면 무거운 물건을 척척 들어 올릴 수 있다. 이와 마찬가지로 자신이 가진 돈이 적더라도 남의 돈을 이용하면 대규모 투자가 가능하다.

레버리지 투자는 엄청난 축복

레버리지 투자는 자신의 자금으로만 투자하는 것에 비해 같은 금액의 수익이 발생하더라도 그 '수익률'은 엄청나게 높아지게 된다. 예를 들어 100만 원을 투자해 20만 원의 수익이 났다면 수익률은 20%다. 하지만 1만 원의 이자를 지급하기로 하고 외부로부터 90만 원을 빌려서 자신의 돈 10만 원과 함께 투자했다고 해보자. 그럼 20만 원의 수익 중 1만 원은 이자비용으로 차감하고 실질적으로 번 돈은 19만 원이다. 하지만 이 투자에서 자신의 돈은 고작 10만 원이었다. 이를 기준으로 수익률을 계산해 보면 무려 190%(=19만 원/10만 원)나 된다.

여기서 우리는 다음과 같은 관계를 알 수 있다. 금리가 낮아지면 낮아질수록 빌린 돈의 이자가 적어져 투자수익에서 차감할 비용이 적어진다. 게다가 금리가 낮아지면 낮아질수록 투자한 자산의 가격은 올라가게 된다.

따라서 투자에 대한 비용은 줄어들고 수익은 올라가니 수익률은 더욱더 커지는 것이다. 이런 특징 때문에 금리가 낮아질 때 레버리지 투자에 대한 유혹은 더욱 강력해지는 것이다.

레버리지 투자는 엄청난 재앙

하지만 빛이 있으면 반드시 그에 상응하는 수준의 그림자가 존재하는 법이다. 철석같이 믿었던 투자에 손실이 발생했을 경우가 바로 그것이다. 만약 90만 원을 빌려서 100만 원을 투자했는데 오히려 20만 원의 손실이 발생했다고 해보자. 그럼 투자한 돈 중에서 80만 원만 건지게 된다. 자신의 전 재산 10만 원을 다 날릴 뿐만 아니라, 빌린 돈의 원리금조차 제대로 갚지 못하는 빚쟁이로 전락하게 되는 것이다. 게다가 금리까지 올라간다면 이자 부담이 더욱더 커지게 된다.

이렇듯 금리 상황이나 투자자산의 위험성을 제대로 파악하지 못하고 높은 수익률만 좇으려는 탐욕이 앞서는 한, 레버리지는 투자자에게 치명적인 독이 될 수 있다. 따라서 레버리지 투자에는 항상 리스크관리의 중요성이 강조된다.

1998년 롱텀캐피털매니지먼트LTCM의 교훈

1998년 러시아 모라토리엄 선언으로 치명타를 맞아 파산에 이르게 된 '롱텀캐피털매니지먼트LTCM, Long-Term Capital Management'도 레버리지 투자의 그림자가 얼마나 무서운지를 여실히 보여줬다. LTCM이란 존 메리웨더가 1993년에 만든 헤지펀드다. 노벨경제학상 수상자까지 참여한 이른바 월가 천재들의 집합소였다.

이들은 '시장참여자들은 언제나 합리적 의사결정을 내린다'는 신념 하에 시장 리스크를 자신들이 제대로 계산해 낼 수 있다고 믿었다. 그리하여 매 순간 옵션가격을 재조정해 주가와 동반하여 움직이도록 하고 재빨리 매매하게 되면 투자 포트폴리오를 리스크가 전혀 없는 완벽한 상태로 유지할 수가 있다고 생각했다. 그 이론적인 토대가 바로 저 유명한 '블랙-숄즈 옵션가격결정 모형Black-Scholes Model'이었다.

경영학을 전공한 사람이라면 대학 시절 이 가격결정모형의 공식을 외우느라 고생 좀 했을 것이다. 이 모형으로 노벨경제학상을 받았던 마이런 숄즈와 로버트 미튼이 바로 LTCM의 멤버였던 것이다. 그들의 투자는 시장에 그대로 적중했다. 1993년 설립 후 줄곧 어마어마한 실적을 달성했다. 그러자 월가의 금융기관뿐만 아니라 전 세계의 큰손들이 LTCM에 돈을 맡겼다. 특히 레버리지 투자가 극에 달했는데 한창때에는 LTCM의 운용자산은 800억 달러 정도였지만, 레버리지를 이용해서 금융시장에서 무려 1조 2,000억 달러의 자금을 굴렸다. 이를 이용해 1만%까지 레버리지 효과를 높여서 고수익을 올렸다.

하지만 1998년 운명의 날이 왔다. 루블화 폭락으로 패닉 상태에 빠진 러시아 정부가 해외채권에 대한 90일간의 모라토리엄moratorium 즉 채무지불유예를 선언한 것이다. 당시 러시아에 집중적으로 투자했던 LTCM은 자본금의 54배에 달하는 1,200억 달러의 손실을 보고 두 손 들고 말았다. 대규모 레버리지를 이용한 그들로서는 당연한 귀결이었다. 이로써 천문학적인 피해규모에 월가와 국제금융시장은 휘청거렸고 당시 LTCM에 돈을 투자했거나 빌려준 금융기관들은 치명적인 타격을 받았다.

LTCM의 천재들은 러시아 모라토리엄에 따른 시장의 공포심을 예측하지 못했다. 다시 말해 시장은 이성적이지 않으며, 사람들의 탐욕과 공포심에 의해 좌우되는 불확실성은 아무리 천재적인 모형을 들이대도 완벽하게 계량화할 수 없다는 사실을 간과했다. LTCM은 너무나 순진(?)했으며 사람들은 그보다 더 어리석었다. 특히 피해가 컸던 이유는 상환 능력도 없는 LTCM이 엄청난 레버리지를 사용했다는 것이며 결국은 미연준FRB까지 나서고 나서야 가까스로 사태를 해결할 수 있었다.

2008년 리먼 브러더스의 파산

그렇게 당했음에도 불구하고 월가가 LTCM 사건을 통해 얻은 교훈은 아무것도 없었던 것 같다. 그 이후로도 여전히 이들은 탐욕의 레버리지 투자를 감행했다. 월가는 그로부터 약 10년 후 다시금 레버리지 투자로 인해 커다란 피해를 보게 된다.

2008년 가을, 미국 굴지의 투자은행인 리먼 브러더스의 파산과 메릴린치의 매각으로 월가뿐만 아니라 전 세계금융시장이 또다시 엄청난 혼란을 겪었다. 바로 서브프라임 모기지론 부실로부터 야기된 글로벌 금융위기다. 그동안 이들 글로벌 투자은행IB, Investment Bank들이 천문학적인 수익률을 올릴 수 있었던 것 역시 레버리지 투자에 기인한 것이었다. 상당수의 글로벌투자은행이 무려 자기자본의 20~30배에 이르는 어마어마한 규모의 자금을 외부로부터 차입해서 고위험-고수익의 파생상품에 투자를 해왔다.

하지만 이들이 투자했던 파생상품에서 투자손실을 보게 되자 그렇게 잘나가던 투자은행들이 순식간에 파산하게 된 것이다. 투자손실에 대한 타격뿐만 아니라 차입금액의 상환불능이라는 이중의 타격에 도무지 버텨낼 재간이 없었다. 이를 계기로 그동안 높은 수익률로 칭송만을 받아왔던 미국식 투자은행에 대한 비판의 목소리가 높아졌다. 이렇듯 리먼 브러더스와 메릴린치 사태 역시 레버리지 투자의 빛과 그림자를 단적으로 보여주는 사례다.

05

속속들이 알아보자!
예금자보호제도

돈을 당장에 소비하지 않고 굴리는 이유는 추가적인 이자나 수익을 원하기 때문이다. 하지만 이자나 수익은 고사하고 원금조차도 돌려받지 못한다면 이것만큼 억울한 일은 없다. 2008년 펀드상품들이 '고등어 반토막'이라 표현할 정도로 큰 손실을 본 것이나, 2015년 말부터 이듬해 초에 이르기까지 ELS 상품이 중국증시의 영향으로 적지 않은 운용손실을 입었던 것을 보면 수익률이 높은 투자상품에 따르는 위험을 간과해서는 안 된다는 것을 새삼 느끼게 된다. 그러다 보니 사람들은 더욱 안전한 금융상품에 관심을 가지기 마련이다. 바로 예금자보호제도에 의해 원금을 보장받을 수 있는 금융상품들 말이다. 하지만 예금자보호 상품도 만병통치약만은 아니다. 안전한 대신 당연히 수익률이 낮다. 특히 요즘 같은 저금리 시대에는 정말 쥐꼬리만 한 이자가 붙는 게 대부분이다. 게다가 자신이 맡긴 돈을 전부 보호해 주는 것도 아니다. 즉 예금자보호제도가 모든 걸 해결해 주지는 않는다는 것이다. 따라서 이 제도에 대해 제대로 파악하고 적절하게 활용해야 할 필요가 있다. 안전한 자산관리를 위해 반드시 알아야 하는 예금자보호제도, 그 실체를 한번 알아보도록 하자.

예금자보호제도란 무엇인가?

예금자보호제도란 금융기관이 예금을 지급할 수 없을 때 예금자 보호 차원에서 예금보험공사가 대신 보험금 형식으로 예금자의 원금과 이자를 지급해 주는 제도를 말한다. 물론 무한정 지급액을 보호해 주는 것은 아니다. 원금과 이자를 합산하여 최고 5,000만 원까지만 보호된다. 이 돈은 예금보호공사가 평소 금융기관으로부터 보험료를 받아서 적립해둔 자금으로 지급하는 것이다. 예금보호공사는 이름에서도 알 수 있듯이 비영리 준정부기관이다. 1996년에 설립되었으며 외환위기 때는 금융구조조정 업무를 충실히 수행하였고 이후 금융기관의 부실방지와 예금자보호를 위한 일을 하고 있다.

예금자보호 대상이 되는 금융기관으로는 시중은행, 증권회사, 보험회사, 종합금융회사, 상호저축은행 등이 있으며 여기다 외국은행의 국내지점과 농·수협 중앙회도 포함된다. 참고로 농·수협 지역조합과 신용협동조합, 새마을금고는 보호대상이 되지 않으며 자체적인 보호제도를 마련하고 있다.

보호대상 금융상품은 어떤 것이?

　물론, 보호대상 금융기관에서 취급하는 모든 금융상품이 보호대상에 해당하는 것은 아니다. 해당 금융기관의 금융상품 중에서 예금과 적금 그리고 원본이 보전되는 금전신탁 등 원칙적으로 만기일에 원금 지급이 보장되는 금융상품만 보호해 준다. 운용실적에 따라 이익과 손실이 달라지는 펀드(수익증권)와 같은 간접투자상품은 보호대상이 아니다. 은행을 통해 가입한 펀드 상품이 반 동가리 났다고 해서 예금보호공사에서 원금을 보호해 주지 않는다.

　또한 외화예금과 양도성예금증서CD, 환매조건부채권RP, 그 외 금융기관의 발행채권 등도 보호대상이 아니다. 보험계약 중 보험계약자나 보험료 납부자가 법인인 보험계약, 변액보험계약(주계약), 보증보험계약, 재보험계약 역시 보호대상이 아니다.

　참고로 보호대상 금융상품의 경우 최초 가입 시 금융기관에서 보호대상 여부를 알려주게 되어있으니 반드시 확인해보고 결정해야 할 것이다. 가입 후 받게 되는 통장이나 증권 또는 증서에도 보호대상 여부가 표시되어 있으니 지금이라도 기존에 가입해 놓은 금융상품 통장을 꺼내 확인해 보도록 하자.

얼마나 보호해 주나?

　언젠가 후배가 나에게 이런 이야기를 한 적이 있다.

"어차피 원금보장 상품에 가입할 거면 무조건 시중은행보다는 상호저축은행이 좋은 것 같아요."

"왜 무조건 상호저축은행이 좋다고 생각하나?"

"일반 은행보다 금리가 높으니까요. 게다가 상호저축은행도 예금자보호가 되잖아요? 이왕 예금자보호를 받는다면 시중은행보다 금리가 높은 상호저축은행이 더 유리하지 않겠어요?"

"하지만 예금자보호가 된다고 해서 예금된 원금과 이자를 모두 받을 수 있는 것은 아니거든."

"그건 저도 알아요. 원금과 이자를 포함해서 5,000만 원까지만 보호받을 수 있다는 것 말이죠. 하지만 제가 가진 돈은 겨우 2,000만 원이라서 이자가 아무리 많이 붙어도 5,000만 원 한도는 넘지 않을 테니 그건 걱정할 필요가 없죠. 일반적으로 시중은행보다 상호저축은행의 신용도가 다소 떨어지긴 하지만 뭐 어차피 망하더라도 예금자보호로 원리금을 5,000만 원 한도 내에선 모두 받을 수 있으니 오히려 금리가 높은 상호저축은행에 예금하는 게 더 유리한 것 아니겠어요? 설령 망하더라도 은행보다 높은 이자를 받을 거니까 말이죠. 이게 바로 '로우-리스크 · 하이-리턴low risk, high return'인 거죠. 어때요? 제 생각 괜찮죠?"

정말 그럴까? 그의 후배는 예금자보호제도를 잘못 알고 있다. 예금자보호가 된다고 가입 당시의 높은 이자를 모두 받을 수 있는 건 아니기 때문이다.

예금자보호제도는 보호 대상이 되는 금융상품의 원금과 '소정의 이자'를 합하여 예금자 1인당 최고 5,000만 원까지만 보호가 된다. 여기서 눈여겨 볼 것은 '소정의 이자'다. 다시 말해 금융기관이 망해서 예금 보험공사에서 원리금을 대신 지급해 줄 때의 이자는 가입 당시 해당 금융상품에서 약정한 이자와 다르다는 것이다. 소정의 이자란 금융기관의 약정이자와 시중은행 등의 1년 만기 정기예금 평균금리를 고려하여 예금보험공사가 결정하는 이자 중 적은 금액을 말한다. 따라서 애초 상호저축은행의 약정금리가 시중은행보다 더 높다고 하더라도 해당 상호저축은행이 망해서 예금자보호를 받을 때는 더 높은 금리를 받을 수는 없다. 오히려 시중은행의 괜찮은 금리 상품보다 더 적은 금리를 받을 수도 있다. 물론, 나의 말을 오해하지는 말길 바란다. 나는 결코 상호저축은행이 무조건 망할 것이니 그쪽 상품에 가입하지 말라는 의도에서 이런 설명을 하는 것은 아니다. 다만 대부분 사람이 예금자보호제도가 '원리금 합산 5,000만 원까지 보호'라고 알고 있어 그게 5,000만 원만 넘지 않으면 애초 약정이자를 모두 다 받을 수 있다고 잘못 알고 있는 것을 제대로 알려 주기 위한 것이니까 말이다. 신용도가 높고 재무구조가 건전하면서도 금리가 높은 상호저축은행의 금융상품은 얼마든지 있다.

1인당 보호 한도는 어디까지?

게다가 보호 한도는 금융기관별로 '1인당' 5,000만 원이다. 다시 말해 8,000만 원의 돈을 가지고 A은행에 4,000만 원, B은행에 4,000만 원을 나누어 예금했는데 A, B 두 은행이 모두 망했다면 각각 4,000만 원씩 모두를 보호받을 수 있다. 그럼, 말이 나온 김에 '금융기관별 1인당 보호 한도'에 대해 사례별로 나눠서 한번 알아보자.

Q: 만약 C저축은행에 예금 4,000만 원, C저축은행의 계열회사인C-1 저축은행에 예금 6,000만 원을 가지고 있으면 예금자의 보호금액은 얼마일까?

A: 여기서 계열회사라고 할지라도 별개의 금융기관이므로 C저축은행에서 4,000만 원, C-1 저축은행에서 5,000만 원이 각각 보호된다.

Q: D은행에 예금3,000만 원, E은행에 예금 4,000만 원을 보유하고 있을 때 D은행과 E은행이 합병한 경우 예금자의 보호금액은 얼마일까?

A: 이 경우 합병등기일로부터 1년까지는 각각 보호 한도가 적용되지만, 1년이 지난 후에는 하나의 금융기관으로 간주하여 1인당 통합 5,000만 원까지만 보호된다.

Q: F은행에 예금7,000만 원과 대출 3,000만 원을 가지고 있는 예금자의 보호금액은 얼마일까?

A: 이 경우 예금 7,000만 원에서 대출 3,000만 원을 뺀 4,000만 원만 보호가 된다.

아울러 보호 한도를 초과하는 예금의 경우는 해당 금융기관에 대한 예금 채권자로서 파산절차에 참여해서 일부 금액을 배당받을 수 있다. 하지만 시간도 오래 걸릴뿐더러 파산 후 남는 돈이 있어야 배당을 받을 수 있으므로 크게 기대하기는 쉽지 않다. 또한, 실제 예금자는 한 명인데 여러 명의 이름으로 예금을 나눠서 가입한 사실이 드러날 경우는 모든 예금금액을 1인으로 계산하여 1인당 보호 한도를 적용하도록 하고 있으니 더 많은 금액을 보호 받기 위해 차명으로 예금하는 것은 삼가길 바란다.

보험금은 언제 받을 수 있나?

금융기관이 부실로 인해 영업정지가 되었다면 이제부터 받아야 할 돈은 해당 금융기관의 금융상품의 원리금이 아니라 예금자보호제도에 의해 예금보험공사로부터 받는 보험금의 성격으로 바뀐다. 자! 그럼 이 보험금은 영업정지가 되면 곧바로 받을 수 있는가? 그렇지는 않다. 여기에는 일정 기간이 소요된다. 우선 예금보험공사가 영업 정지된 금융기관의 자산과 부채를 실사한 후 자체적으로 정상화가 가능한지 아닌지를 판단한다. 그런 후 자체 정상화가 불가능하다고 판단될 경우 예금보험기금의 손실이 최소화되는 방식으로 정리가 추진된다. 해당 금융기관의 자산 중 팔 것은 팔고 정리할 것은 정리한 다음 그래도 보험금을 써야 하는 경우 각 예금자별로 예금과 대출 현황 등을 확인하여 개인별 지급금액을 확정한 후 보험금을 지급하는 것이다. 그러다 보니 보험금 지급일까지는 몇 개월이 걸릴 수 있다. 이에 대한 절차와 시기는 신문공고 등을 통해서 사전에 알려 준다.

■ 보호대상 금융상품

구분	예금자보호 금융상품	비보호 금융상품
은행	• 요구불예금(보통예금, 기업자유예금, 별단예금, 당좌예금 등) • 저축성예금(정기예금, 저축예금, 주택청약예금, 표지어음 등) • 적립식예금(정기적금, 주택청약부금, 상호부금 등) • 외화예금 • 예금보호대상 금융상품으로 운용되는 확정기여형퇴직연금제도 및 개인형퇴직연금제도의 적립금 • 원금이 보전되는 금전신탁 등	• 양도성예금증서CD, 환매조건부채권RP • 금융투자상품(수익증권, 뮤추얼펀드, MMF 등) • 특정금전신탁 등 실적배당형 신탁 • 은행 발행채권 주택청약저축, 주택청약종합저축 등
투자매매업자 투자중개업자 (증권회사)	• 증권의 매수 등에 사용되지 않고 고객계좌에 현금으로 남아 있는 금액 • 자기신용대주담보금, 신용거래계좌 설정보증금, 신용공여담보금 등의 현금 잔액 • 예금보호대상 금융상품으로 운용되는 확정기여형퇴직연금제도 및 개인형퇴직연금제도의 적립금 • 원본이 보전되는 금전신탁 등 • 증권금융회사가 〈자본시장과 금융투자업에 관한법률〉 제330조 제1항에 따라 예탁받은 금전	• 금융투자상품(수익증권, 뮤추얼펀드, MMF 등) • 선물·옵션거래예수금, 청약자예수금, 제세금예수금, 유통금융대주담보금 • 환매조건부채권RP, 증권사 발행채권 종합자산관리계좌CMA, 랩어카운트, 주가지수연계증권ELS, 주가연계파생결합사채ELB, 주식워런트증권ELW 등
보험회사	• 개인이 가입한 보험계약 • 퇴직보험 • 예금보호대상 금융상품으로 운용되는 확정기여형퇴직연금제도 및 개인형퇴직연금제도의 적립금 • 원본이 보전되는 금전신탁 등	• 보험계약자 및 보험료납부자가 법인인 보험계약 • 보증보험계약, 재보험계약 변액보험계약주계약 등

종합금융회사	발행어음, 표지어음, 어음관리계좌 (CMA) 등	• 금융투자상품(수익증권, 뮤추얼펀드, MMF 등) 환매조건부채권(RP),양도성예금증서(CD),기업어음(CP), 종금사 발행채권 등
상호저축은행 및 상호저축은행 중앙회	• 보통예금, 저축예금, 정기예금, 정기적금, 신용부금, 표지어음 상호저축은행중앙회 발행 자기앞수표 등	저축은행 발행채권(후순위채권 등) 등

* 정부 · 지방자치단체(국 · 공립학교 포함), 한국은행, 금융감독원, 예금보험공사, 부보금융기관의 예금은 보호대상에서 제외

출처: 예금보험 공사, 2015년 12월 22일 기준

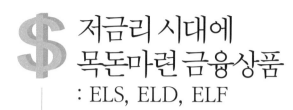

저금리 시대에 목돈마련 금융상품
: ELS, ELD, ELF

주식투자란 강호의 고수들이 모여 진검승부眞劍勝負를 가리는 곳이다. 혹시 진검승부라 하여 중국 무협영화에 나오는 장면을 상상하는 분들도 있으리라. 서로 큰 칼을 들고 날밤 새워가며 '챙챙'거리는 그런 장면 말이다. 혹시 그런 장면을 떠올렸다면 큰 착각을 하는 것이다. 주식시장의 진검승부는 1합 또는 2합에 승부가 나는 일본 사무라이 영화의 장면과 흡사하다 하겠다. 이기게 되면 상당한 전리품을 갖게 되지만 '아차'하는 순간 피를 튀기며 고꾸라질 수 있는 냉혹한 곳이다.

이런 곳에서 초보자나 뜨내기 검객들이 투자한다는 것은 엄청난 부담이 아닐 수 없다. 전리품은 욕심나지만 그렇다고 목숨을 걸 수는 없는 일 아닌가! 그러다 보니 누구든지 '원금은 보장되는데 수익률은 높은 그런 투자처가 없나?'하는 생각을 하게 된다. 이러한 니즈needs에 부응하여 만들어진 파생금융상품이 있으니 그 이름하여 'ELSEquity Linked

Securities'다. 우리말로는 '주식연계증권'이라 한다. 특정주식의 가격이나 주가지수의 오르내림에 연계되어 수익률이 변하는 상품이면서 원금보장도 어느 정도까지는 가능한 파생금융상품이다. 참고로 파생금융상품 또는 파생상품이라고 하는 것은 기초가 되는 금융상품인 예금, 주식, 채권, 외환 등, 이른바 '기초자산'을 이용하여 금융기관에서 추가로 만든 금융상품을 말한다.

ELS, 예금자보호대상 금융상품은 아니다

물론, ELS는 증권회사에서 만든 파생금융상품이므로 예금자 보호법에 의해 원금이 보장되지는 않는다. 하지만 금융공학을 활용한 특별한 방법을 통해 원금보장 효과를 볼 수 있다. 이를 설명하기 위해 예를 하나 들어보겠다. 우선 투자자가 100만 원으로 만기 1년짜리 ELS에 가입했다고 해보자. 그럼 증권회사에서는 이 금액 중에서 95만 원을 국공채에 투자한다. 투자대상이 되는 국공채는 95만 원을 투자해 놓으면 1년이 지나서 5만 원의 이자가 붙는 아주 안전한 국공채다. 물론, 그런 국공채가 반드시 시장에 존재한다고 할 수는 없다. 설명의 편의를 위해서 그러하다고 가정을 한 것이다. 그럼 이제 100만 원 중 5만 원이 남는다. 이 자금으로 주가와 연계된 파생상품에 투자하는 것이다. 파생상품은 수익률은 상당히 높지만, 위험 또한 엄청나게 크다. 하지만 ELS를 운용하는 증권회사는 큰 걱정이 없다. 1년이 지나면 안전한 국공채에서 5만 원의 이자수익을 얻게 되니 원리금 100만 원(원금 95만 원 + 이자 5만 원)으로 원금보장은 된 셈이니까 말이다. 게다가 운용을 잘하여 파생상품에 투자한 나머지 5만 원이 큰 수익을 내어 준다면 전체 ELS의 수익률도 높아지게 되는 것이다. 이렇듯 파생상품 투자에 실패해도 원금보장이 되고 파생상품 투자에 성공하면 큰 수익을 안겨다 주는 것이 바로 ELS이다.

■ 원금보장형 ELS의 기본구조

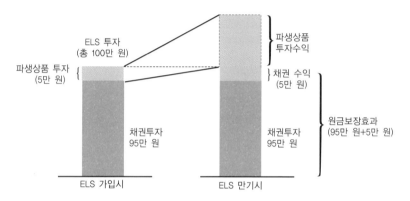

ELS의 자매품 ELD와 ELF

앞서도 말했듯이 ELS(주식연계증권)는 증권회사에서 만든 파생상품이다. 하지만 요즘처럼 금융기관의 업무영역이 허물어는 추세에서 은행이나 자산운용사도 이 시장에 뛰어들기 시작했다. 그래서 탄생한 것이 바로 자매품인 ELD와 ELF다.

은행에서는 ELD(Equity Linked Deposits: 주식연계예금)을 만들었다. 은행 상품답게 예금자보호제도가 적용된다. 원리금을 합산하여 5,000만 원까지 보호를 받을 수 있다는 장점이 있다. 물론, 그런 만큼 수익률은 ELS에 비해 낮은 편이다. 또한, 자산운용사에서 만든 것이 바로 ELF(Equity Linked Funds: 주식연계펀드)이다. 주식이나 채권 등에 투자하는 일반펀드와 달리 고객으로부터 받은 펀드납입금을 증권회사의 ELS에 상당 부분 투자한 펀드이다. 따라서 ELS의 수익과 연동되어 펀드수익이 달라진다.

구분	ELS	ELD	ELF
투자방법	유가증권 매입	정기예금 가입	펀드 가입
발행기관	증권회사	은행	자산운용사
판매장소	증권회사	은행	증권회사, 은행

ELS에 투자한 사람들이 큰 손해를 입을 수도 있다

앞서 설명한 ELS는 그야말로 '스탠다드' ELS다. 원래 ELS는 원금보장도 가능하면서 주식투자 수익도 어느 정도 맛볼 수 있도록 만들어졌다. 하지만 점점 변질이 되었다. 솔직히 원금보장을 위해 상당 부분의 금액을 채권에 투자하니 웬만큼 짜릿한 수익을 보기 위해서는 나머지 금액으로 투자한 파생상품에서 엄청난 수익을 얻어야 하는데 여기엔 한계가 있을 수밖에 없다. 따라서 사람들은 점점 더 강한 뭔가를 원하기 시작했다. 증권회사도 돈을 벌기 위해서는 계속해서 신기한 ELS상품들을 만들어 사람들의 관심을 끌어야 했다. 따라서 최근에 나온 ELS는 애초의 원금보장 ELS와 상당히 거리가 먼 기형적인(?) 상품구조를 갖게 된 것이다.

안전한 국공채의 편입(투자) 비중을 낮추고 고위험-고수익의 파생상품 투자 비중을 높인 ELS는 그나마 양반이다. 신종ELS인 '조기상환형 ELS'의 경우는 조기상환기간을 둔다. 그리고 만기까지 주가지수나 개별 종목의 주가가 일정 조건에 도달하면 조기상환할 기회가 주어지는 상품이다. 예를 들면 만기 2년 동안 매 3개월마다 '성삼전자'의 주가가 최초 기준가격의 75% 이상이면 연 29%의 수익으로 조기상환을 할 수 있다는 식이다. 다시 말해 ELS의 최초 기준가격을 성삼전자 주가인 1만 원으로 했다면 주가가 7,500원 이상인 경우 조기상환을 하고 연29%의 수익을 가져갈 수 있다는 것이다. 물론, 여기서 묘미는 조기상환이 너무 빨리 되어도 좋지 않다는 것이다. 왜냐하면, 첫 번째 3개월 만에 성삼전자 주가가 기준가격의 75% 이상을 도달하면 총 수익률은 7.25%(=연 29%×3개월/12개월)밖에 되지 않기 때문이다. 따라서 가장 좋은 것은 만기 2년이 다 되어갈 무렵 조건에 도달해서 조기상환 하는 것이 가장 좋다.

이러한 조기상환형 ELS에는 2개 이상의 주식이 일정한 가격에 도달하면 상환을 할 수 있거나, 주가가 조기상환 조건을 충족하지 못했을 때 다음 조기상환 기간에는 조기상환 조건을 낮추어주는 방식 등 실로 다양한 종류가 있다.

여기서 한 가지 궁금한 점이 있을 것이다. 그렇다면 만기가 지나도록 조건에 도달하지 못해서 조기상환을 못했을 경우 어떻게 될까? 조기상환형 ELS의 경우 그에 대한 조건도 붙어있는데 예를 들면 이런 식이다.

2년 만기시점까지 조기상환 되지 않은 경우,

투자기간에 한 종목이라도 40% 이상 하락한 적이 없는 경우: 원금+

연 6%

투자기간에 한 종목이라도 40% 이상 하락한 적이 있는 경우: 더 많이

하락한 종목의 만기 주가수익률로 손실확정

즉, 비록 만기 동안 조건도달은 못 했지만 2개의 대상주식의 주가 모두가 40% 이상 하락한 적이 없다면 원금에다 연 6%의 수익률을 받는다. 하지만 대상주식 중 하나라도 주가가 40%이상 하락했다면 2개의 주식 중 더 많이 하락한 주식의 손실액이 ELS의 손실액이 되는 것이다. 다시 말해 1개 주식은 주가가 10%밖에 빠지지 않았는데 나머지 주식이 70%나 빠졌다면 ELS는 원금의 70%나 손실을 보게 되는 것이다. 이제는 ELS가 원금보장형이 아니라는 것이다.

여기서 가만히 보면 2개의 대상주식일 경우 조기상환 수익을 얻으려면 둘 다 일정 가격에 도달해야 하지만 원금손실을 볼 경우에는 한 종목이라도 기준 이하로 하락하면 그 하락폭을 다 뒤집어쓴다. 따라서 확률적으로 불리한 게임일 수도 있다. -물론, 주가등락에 단순확률을 적용하기는 무리가 있다 - 아울러 이러한 신종 ELS는 '주가지수가 어느 정도까지는 갈 것이다'라는 전망 하에 상품을 설계하지 무턱대고 고객이 불리하게 설계하는 것은 아니다.

ELS 주가의 방향성보다는
변동성에 투자하는 상품으로 진화

2016년 초 중국 상해종합지수 3,000선이 뚫렸다. 이렇듯 중국증시가 급락을 거듭할 때 마음을 졸였던 투자자 중 하나가 바로 ELS 투자자들이었다. 아니 중국증시와 ELS가 무슨 상관이 있길래? 아니다. 직접적인 상관이 있게 되었다. 앞서 말했던 ELS 수익의 기준이 되는 주가지수나 개별종목 주가와 같은 기초자산이 이미 우리나라뿐만 아니라 중국증시와도 연결된 ELS가 판매되고 있기 때문이다. 홍콩항셍 중국기업지수HSCEI를 기초자산으로 하는 ELS가 바로 그것이다. 이들 ELS 중에는 2015년 4~5월 판매된 손실구간 60%인 HSCEI가 기초자산인 ELS도 있다. 다시 말해 홍콩항셍 중국기업지수(H지수)가 60% 아래로 떨어지면 손실이 발생하는 구조이다. 그런데 우려했던 상황이 찾아온 것이다. 중국증시의 폭락이 바로 그것이다. 이로 인해 2016년 초, 이들 손실 ELS 발행액 규모는 1,295억 원 수준에 이르렀다고 한다. 물론, 전체 발행액인 24조9,810억에 비해 큰 비중은 아니었지만 계속해서 중국증시가 빠진다면 엄청난 손실을 볼 수도 있다는 우려의 목소리가 높았다.

최근 홍콩H지수 폭락으로 밤잠을 설치는 H지수 연계 ELS 투자자들이 적지 않다. H지수는 중국경기 불안의 직격탄을 맞아 지난 12일엔 7,500대까지 떨어졌다. 그 결과 H지수 연계 ELS가 줄줄이 녹인 배리어(Knock-in barrier · 원금손실 가능 구간)에 진입하면서 지금까지 손실위험구간에 진입한 누적 투자금이 4조 원에 육박할 것으로 추정된다. 때문에 불과 얼마 전까지 '국민

이렇듯 최근의 ELS는 기초 자산가격 다시 말해, 연계된 주가지수나 개별종목 주가가 올라갈 것이냐 내려갈 것이냐에 베팅하기보다는 얼마나 변할 것이냐에 베팅을 하는 금융상품이 되었다. ELS가 미리 약속한 구간 내에서 움직이면 예금 이자보다 높은 수익을 얻는 반면, 그 구간을 벗어나 올라가거나 내려가게 되면 손실이 발생하는 구조로 설계되어 있다. ELS 상품을 가만히 들여다보면 녹인knock-in, 녹인 배리어knock-in barrier라는 용어를 접할 수 있다. 이 용어가 바로 구간을 설명해 주는 것이다. 주가지수가 미리 정해진 구간 내에서 유지하면 수익을 얻지만, 그 구간보다 떨어져서 구간의 경계선barrier을 '똑똑' 노크하고 들어가면 knock-in 손실이 발생하는 것이다. 예를 들어 홍콩 H지수(홍콩 항생지수)가 3년간 특정 구간에서만 오르락내리락 한다면 연 10%의 수익을 얻을 수 있는 ELS가 있다고 하자. 투자자가 향후 홍콩 H지수의 변동성이 크지 않을 것으로 예측한다면 이 ELS상품에 가입하여 연 10%의 수익을 노려볼 수 있다. 저금리시대에 짭짤한 수익이 아닐 수 없다. 하지만 변동성 예측을 잘못하여 홍콩 H지수가 폭락하여 배리어barrier를 노크해 버린다면 적지 않은 손실을 보게 되는 것이다.

이렇듯 ELS는 비록 그 출발은 일정 부분 원금을 보장해주고 약간의 추가 수익을 내는 상품으로부터 시작했으나 지금은 기초자산의 변동성에 베팅하는 상품으로 진화(?)하였다. ELS는 어디까지나 중수익 - 중위험의 상품이다. 위험이 전혀 없는 것이 아니란 이야기다. 따라서 비록 저금리 시대 각광을 받을 만큼 짭짤하기는 하나 이 역시 투자위험이 따른다는 것을 명심하기 바란다. 나는 위험이 있으니 절대 하지 말라는 이야기를 하는 게 아니다. 저금리 시대에 어느 정도 수익을 추구하기 위해서는 위험을 감수해야 한다. 다만 이 위험이 어디에 숨어 있는지, 과연 스스로가 감당할 수 있는 정도인지를 파악하며 수익을 추구해야 한다는 것이다.

07

금리관련 금융상품
: 채권과 채권형펀드

　　우리나라 사람들은 화끈⑦한 것을 좋아한다. 그러다 보니 '고수익-고위험'을 쫓는 경향이 있다. 역사가 그리 길지 않은 주가지수 옵션시장의 규모가 세계 2위가 된 것만 보아도 이를 잘 알 수 있다. 그러다 보니 화끈한 한방의 옵션투자는 고사하고 주식투자에 비해서도 그 수익률이 높지 않은 채권투자를 우리는 등한시해온 게 사실이다. 하지만 채권은 수익률이 상대적으로 낮은 만큼 위험도 상대적으로 낮다. 워런 버핏도 가장 최고의 투자는 자신의 돈을 잃지 않는 것이라고 했다. 장사 하루 이틀 할 것이 아니라면 화끈한 한방보다 비록 크지 않더라도 장기간 잃지 않고 돈을 벌 수 있는 쪽에도 관심을 기울일 필요가 있다. 그런 면에서 채권투자가 제격이다. 그렇다고 해서 채권이 고정이자만 받는 은행의 정기예금은 아니다. 시장에서 거래하는 유가증권이다. 따라서 이자수익률뿐만 아니라 매매차익이 생기기도 한다. 특히 경기가 불황이라 좋은 기업조차도 제대로 평가받지 못할 때나 금리가 치솟을 때 저평가된 채권에 투자해서 큰돈을 번 경우도 적지 않다. 그럼 금리관련 금융상품 중에서 가장 대표적이라는 채권투자에 대해 간단히 알아보자.

채권투자, 하기가 어려웠다?

솔직히 우리나라 사람들이 화끈한 것을 좋아해서 채권투자가 등한시된 것만은 아니다. 본질적으로 채권투자는 하기가 힘들다. 오해는 하지 말길 바란다. 수익률이 높지 않아 투자의사 결정을 내리기가 힘들다는 게 아니라 제도적으로 투자행위를 하기가 힘들다는 것이다. 그 이유는 채권시장의 매매 특성에서 찾을 수 있다. 채권시장의 특성 중의 하나가 대량으로 구매하면 더욱 싸게 살 수 있다는 것이다. 주식은 삼성전자 1주를 매수할 때나 삼성전자 100주를 매수할 때나 그 단가(1주당 주가)는 변함이 없다. 하지만 채권은 그렇지 않다. 거액의 대량 주문을 하게 되면 좀 더 싸게 살 수 있다. 마치 물건을 구매할 때 대량구매를 하면 값을 깎아 주듯이 말이다. 그 이유는 주식과 달리 채권거래 대부분이 기관투자자 간의 장외거래로 이루어지기 때문이다. 거래규모도 대부분이 100억원 단위의 대규모 거래다. 다시 말해 100억 원 정도는 있어야 유리한 가격에 유리한 물건을 잡을 수 있다는 것이다. 이쯤 되면 우리 일반서민들은 엄두가 안 나는 '그들만의 리그'다. 그러니 채권투자를 하고 싶어도 하기 힘들다는 것이다.

물론, 이런 상황에서도 개인투자자들이 채권투자를 하기는 했었다.

하지만 거래소 채권시장의 소액채권이나 특정 증권회사가 장외시장에서 매수해서 대 고객용으로 파는 채권 정도로 그 종류나 수량에 제한이 있었다.

채권투자도 주식투자처럼 손쉽게 - 소액채권시장

이렇듯 그동안 '그들만의 리그'로 운영되던 채권시장을 활성화해 개인투자자들이 참여할 수 있도록 하려는 노력이 결실을 이뤘다. 2007년 8월 말부터 거래소(정식 명칭이 2009년 자본시장법 시행으로 '한국증권선물거래소'에서 '한국거래소KRX'로 바뀜)가 거래소 채권시장 내 '소매채권시장'을 개설한 것이다. 소매채권시장은 기존 기관투자자 중심의 100억 원 단위 대규모 거래와는 달리 호가수량이 50억 원 미만인 소규모 거래가 가능한 시장이다. 거래단위도 1,000원을 기준으로 정수배(10배, 20배 등)로 하여 개인 등 일반투자자들이 참여하기 쉽도록 했다. 기존 채권거래는 고객이 계좌를 보유하고 있는 증권회사에 직접 방문을 해야 했지만 소매채권시장 개설로 채권도 주식과 같이 증권회사의 HTS(홈트레이딩 시스템)나 전화로 쉽게 주문할 수 있게 되었다. 영업망 또한 증권회사 지점 수가 제한되던 것이 약 1,500여 개의 모든 증권회사 지점으로 확대되었다.

2008년 10월, 모든 사람이 글로벌 금융위기의 여파로 신음한 것은 아니었다. 당시 채권시장으로 몰려든 돈들은 함박웃음을 띠었다. 시중금리가 고공행진을 거듭하고 있어 시중의 자금들이 고금리 우량 금융채로 몰려들었다. 게다가 정부에서는 지속적으로 금리인하를 하겠다는 정책

방향을 밝히면서 향후에도 금리가 계속 떨어지면 채권수익률은 더욱더 높아질 것이라는 계산도 있었다. 또다시 말하지만, 금리와 채권가격은 반대방향으로 움직이기 때문이다. 이는 과거 외환위기 때나 카드대란 때도 흡사했다. 언제나 금리가 천정부지로 올랐다가 다시금 떨어질 징조를 보이면 돈들이 채권투자로 발 빠르게 몰리기 마련이다.

그래도 여전히 채권투자가 복잡할 경우라면 채권형펀드를

그래도 여전히 채권 직접투자가 어렵다고 생각된다면 채권형펀드를 통해 간접투자를 하는 것도 좋은 방법일 것이다. 통상 주식에 전혀 투자하지 않으며 채권 투자비율이 60%가 넘고 나머지는 양도성예금증서CD나 콜, 기업어음CP 등에 투자하는 펀드를 채권형펀드라고 한다.

채권형펀드는 투자한 채권의 안정적인 이자수익도 있지만 무엇보다도 시중금리가 떨어지게 되면 높은 수익을 얻을 수 있다.

"아니 시장금리가 떨어지는 데 어떻게 채권형펀드의 수익이 올라가죠?" 여기서 혹시 헷갈리는 독자를 위해 다시 한 번 설명을 하겠다. 시중금리가 고공행진을 하면 그때 그 금리에 맞춰 발행한 채권은 표면이자가 높아서 고금리 수익을 얻을 수 있다. – 또는 이미 발행한 채권은 싸게 살 수 있다 – 그런 후 시중금리가 떨어지기 시작하면, 앞서도 설명했듯이 채권가격은 반대로 올라간다. 따라서 채권형펀드에서 이미 사놓은 고금리 채권의 가격이 역시 올라가는 것이다. 따라서 이를 팔게 되면 채권형펀드의 수익도 올라가는 것이다. 채권 직접 투자에서도 마찬가지 관계가 성립한다. 이렇듯 금리와 채권가격은 서로 시소seesaw처럼 왔다 갔다 하는 때문에 채권투자의 가장 적절한 타이밍은 금리가 고공행진할 때 채권을 사서(채권형펀드에 가입해서) 금리가 떨어지고 나서 파는 것이다.

$ 부자들은
금리에 민감하다

돈을 벌려거든 부자의 줄에 서라는 이야기가 있다. 부자들이 관심을 두기 시작하는 투자처에 투자하면 좋은 결과를 얻을 가능성이 크다는 의미일 것이다. 그래서 사람들은 오마하의 현인인 워런 버핏Warren Buffett과의 한 끼 식사를 위해 그렇게도 많은 돈을 내는 것인지도 모른다. 그런데 이런 부자들은 금리에 상당히 민감하다. 즉 부자들이 관심을 가지는 투자처는 금리의 변동으로 결정되는 경우가 많다.

10여 년 전의 이야기다. 내가 아는 사람 중에 부자 아버지를 둔 후배가 있었다. 후배의 아버지는 상당한 자산을 소유하고 있었다. 게다가 일흔을 훌쩍 넘긴 고령임에도 불구하고 철저한 자기관리로 여전히 정정하셨다. 따라서 여전히 그 집안에서 이빨에 날이 서 있는 호랑이셨다. 21세기 자본주의 대한민국에서 아버지의 권위가 땅에 떨어졌다고는 하지만 엄청난 경제력을 가지고 계신 아버지들은 여전히 무소불위의 권력을 행사하고 있다는 사실을 그 후배의 아버지를 보고 알 수 있었다. 게다가 이분이 참 대단했던 것은 고령임에도 불구하고 여전히 자산을 운용하는 것에 대해선 감각이 살아있다는 것이었다. 물론 전문적인 펀드매니저도 아니고 대학에서 경제학을 공부한 것도 아니다. 오히려 한국전쟁 당시 혈혈단신으로 월남하여 사회적인 백그라운드가 거의 없으셨던 분이다. 다만 젊은 시절부터 부지런히 운수업이라는 한 우물을 파서 그 많은 재산을 일구었다. 그런데 어떻게 자산 운용에 대한 탁월한 감각이 있으신지 나로서도 의문스러웠다. 한번은 이런 일이 있었다. 2006년 초가을 즈음이었던 것으로 기억한다. 후배가 분가하면서 집을 사겠다고 했더니 후배의 아버지가 이렇게 말하며 반대했다고 한다. "앞으로 집값이 빠질 텐데 지금 집 사서 뭐하려고. 일단 전세로 살다가 나중에 집값 빠지면 그때 사!" 후배는 감히 아버지를 거역할 수 없던 터라 그냥 전세로 살게 되었다며 나에게 불만을 토로했다. 나이 30대 중반에 그런 것까지 아버지로부터 간섭을 받는다는 것이 썩 유쾌하지는 않았던 모양이다.

여러분들도 기억하고 있듯이 2006년 가을은 검단 신도시 발표로 부동산 가격의 최고 정점기였다. 너도나도 집을 사겠다고 아우성이었다. 실제로 그때 대출을 받아 집을 산 서민들이 적지 않았다. 그 이후 2007년, 2008년 집값이 얼마나 빠졌는지는 굳이 말을 하지 않아도 잘 알 것이다. 후배 아버지의 예상이 적중했다. 2008년 중순 즈음 나는 그 후배를 다시 만난 적이 있다. 우연히 집값 이야기가 나왔기에 나는 당시 후배의 아버지가 그토록 반대했던 이유를 물어본 적이 있다.

"형, 딴 것은 모르겠고. 우리 아버지는 금리를 자세히 보는 것 같아.

그렇다고 우리 아버지가 무슨 금리 전문가라는 말은 아니야. 그냥 자연스럽게 금리에 민감할 수밖에 없지."

"자연스럽게 금리에 민감할 수밖에 없다니 그게 무슨 소리야?"

"생각해봐. 일반 사람들은 은행에 예금이 있어 봤자 기껏 1억 미만이잖아. 그러니 금리가 0.25%포인트 오르고 내리는 것을 피부로 느끼기란 쉽지가 않아. 원금 자체가 몇백, 몇천만 원 수준인데 금리가 변해봤자 이자가 몇 푼 변하겠어? 그러니 금리가 어떻게 변하는지 관심을 안 가지는 거지. 하지만 우리 아버지 같은 경우는 좀 다르지 몇십 억씩 통장에 예금이 되어 있다고 생각해봐. 금리가 0.25%포인트 올라가고 내려감에 따라 들어오는 이자 금액이 확확 달라지거든. 세상 누구도 몇백만 원, 몇천만 원씩 이자가 차이 나는데 민감하지 않을 사람이 어디 있겠어? 그러니 자연스레 금리에 민감해질 수밖에 없으신가 봐. 그래서 금리가 내리기 시작하면 은행에서 돈을 빼서 뭔가에 투자하시더라고. 그게 채권이 되었던 부동산이나 펀드가 되었던 말이지. 그러다 금리가 다시 오르면 예금으로 돌리시는 거지."

그렇다. 후배의 아버지와 같은 부자들은 금리에 민감하다. 일반 사람들과 달리 정말 거액의 현금을 은행(금융기관)에 예치해 두었는데 금리가 떨어진다면 민감해지지 않을 수 없다. 그리하여 금리가 내려가면 예금을 빼서 투자하기 시작한다. 반대로 금리가 올라가면 투자를 정리하고 다시 예금하는 것이다. 이들이 움직이는 돈은 적지 않은 액수다. 따라서 금융시장과 투자시장에 큰 영향을 미치는 것이다. 이들은 결코 금리와 다른 경제변수들의 관계를 이론적으로 상세히 알고 있어서 이런 행동을 하는 것이 아니다. 금리가 경제에 미치는 영향이 지대하다는 것을 알고 있어서 그런 것도 아니다. 게다가 금리를 변동시켜 통화량을 조절하려는 한국은행의 노고에 부응하기 위해서 금리에 민감한 것은 더더욱 아니다. 다만 매달 또는 매년 들어오는 이자 액수에 엄청난 차이가 나기 때문에 금리에 민감할 수밖에 없다. 이는 너무나 자연스러운 현상일 뿐이다. 하지만 그토록 자연스러운 현상이기 때문에 더욱더 강력하고 더욱더 확실한 것이다.

앞서 말했듯이 돈을 벌려거든 부자들과 같은 줄에 서야 한다. 따라서 우리 역시 금리에 민감해져야 한다. 금리를 알아야 부자들 옆에라도 설 수 있기 때문이다. 그래야만 돈의 흐름을 알게 되고 그 길목에서 돈을 잡을 수 있기 때문이다.

09

배우고 익히고 기다리다 기회가 오면 움직이자

그렇다고 모든 면에서 부자들 흉내만 내라는 것은 아니다. 참고로 부자들의 자산 포트폴리오는 의외로 단순하다. 그들은 이제 버는 것보다 지키는 것에 더 심혈을 기울인다. 사실 그게 더 어렵다는 말까지 한다. 후배 아버지의 경우도 마찬가지였다.

"형. 가만히 보면 우리 아버지는 주식이니 파생상품이니 그런 것에 전혀 관심 없어 하시는 것 같아. 금리가 빠지기 시작하면 채권 아니면 부동산에 그리고 금리가 높을 때는 CMA나 MMDA 같은 곳에 넣어두시지 그리고 보험도 변액보험보다는 일반보험을 더 선호하시고 말이야."

그러다 보니 2008년의 그 험악했던 시기에 큰 손실을 본 게 없었다고 했다. 우리는 최근 들어 복잡 미묘한 금융파생상품을 많이 접하게 된다. 선물, 옵션, ELS, ETF, ELW, ABCP, KIKO, CDO, CDS… 막상 이렇게 써 놓고 보니 이름만 봐서는 무얼 의미하는 것인지조차 모를 정도로 희한한 파생상품들이 수두룩하다. 투자자들은 좀 더 높은 수익을 얻기 위해, 금융기관들은 좀 더 많은 상품을 팔아먹기 위해, 개발하고 또 개발해서 금융시장에 선을 보인다. 하지만 이렇게 만들어진 금융파생상품이 얼마나 많은 위험을 내포하고 있는지는 모른 채 말이다. 솔직히 아무리 똑똑한 금융공학자가 나타나 고수익의 파생상품을 개발했다 해도 그 위험은 없어지지 않는다. 오히려 위험을 줄인다고는 하지만 기실은 위험을 줄인 게 아니라 이를 모아다가 한 귀퉁이에 꼬불쳐 놓은 것에 지나지 않는다. 언뜻 보면 위험은 거의 없으면서 수익은 높은 것 같지만 자칫 위험을 꼬불쳐 놓은 곳으로 발을 잘못 내디뎠다가는 열 배, 백 배의 위험을 뒤집어쓰는 것이다. 그런데 여기에 한술 더 떠서 파생상품에서 다시 파생하여 상품을 만들다 보니 이제는 어느 귀퉁이에 이러한 위험을 모아 놓았는지 파는 사람도 사는 사람도 모르게 되어버렸다는 게 더 큰 문제다. MBS(모기지담보증권)와 CDO(부채담보부증권)가 대표적인 사례가 아닌가 싶다. 이렇듯 위험을 어딘가에 꼬불쳐 놓았다든가, 그 장소를 모르게 되었다는 것은 파생상품의 구조를 조금이라도 아는 사람이라면 상식과 같은 것이다. 그런데도 세상은 점점 더 파생상품의 천국이 되고 그 상품들을 심지어 개인 고객에게까지 팔고 있는 게 21세기 금융자본주의의 한 단면이다. 가장 가까운 사례로는 앞서도 언급했듯이 2016년 초, 홍콩항셍중국기업지수HSCEI와 연계된 파생상품 ELS가 중국증시의 폭락에 영향을 받아 투자자들의 밤잠을 설치게 했던 것을 들 수 있다. 하지만 요즘과 같이 예·적금 금리 1%대의 저금리 시대에 여전히 5~8%

수익을 안겨주겠다는 파생상품의 유혹을 뿌리치기가 쉽지 않은 것도 현실이다.

사실 투자의 핵심은 얼마나 오랫동안 손실을 보지 않고 지속하느냐에 있다. 당장 몇 배의 수익을 실현했다 해도 결국 한 방에 크게 날린다면 아니함만 못하지 않겠는가! 앞서도 언급했지만, 만류인력의 법칙으로 유명한 뉴턴은 1720년 4월 영국의 사우스 시The South Sea Company라는 회사에 투자하여 100%의 수익을 올렸다. 하지만 천재였던 그 역시 같은 해 6월에 자신이 사우스 시의 주가 전망을 너무 저평가했다고 판단하고 자신이 벌었던 돈에다 엄청난 빚까지 내어 이 회사의 주식에 다시 투자했다. 물론, 3개월 뒤 이 회사 주가에 대한 거품이 터지고 뉴턴은 모든 돈을 날리고 빚쟁이가 되어 런던을 떠나게 된다. 하지만 부자들은 이에 현혹될 필요가 없다. 오히려 그들은 고수익의 투자처보다 자신이 지켜야 할 자산을 어떻게 하면 안전하게 운용하느냐가 관건이다. 다시 말해 '보다 높은 수익'이 우선이 아니라 '보다 안전한 투자처'가 우선이다. 따라서 그들의 운용자산 포트폴리오는 오히려 단순한 것이다. 따라서 후배의 아버지처럼 수성修城을 해야 할 부자들은 위험이 낮은 단순한 투자를 선호하는 것인지도 모른다.

하지만 우리와 같은 일반 서민들은 이야기가 좀 다르다. 안타깝게도 수성修城을 해야 할 돈이 없다. 지금 당장에라도 몇 푼 더 벌어야지 지켜야 할 목돈도 생기고 하는 것 아니겠는가! 따라서 안전도 중요하지만 쥐꼬리만 한 이자수익밖에 나오지 않는 요즘 같은 저금리 시대에 안전한 투자처만 찾다가는 목돈을 벌 수가 없다는 게 현실이다. 부자들의 투자철학이 맞기는 맞는데 그들과는 어차피 게임의 법칙이 동일하지 않다.

따라서 몇% 더 준다는 파생금융상품이나 더 높은 수익률을 얻을 수 있는 주식투자에 관심을 가질 수밖에 없다. 적지 않은 위험이 도사리고 있는데도 말이다. 그게 나쁘다는 것은 아니다. 하지만 적어도 모든 것에는 공짜 점심은 없다는 명제를 바탕으로 이런 곳에 투자할 때는 그 내용을 찬찬히 뜯어보고 항상 조심해야 한다는 것이다. 알아야 면장도 한다는 심정으로 말이다. 그리고 이러한 투자처에 영향을 미치는 가장 큰 요소 중의 하나가 역시 '금리의 움직임'이라는 것도 염두에 두길 바란다. – 이 부분만큼은 부자들과 동일한 게임의 법칙이 적용된다고 생각한다 – 어디에도 왕도는 없다. 참으로 어렵겠지만, 배우고 익히고 기다리다 기회가 오면 과감하게 움직이는 방법 외에는 말이다.

세계가 일본이 될까?

1998년을 시작으로 우리는 단계적으로 일본문화를 개방했다. 당시 많은 전문가나 사회 지도층들은 '왜색문화'라는 단어까지 쓰면서 일본 문화 개방에 우려를 표명했다. 그들은 일본문화를 개방하면 우리 문화는 곧 일본문화의 홍수에 밀려 형체도 알 수 없게 될 것이라고 걱정했다. 하지만 결과는 오히려 정반대였다. 우리 문화가 오히려 일본에 홍수와 같이 밀려들어갔고 심지어 '한류'라는 말이 생겨날 정도로 일본뿐만 아니라 전 세계로까지 퍼져나갔으니 말이다.

물론, 앞서 던진 "세계가 일본이 될까?"라는 질문은 세계가 일본문화로 뒤덮일지를 묻는 것은 아니다. 이는 경제 상황의 일본화Japanization를 의미하며 바로 일본이 20년 넘게 겪고 있는 경기침체, 불황, 디플레이션을 의미한다. 다시 말해 전 세계가 불황의 늪으로 빠져 헤어나지 못할 것이라는 우려가 섞여 있는 말이다.

나는 대학 시절인 1990년대 초반, 일본 대학생과의 교류 동아리 활동을 했었다. 그때만 해도 상당히 많은 사람은 여전히 일본이 미국을 제치고 차세대 넘버원No.1 경제대국이 될 것으로 생각했다. 당시 일본의 부동산 하락과 불경기는 그들이 잠시 겪는 통과의례쯤으로 생각했다. 하지만 1990년대 초반 그들의 불황은 통과의례가 아닌 지옥 같은 장기불황의 서막임을 세월이 지나서야 깨닫게 되었다.

최근 들어 아무리 돈을 풀어도 경기가 살지 않는 현상이 전 세계적으로 나타나고 있다. 따라서 적지 않은 경제 전문가들이 전 세계가 장기불황의 늪에 빠진 것이 아니냐는 우려를 나타내고 있는 게 사실이다. 더 이상 성장하지 않는 것이 '정상'이 되어버린 시대라 하여 '뉴노멀New Normal'이라는 말이 생겼는가 하면, 장기불황의 만형(?)격인 일본을 빗대어 '일본화Japanization'라는 말도 생겨났다.

"경제성장률, 물가, 투자, 금리, 모두가 최저"

대우증권 리서치센터장인 홍성국 부사장이 지은 책《세계가 일본된다》(2014, 메디치)에도 이에 대해 잘 설명되어 있다. 25년째 장기불황에 시달리고 있는 일본의 특징은 경제성장률, 물가, 투자, 금리가 모두 역사상 최저 수준에 머무는 '신 4저 시대'로 요약된다는 것이다. 아울러 이러한 일본화 현상은 일본뿐만 아니라 이제 전 세계에서 일어나고 있는 현상이며 이를 한마디로 '전환형 복합불황'이라는 용어로 정의하고 있다.

여기서 '전환'이란 성장시대의 종말을 의미하며, '복합'이란 정치, 경제, 사회 모든 분야가 포함된다는 의미로 세계는 이미 성장의 시대가 끝났으며, 불황이 경제에 국한된 것이 아니라 정치, 사회 등 모든 분야에 걸쳐 굳어져 가고 있다는 주장이다.

그 이유로는 그동안의 기술혁신과 중국 등 이머징 국가들의 경제발전으로 너무나 많은 물건이 생산되고 있다는 공급과잉 문제, 미래의 소비자는 늙고 가난해져 가고 있다는 인구 고령화 문제, 사회 전체의 부가 소수에 편중되는 비율이 증가하면서 소비감소라는 악순환에 빠지고 있는 문제, 기하급수적으로 늘어나는 부채 문제, 세대 간의 갈등 문제 등을 들고 있다. 하나같이 우리나라에서도 이미 벌어지고 있는 문제들이라 할 수 있겠다.

과거 일본의 메이지 유신 시기에 사무라이들은 밀려오는 서구의 신문물을 바라보며 "칼의 시대는 끝났다刀の時代は終わった"라고 말했다. 하지만 말로만 그렇게 외쳤지 여전히 행동에는 변화가 없었던 일부 사무라이들은 비참한 최후를 맞이했다.

만약에 뉴노멀이나 일본화에 대한 여러 전문가의 말이 사실이라면 우리는 이제 이렇게 말할 수 있을 것이다.

"성장의 시대는 끝났다"

그렇다면 앞으로의 세계를 살아가기 위해서는 이러한 변화에 제대로 적응해 나가는 것이 필요할 것이다. 자본주의가 시작된 이래 세계는 언제나 성장을 전제로 설계되고 운영되어 온 것이 사실이다. 아직도 세계 각국의 정치가 및 관료들은 대부분 정책을 만들 때 성장을 전제로 하는 데에 익숙해져 있다. 마치 끝나버린 칼의 시대에 여전히 칼을 휘두르는 사무라이처럼 말이다. 이제부터라도 이러한 착각에서 벗어나지 않고서는 근원적인 대응책을 찾을 수 없을 것이다. 여기에는 비단 정치가나 관료뿐만 아니라 기업이나 심지어 개인도 마찬가지일 것이다.

물론, 세계가 정말 일본과 같은 '전환형 복합불황'으로 흘러갈 것이라고 단정 지을 수 없을지도 모른다. 앞서 말했듯이 왜색문화의 개방을 두려워했던 우리가 막상 개방하고 나니 오히려 정반대의 결과를 얻었듯이 말이다. 물론, 그 결과는 우연히 얻어진 것은 아닐 것이다. 그동안 우리 문화의 역량과 저력이 제대로 발휘되었기 때문일 것이다.

경제 역시 마찬가지다. 우리가 저성장, 저물가, 저투자, 저금리로 요약되는 '신 4저의 시대'를 능동적으로 대응하고 활용해 나간다면 암울한 일본화가 아닌 정반대의 상황을 맞이할 수 있을 것으로 믿는다. 물론, 이 역시 우리 경제 전체에만 해당하는 것이 아니라 '신 4저'에 잘 대응하고 이를 잘 활용하는 개개인에게도 해당할 것으로 생각한다.

끝으로 《금리만 알아도 경제가 보인다》의 개정판인 이 책을 읽어주신 독자 여러분에게 감사드린다. 책이란 SNS나 블로그에 글을 올리는 것과 달리 그 구조상 일방적인 이야기 전달이라는 한계점이 있다. 따라서 나는 독자 여러분이 이 책을 어떻게 받아들였을지 상당히 궁금하다. 또한, 금리가 더욱더 중요해진 이 시대에 독자 여러분이 금리란 녀석을 이해하는 데 이 책이 조금이나마 도움이 되었기를 간절히 바란다. 아울러 개정판 작업을 위해 많은 노고를 마다하지 않으신 위너스북에도 감사의 말씀을 전한다. 언제나 책을 내면서 느끼는 것이지만 출판이란 저자 혼자만의 작업이 아니라 관계된 여러분들의 고생과 땀이 배어 있는 산물이라는 것이다. 책을 읽지 않는다고 말하는 요즘과 같은 힘든 시기에도 좋은 책을 만들겠다는 일념으로 노력하시는 출판사 임직원 여러분에게 행운이 깃들기를 진심으로 바란다.

■ 참고 문헌

《국제재무관리》지청 · 이필상 지음 / 박영사 펴냄 /1992

《금융투기의 역사》에드어드 챌러러 지음 / 국일증권경제연구소 펴냄 / 2005

《7천만의 시장경제 이야기》제임스 과트니 · 리처드 스트라웁 지음 / 자유기업원
　　펴냄 / 2004 / 원서: 〈What Everyone Should Know About Economics
　　and Prosperity〉(The Fraser Institute, 1993)

《맨큐의 경제학》N. Gregory Mankiw 지음 (김경환 · 김종석 번역) / 교보문고 펴
　　냄 / 2006 / 원서: 〈Principles of Economics, 3rd Edition〉(Thomson
　　Learning, 2004)

《세계가 일본된다》홍성국 지음 / 메디치 펴냄 / 2014

《천재들의 실패》로저 로웬스타인 지음 (이승욱 번역) / 동방미디어 펴냄 / 2001

《Corporate Finance, 7th Edition》Ross, Westerfield, Jaffe 지음 / Mc Graw
　　Hill 펴냄 / 2005

《平成バブルの研究》東洋経済新聞社 펴냄 / 2003

《それでも日本バブルは終わらない》하라다 타케오(原田武夫) 지음 / 徳間書店 펴
　　냄 / 2013

《山本由花のFXで儲けたい》山本由花 · 青木俊郎 지음 / ダイヤモンド社 펴냄 /
　　2005

《우리나라의 통화정책》한국은행 정책기획국 / 2006

《채권투자 이론과 실무》LG투자증권 / 2000

《스태그플레이션 진단과 정책대응》SERI CEO Information 제664호 / 삼성경제
　　연구소 / 2008

〈인터넷 혁명이 부른 대재앙 - Special Report〉2008.10.29일 자 뉴스위크 한국

판 / 제18권 제42호(통권853호)

〈SK증권-JP모건 파생상품 소송의 전말〉블로그(http://blog.naver.com/
poohsi)

〈일본 디플레이션, 사회 문제 심각하게 대두〉2012.4.4일자 유로저널 / 김세호 기자
(http://www.eknews.net/xe/?mid=kr_politics&category=26886&doc
ument_srl=365449#)

김의경 칼럼 / 한경닷컴 스내커(http://snacker.hankyung.com/author/
erniekim/)

통계청, e-나라지표(http://www.index.go.kr/)

한국은행, 홈페이지(http://www.bok.or.kr/)

통계청, 국가통계포털(http://kosis.kr/)

통계청, e-나라지표(http://www.index.go.kr/)

나는 금리로 경제를 읽는다

초판 1쇄 발행 2016년 5월 20일
초판 7쇄 발행 2021년 11월 15일

지은이 | 김의경
발행인 | 홍경숙
발행처 | 위너스북

경영총괄 | 안경찬
기획편집 | 안미성, 박혜민

출판등록 | 2008년 5월 6일 제2008-000221호
주소 | 서울 마포구 토정로 222, 201호 (한국출판콘텐츠센터)
주문전화 | 02-325-8901

디자인 | 최치영
본문디자인 | 우진(宇珍)
지업사 | 월드페이퍼
인쇄 | 영신문화사

ISBN 978-89-94747-60-6 03320